Christian Tielmann
Meilensteine der Philosophie

Christian Tielmann

Meilensteine der Philosophie

Die großen Denker und ihre Ideen

Anaconda

Die Deutsche Nationalbibliothek verzeichnet diese Publikation in der
Deutschen Nationalbibliografie; detaillierte bibliografische Daten sind im
Internet unter http://dnb.d-nb.de abrufbar.

© 2009 Anaconda Verlag GmbH, Köln
Alle Rechte vorbehalten.
Umschlaggestaltung: Andrea Kuckelkorn, dyadesign, Düsseldorf,
www.dya.de
Satz und Layout: Roland Poferl Print-Design, Köln
Printed in Czech Republic 2009
ISBN 978-3-86647-364-5
www.anacondaverlag.de
info@anaconda-verlag.de

Inhalt

Vorwort

Als Kim Landgraf mich fragte, ob ich ein philosophiehistorisches Buch schreiben wolle, das auch ohne philosophische Vorbildung verständlich wäre, wusste ich ziemlich genau, wie dieses Buch nicht aussehen sollte. Ich wollte keine Philosophiegeschichte schreiben, wie ich sie kannte, nämlich einen Text, der philosophische Positionen darstellt, aber nicht für oder gegen sie argumentiert. Solche Philosophiegeschichten fand ich als Student langweilig, und ich bewundere die Leute, die es a) schaffen, ein solches Buch durchzulesen, und b) hinterher auch noch wissen, was drin stand. Ich gehe in diesem Buch anders vor: Ich nehme in den einzelnen Kapiteln jeweils ein konkretes philosophisches Problem und argumentiere für (und manchmal auch gegen) die Lösungen, die der jeweilige Philosoph vorgeschlagen hat. Nur in dieser Auseinandersetzung wird Philosophiegeschichte für mich (und hoffentlich auch für die Leser) lebendig. Die Auswahl, die ich für dieses Buch treffen musste, ist daher zweifach eingeschränkt: Ich musste erstens entscheiden, welche Denker und zweitens welche konkreten Probleme aufgenommen werden. Ich habe mich dabei um eine doppelte (historische und thematische) Ausgewogenheit bemüht. Dass die in diesem Buch versammelten Denker nicht *alle* Meilensteine der Philosophie sind, versteht sich von selbst.

Man muss dieses Buch nicht von vorne nach hinten lesen. Die Kapitel sind so selbstständig formuliert, dass man loslesen kann, wo immer man will. Wo es Verweise auf andere Kapitel gibt, sind diese im Text kenntlich gemacht. In manchen Zitaten gibt es Zusätze, die in eckigen Klammern stehen. Diese Zusätze sind von mir und stehen nicht im Original.

Für Ihre Hilfe an sehr verschiedenen Baustellen des Textes danke ich: Rebecca Axthelm, Andre Enthöfer, Nikolai Jaeger, Michael Kober, Jürgen Mehnert, Stephanie und David Mintert, Alexander Prehn, Helga Reese, Thomas Roth, Julia Schuster, Georg Tielmann, Jasna Zagorc und immer wieder Kai Kilian. Ohne Kim Landgraf und Hansjörg Kohl vom Anaconda Verlag wäre ich nicht auf die Idee gekommen, dieses Buch zu schreiben – und dass sie so geduldig auf seine Fertigstellung warten würden, hätten die beiden vermutlich selbst kaum für möglich gehalten … Danke!
Iris Hennig kann ich kaum genug danken. Ich probiere es dennoch: Herzlichen Dank sage ich für die kritische Lektüre, die zahlreichen Tipps, die ständige Gesprächsbereitschaft und nicht zuletzt für die Geduld im Leben mit einem Ehemann im Ausnahmezustand.

Für mich bleibt die Hoffnung, dass dieses Buch nicht nur seine Leserinnen und Leser finden möge, sondern dass die Leserinnen und Leser in diesem Buch weitere (viel lesenswertere) Bücher finden werden, ohne zuvor einzuschlafen.

Köln, im Februar 2009
Christian Tielmann

Kapitel 1

Er traute seinen Augen kaum

Platon

Um Platon (*427 v. Chr. in Athen; † um 348/347 v. Chr. ebd.)
kommt niemand herum, der sich mit Philosophie befasst. Er ist
der berühmteste Schüler seines nicht minder berühmten Lehrers Sokrates und hat einige Gedanken seines Lehrers sowie jede Menge eigene Gedanken aufgeschrieben. Das Werk Platons
ist umfangreich: Er hat über Staatsphilosophie und Ethik, über
Erkenntnistheorie und Sprachphilosophie und auch über Ästhetik geschrieben. Der Kern seiner Philosophie ist die Ideenlehre. In die Ideenlehre wird oft mit Platons Höhlengleichnis
eingeführt. Aber das Höhlengleichnis selbst wird erst verständlich, wenn man die Ideenlehre zumindest in groben Zügen
kennt. Ich werde daher im Folgenden ohne Rückgriff auf das
Höhlengleichnis in die Ideenlehre einführen.

Platons Ideenlehre

Die Richtigkeit der platonischen Ideenlehre konnte bisher niemand restlos beweisen. Möglicherweise lässt sie sich nicht beweisen, und das werfen ihr ihre Kritiker (allen voran die Empiristen) vor. Wie sieht diese Lehre aus?
Zwei Schwierigkeiten will ich schon im Vorfeld aus dem Weg
räumen, um Missverständnisse weiträumig zu umschiffen.

1. Schwierigkeit: »Theorie« oder »Lehre«? Oder: Platons Texte

Die Ideenlehre ist keine Theorie in dem Sinne, in dem die Relativitätstheorie eine Theorie ist, und noch nicht mal *die* (einzige) Lehre Platons. Die Schwierigkeit erwächst aus der Textsorte, in der uns seine Philosophie überliefert ist. Erfreulich ist, dass Platon überhaupt etwas geschrieben hat (das hat sein Lehrer Sokrates rundweg abgelehnt, daher ist die sokratische Philosophie auch noch schwerer zu fassen als die platonische). Allerdings sind die Texte, die wir von Platon haben, in einer wichtigen Hinsicht wissenschaftlich unbefriedigend: Die entscheidenden Schriften sind keine Traktate, sondern Dialoge. Diese Dialoge sind zwar (zumindest in Teilen) so pointiert formuliert, dass sie sich sogar als Theaterstücke aufführen lassen (auch wenn man sicherlich kürzen muss, um die Zuschauer am Einschlafen zu hindern), sie haben aber den offensichtlichen Nachteil, den jedes literarische Werk hat: Die Meinung des Autors steht (wenn überhaupt) zwischen den Zeilen, und selbst Platon-Experten sind sich an manchen Stellen uneins darüber, ob ein Dialogpartner gerade Platons Meinung wiedergibt oder nicht. Erschwerend kommt hinzu, dass einer der wichtigsten Dialogpartner Platons Lehrer Sokrates ist. Das ist noch verwirrender, weil wir an manchen Stellen nicht wissen, ob wir es mit sokratischer oder platonischer Philosophie zu tun haben. Angesichts dieser Schwierigkeiten mit dem Text wird deutlich, inwiefern man nicht von einer »Theorie der Ideen« sprechen kann: Eine Theorie muss ja von einem Theoretiker aufgestellt und formuliert werden. Genau das hat Platon aber nicht gemacht. Es hat sich daher in Fachkreisen eingebürgert, von Platons »Ideenlehre« zu sprechen. Auch dieser Ausdruck kann etwas Falsches suggerieren, denn es macht Schwierigkeiten, aus Platons philosophischem Werk (immerhin 34 Dialoge, von denen einige vermutlich nicht von Platon stammen, und 13 Briefe, zum Teil vermutlich ebenfalls gefälscht), eine klare und eindeutige Lehrmeinung in Sachen Ideen zu rekonstruieren. Der Grund: Platon hat seine Meinung im Laufe seines Schaffens geändert. Was ich im Folgenden als »Ideenlehre« beschreibe, ist eine Darstellung der Ideenlehre, wie wir sie in der mittleren Schaffensphase Platons finden können (dazu gehören an zentraler Stelle die Dialoge *Phaidon*, *Politeia*, dt. »Der Staat«, und *Symposion*, dt. »Das Gastmahl«).

2. *Schwierigkeit: Platons Anti-Terminologie*

Wenn ein Künstler sagt: »Ich habe eine spitzenmäßige Idee!«, dann meint er damit, dass er einen guten Einfall für ein Kunstwerk hat. Gerade diese, im Deutschen heute völlig geläufige Bedeutung des Wortes »Idee«, ist aber nicht gemeint, wenn wir von platonischen »Ideen« sprechen. Das Wort »Ideal« kommt dem, was Platon meint, wenn er von Ideen spricht, in mancher Hinsicht näher, aber es hat sich eingebürgert, von »platonischen Ideen« zu sprechen. Da dies ein *terminus technicus* der Philosophie geworden ist, kann man sich darüber ärgern oder nicht, es ist jedenfalls zweckmäßig, den Ausdruck zu verwenden, weil dann alle wissen, wovon man spricht.

Als wäre das nicht schon verwirrend genug, hat es Platon allerdings tunlichst vermieden, nur *ein* Wort (z.B. griech. *idea*) als *terminus technicus* für die Ideen zu reservieren. Ganz im Gegenteil sind bei ihm eine Vielzahl von Ausdrücken und Umschreibungen zu finden, mit denen er die Ideen bezeichnet. Folgende Wörter können bei Platon »Idee« bedeuten: *idea* (Gestalt, Beschaffenheit, Urbild, Idee), *eidos* (Form, Urbild, Idee, Begriff), *morphê* (Gestalt, von dem Zufälligen und Unvollkommenen befreite Form), je nach Kontext auch *genos* (Gattung, Art, Klasse), *usia* (das Sein, Wesen) und andere Ausdrücke. An vielen Stellen ist es nicht nur ein Wort, das die Idee bezeichnet, sondern eine ganze Umschreibung, zum Beispiel »das farblose, gestaltlose, stofflose, wahrhaft seiende Wesen« (*Phaidros*, 247 c); »jenes Wesen selbst, dem wir das eigentliche Sein zuschreiben« (*Phaidon*, 78 c); »das Reine, immer Seiende, Unsterbliche und sich stets Gleiche« (*Phaidon*, 79 d). Bestimmte Ideen, wie zum Beispiel die Idee des Schönen, werden entsprechend umschrieben als »das Schöne selbst« (*Phaidon*, 78 d; *Symposion*, 210 e) usw.

Was soll dieses Verwirrspiel? Genau das Gegenteil von Verwirrung: Mit diesen Umschreibungen und dieser Anti-Terminologie zwingt Platon seine Leser immer wieder aufs Neue, sich vor Augen zu führen, was Ideen sind und welche Merkmale sie auszeichnen.

Was also sind platonische Ideen? Und wozu sollen sie gut sein?

Was sind und wozu überhaupt platonische Ideen?

Im Dialog *Phaidon* führt Platon seine Ideenlehre auf die für ihn typische Weise scheinbar beiläufig im Gespräch ein.

Platon beschreibt im *Phaidon* die letzten Stunden des zum Tod durch Giftbecher verurteilten Sokrates. Das Schiff aus Delos liegt im Hafen (darauf musste man warten, ehe ein Todesurteil in Athen vollstreckt werden durfte), Sokrates sitzt im Gefängnis, bekommt einen letzten Besuch von seinen Freunden und schickt seine Frau Xanthippe samt Sohn nach Hause. Im Angesicht des Todes behauptet Sokrates nun, dass wahre Philosophen nach dem Tod streben. Über diese Meinung sind seine Freunde einigermaßen erstaunt (denn Sokrates machte bisher und macht auch jetzt keinen suizidalen Eindruck). Er will (und soll) seine Meinung besser erklären. Zunächst fragt Sokrates, was der Tod sei, und alle sind sich darin einig, dass er nichts anderes sei als die Trennung von Leib und Seele. Das liest sich bei Platon so:

[Sokrates spricht:] [G]lauben wir wohl, dass der Tod etwas sei?

– Allerdings, fiel Simmias ein.

– Und wohl etwas anderes als die Trennung der Seele von

dem Leibe? Und dass das heiße tot sein, wenn abgesondert von der Seele der Leib für sich allein ist und auch die Seele abgesondert von dem Leibe für sich allein ist. Oder sollte wohl der Tod etwas anderes sein als dieses?

– Nein, sondern eben dieses.

[*Phaidon*, 64 c]*

Dass ein lebendiger Mensch nichts anderes als eine Verbindung von Leib und Seele ist, steht für Platons Sokrates hier außer Frage (zumindest herrscht unter den Dialogpartnern Sokrates und Simmias darüber schönste Einigkeit und auch von den anderen Freunden zweifelt niemand daran). Platon setzt die Existenz des Leibes und der Seele darüber hinaus nicht nur in ihrer Verbindung, sondern auch jeweils einzeln voraus: Der Leib allein ohne Seele ist ein Leichnam; für die Seele, wenn sie vom Leib getrennt ist, haben wir kein eigenes Wort. Die Überzeugung, dass Leib und Seele auch unabhängig voneinander existieren können, kann man als Platons »Leib-Seele-Dualismus« bezeichnen. (Die Gegenposition heißt »Monismus«. Monisten sprechen der Seele eine von der Verbindung mit dem Leib unabhängige Existenz ab.) Auf den hier skizzierten Leib-Seele-Dualismus werden wir gleich zurückkommen. Dass die Seele nach dem Tod weiter existiert (sprich: unsterblich ist), wie Platon annimmt, ist auch für die alten Griechen keine Selbstverständlichkeit gewesen. Diese heikle Frage spricht im *Phaidon* (69 e) der Dialogpartner Kebes an, und Sokrates müht sich auf den folgenden Seiten nach Kräften, zu beweisen, dass die Seele unsterblich sei.

* Es ist üblich, Platon-Zitate mit der Stephanus-Paginierung nachzuweisen (*Platons Werke in drei Bänden*, herausgegeben von Henricus Stephanus, 1578). Die erste Ziffer gibt dabei die Seitenzahl an, die Buchstaben a–e beziehen sich auf die Abschnitte. Brauchbare deutsche Übersetzungen von Platons Werken geben diese Seiten- und Abschnittszahlen mit an.

Zurück zur Situation im *Phaidon*: Der zum Tode verurteilte
Sokrates fragt seine Freunde, was denn den wahren Philosophen eher interessiere: die Dinge des Leibes (gutes Essen und
Trinken, schicke Kleidung, Sex usw.) oder die der Seele (Erkenntnis, richtige Einsicht, Weisheit). Die Antwort überrascht
kaum: Die Liebe zur Weisheit, das Streben nach der richtigen
Einsicht und die Erkenntnis der Wahrheit sind die Anliegen
eines Philosophen. Nun schlägt Platon mit seinem Leib-Seele-Dualismus zu: Sein Sokrates formuliert massiven Zweifel
daran, dass der Leib ein brauchbares Hilfsmittel sei, wenn es
darum geht, zur richtigen Einsicht zu gelangen. »Richtige
Einsicht« heißt hier: die Dinge (das Leben, die Welt, einfach
alles) so zu sehen, wie sie sind, und nicht so, wie sie nur zu sein
scheinen (möglicherweise aber nicht sind).

> [Sokrates spricht:] Wie aber nun mit dem Erwerb der rich-
> tigen Einsicht selbst, ist dabei der Leib im Wege oder nicht,
> wenn ihn jemand bei dem Streben danach zum Gefährten
> mit aufnimmt? Ich meine so, gewähren wohl Gesicht[ssinn]
> und Gehör den Menschen einige Wahrheit? Oder singen
> uns selbst die Dichter das immer vor, dass wir nichts genau
> hören noch sehen? Und doch, wenn unter den Wahrneh-
> mungen, die dem Leibe angehören, diese nicht genau sind
> und sicher: dann die anderen wohl gar nicht; denn alle sind
> ja wohl schlechter als diese; oder dünken sie dich das nicht?
> – Freilich, sagte er [Simmias].
> [*Phaidon*, 65 a–b]

Platon teilt die fünf Sinne (Sehen, Hören, Riechen, Schmecken, Tasten) in zwei Gruppen ein: Der Sehsinn und das Gehör sind schon zweifelhaft, Riechen, Schmecken und Tasten
sind für ihn hingegen völlig indiskutabel. Diese Einteilung
scheint (zumindest auf den ersten Blick) willkürlich zu sein.

Denn wenn es zum Beispiel um die Frage geht, ob dieser Wein besser sei als jener, können Geruchs- und Geschmackssinn hervorragende Gefährten auf der Suche nach der Wahrheit sein – allemal besser als das Gehör, das zu dieser Frage ja gar nichts beitragen kann! Ähnliches gilt (z. B. bei der Bewertung der Qualität eines Tuches) vom Tastsinn. Aber Platon rechtfertigt diese unterschiedliche Bewertung der Sinne nicht, sodass uns nichts weiter übrig bleibt, als sie einfach hinzunehmen. Der Mann traute seinen Augen und Ohren kaum, aber seine Nase, seine Zunge und seine Haut hielt er offenbar für notorische Lügner …

Was hat Platon am Sehen und Hören als Hilfsmittel auf dem Weg zur Wahrheit auszusetzen? Wenn man zum Beispiel die Wahrheit über die aktuelle Wetterlage für den Ort, an dem man sich gerade aufhält, erfahren will, ist es doch ein guter Weg zur Wahrheit, einfach die Augen zu öffnen und aus dem Fenster zu schauen. Wenn wir sehen, dass es regnet, dann wissen wir, wie es um das Wetter bestellt ist. Also hätten wir, so könnte man meinen, dank des Sehsinns Erkenntnis gewonnen und wüssten die Wahrheit über diesen kleinen Ausschnitt der Welt.

Platon hätte gegen dieses Beispiel Einwände: Die Frage, ob es regnet, ist keine philosophische Frage, und es ging ja gerade darum, ob die Sinne hilfreich für einen *Philosophen* sind, der nach (philosophischer) Einsicht strebt. Und auf diese zweite Frage antwortet Platon: Nein, im Gegenteil, die Sinne sind trügerisch, wenn man versucht, sich mit ihrer Hilfe philosophischen Fragen zu nähern. Nun fragt sich natürlich, was Platon mit philosophischer Einsicht (oder auch der Erkenntnis des Wahren) meint.

Der Vorwurf, dass die Sinne trügen können, wiegt hier schwer, und er bringt uns einen Schritt weiter. Wenn ich mich bei einem Urteil (und sei es ein Urteil über eine ganz unphilosophische Frage wie zum Beispiel die nach der aktuellen Wetterlage), das ich aufgrund einer Sinneswahrnehmung (ich sehe den Regen vor dem Fenster) getroffen habe, irre, dann ist der Inhalt dieses Urteils kein *Wissen*, sondern nur eine (falsche) *Meinung*. Platon unterscheidet (zu Recht) sehr genau zwischen Wissen und Meinen. Meinungen können richtig oder falsch sein. Wissen hingegen impliziert (für Platon und alle Philosophen nach ihm) die Wahrheit des Gewussten. Peter »weiß« zum Beispiel nur dann, dass Ben Anna liebt, wenn es auch tatsächlich der Fall ist, dass Ben Anna liebt. Wenn Ben Anna *nicht* liebt, dann *meint* Peter vielleicht, dass Ben Anna liebt, aber man kann nicht davon sprechen, dass Peter es *weiß* (denn es ist ja nicht der Fall, dass Ben Anna liebt).

Nun scheint Platon im Zitat oben den Sinneswahrnehmungen generell eine Beteiligung an Erkenntnis abzusprechen, wenn er Sokrates suggestiv fragen lässt: »Gewähren wohl Gesicht[ssinn] und Gehör den Menschen einige Wahrheit? Oder singen uns selbst die Dichter das immer vor, dass wir nichts genau hören noch sehen?« Das scheint die Sinne insgesamt zu diskreditieren und von der Erkenntnis der Wahrheit auszuschließen, frei nach dem Motto: »Wer einmal trügt, dem glaub ich nicht.« Mag ja sein, scheint Platon hier zu sagen, dass man aufgrund seines Sehsinns eine Meinung, möglicherweise auch mal eine wahre, gewinnen kann, aber mehr ist nicht drin: Wissen werden wir nicht unter Beteiligung der Sinne erwerben, schließlich können die Sinne ja trügen. Aber ganz so misstrauisch ist Platon nicht. Und eine so grundlegende Skepsis bezüglich der Sinneswahrnehmung wäre auch ziemlich offensichtlich falsch: Denn wie sollte man ohne die Sinne herausfinden, ob es regnet? (Nur durch Nachdenken kommt man bestimmt nicht darauf!) In einem anderen Dialog spricht Platon Augenzeugen explizit die Möglichkeit zu, etwas zu *wissen* (und zwar als *Au*-*gen*zeugen gerade aufgrund ihres Sehsinns): »etwas, das nur, wer es selbst gesehen hat, wissen kann, sonst aber keiner …« (*Theai-tetos*, 201 b).

Wie aber steht es um den Nutzen der Sinne (und mithin des Leibes, denn die Sinne – Augen, Ohren, Nase, Riechkolben, Nervenbahnen etc. – gehören ja zum Leib), wenn es um philosophische Fragen geht? Und wie lauten diese philosophischen Fragen überhaupt? Wir müssen folgenden Text ein bisschen gegen den Strich lesen, um eine Antwort zu finden.

> [Sokrates spricht:] Wann also trifft die Seele die Wahrheit? Denn wenn sie mit dem Leibe [d.h. mit den Sinnen] versucht, etwas zu betrachten, dann offenbar wird sie von diesem hintergangen.
> [Simmias antwortet:] Richtig.
> – Wird also nicht in dem Denken, wenn irgendwo, ihr etwas von dem Seienden offenbar.
> – Ja.
> – Und sie [die Seele] denkt offenbar am besten, wenn nichts von diesem [dem Leib] sie trübt, weder Gehör noch Gesicht noch Schmerz und Lust, sondern sie am meisten ganz für sich ist, den Leib gehen lässt und soweit irgend möglich ohne Gemeinschaft und Verkehr mit ihm dem Seienden nachgeht.
> – So ist es.
> [*Phaidon*, 65 b–c]

Das klingt, so radikal wie es hier formuliert wird, schlicht falsch. Denn dann müsste doch ein blinder, tauber, gefühlloser und völlig ignoranter Mensch die besten Voraussetzungen zur Erkenntnis und das Zeug zum Philosophen haben. Und das ist nicht der Fall. Da Platon kein Dummkopf war, wird ihm ein so offensichtlicher Fehler nicht unterlaufen sein. Wie also ist die Stelle zu verstehen?

Zunächst muss man sich den Kontext der Textstelle wieder vor Augen führen: Sokrates ist zum Tode verurteilt. Dass er sich an die (seiner Meinung nach unsterbliche) Seele und alles, was mit dem Denken zu tun hat, klammert und nicht an den Körper (der ja gleich mit dem Trank vergiftet werden soll), ist verständlich. Daher versucht er, selbst die Sinneswahrnehmung als *für den Philosophen* unergiebig abzutun. Was aber beschäftigt den Philosophen? Er will nicht erkennen, ob es regnet oder nicht. Der Philosoph will, so Platon im Zitat, »das Seiende« erkennen. Was meint Platon, wenn er von dem »Seienden« spricht?

Hier klingt Platons zweiter Dualismus an. Parallel zum oben genannten Leib-Seele-Dualismus vertritt Platon eine Zwei-Welten-Theorie. Die Dinge, an denen man sich, sehr grob gesprochen, eine blutige Nase holen kann (Tische, Stühle, Hunde, Nachbars Faust), gehören zum Bereich des Werdens und Vergehens. Dieser ganze Bereich, den man als die »empirisch wahrnehmbare Welt« umschreiben kann, ist (nach Platons Meinung) philosophisch kolossal uninteressant (und im Angesicht des Todes sowieso eine einzige Enttäuschung – selbst wer eine schöne Frau geheiratet hat, mit der er grandiosen Sex hatte, hat von beiden nichts mehr, wenn der Giftbecher kommt). Demgegenüber gibt es auch noch die Welt der Ideen, die, laut Platon, nicht geworden, sondern unvergänglich im Ideenhimmel zu Hause sind. In diesem Sinne ist »das Sein« (das, was unvergänglich existiert) immer vom »Werden und Vergehen« (das, was vergänglich ist, d.h. nur für einen gewissen Zeitraum existiert) zu unterscheiden. Zum »Sein« gehören für Platon also keine Tische, Stühle, Steine und auch nicht Nachbars Fäuste. Zum Sein gehören aber die Ideen.

Jetzt kommen wir nicht mehr um eine Antwort auf die Frage herum: Was sind Ideen? Was zeichnet sie aus? Im *Phaidon* beantwortet Platon diese Fragen, in dem er Beispiele für Ideen gibt.

[Sokrates spricht:] Wie nun hiermit, o Simmias? Sagen wir, dass das Gerechte etwas sei oder nichts?

– Wir behaupten es freilich, beim Zeus.

– Und nicht auch das Schöne und Gute?

– Wie sollte es nicht?

– Hast du nun wohl schon jemals hiervon das mindeste mit Augen gesehen?

– Keineswegs, sprach er.

– Oder mit sonst einer Wahrnehmung, die mittels des Leibes erfolgt, es getroffen? Ich meine aber alles dieses, Größe, Gesundheit, Stärke und, mit einem Worte, von allem insgesamt das Wesen, was jegliches wirklich ist; wird etwa mittels des Leibes hiervon das eigentlich Wahre geschaut, oder verhält es sich so, wer von uns am meisten und genauesten es darauf anlegt, jegliches selbst unmittelbar zu denken, was er untersucht, der kommt auch am nächsten daran, jegliches zu erkennen?

– Allerdings.

[*Phaidon*, 65 d–e]

Platon bezeichnet in diesem Abschnitt die Ideen als »das Wesen, was jegliches wirklich ist«. Und das legt nahe, dass es auch noch etwas gibt, was jegliches zu sein scheint, aber in Wahrheit nicht ist. – Doch der Reihe nach.

Platon gibt uns hier insgesamt sechs Beispiele für Ideen: Die Idee der Gerechtigkeit, die Idee des Schönen, die Idee des Guten, die Idee der Größe, die Idee der Gesundheit und die Idee der Stärke. Um deutlich zu machen, was er damit meint, greife ich die Idee der Gerechtigkeit (eine von Platons Lieblingsideen) heraus.

Platons Sokrates (und soweit wir wissen, teilt er dies mit dem historischen Sokrates) liebte Was-ist-Fragen, um zu philosophieren. Auf die Frage: »Was ist eine gerechte Handlung?«

kann man relativ leicht antworten, indem man Beispiele gibt (die Urteilssprüche Salomons sind gerecht; Robin Hoods Art, Beute zu verteilen, war gerecht etc.). Wie aber steht es mit einer Antwort auf die Frage:»Was ist Gerechtigkeit?« Da finden wir plötzlich keine Beispiele mehr.

Dass dies kein Spezialproblem der Gerechtigkeit ist, sehen wir, wenn wir dasselbe Spiel mit der Schönheit oder der Größe spielen. Auf die Frage:»Was ist schön?« kann man antworten: »Das da!« und auf Rodins »Der Kuss« zeigen. Auf die Frage: »Was ist groß?« kann man auf den Turm des Ulmer Münsters zeigen und sagen:»Zum Beispiel das da!« Aber auf die Frage »Was ist Schönheit?« und auf die Frage »Was ist Größe?« finden wir nicht so einfach Antworten und erst recht nichts, auf das man als Beispiel zeigen könnte.

Nach Platons Zwei-Welten-Theorie lautet die korrekte Antwort auf die Frage, was Gerechtigkeit sei:»Die Gerechtigkeit ist eine Idee.«

Ebenso sind die Schönheit und die Größe Ideen.

Alle Ideen haben folgende Merkmale: Sie nicht empirisch wahrnehmbar, sie sind unvergänglich und nicht geworden (d.h. sie existieren ewig und von der empirisch wahrnehmbaren Welt unabhängig), und sie können nur denkend erfasst oder »geschaut« werden.

Was aber unterscheidet die Ideen voneinander? Was unterscheidet zum Beispiel die Idee der Schönheit von der Idee der Größe? Eine Analogie zur Mengenlehre finde ich hier hilfreich: Man kann sich die Idee der Schönheit analog zur Menge der schönen Dinge* vorstellen. Mengentheoretisch gesprochen, ist das konkrete schöne Ding ein Element der Menge al-

---

* Das Wort »Ding« muss man hier ziemlich großzügig lesen: Denn schön können ja nicht nur Gegenstände, sondern auch Melodien, Menschen und Tiere, Landschaften, Theaterstücke und anderes sein. Alles, dem Schönheit zukommen kann, bezeichne ich hier, der Einfachheit halber, als Ding.

ler schönen Dinge. Nach der Ideenlehre kann man analog sagen, dass die einzelnen schönen Dinge »Instanzen« (oder »Manifestationen«) der Idee der Schönheit sind oder umgekehrt betrachtet: Die schönen Dinge haben Teil an der Idee der Schönheit.

Nun liegt der Unterschied zwischen der Idee der Schönheit und der Idee der Größe auf der Hand: Nicht alles, was Teil hat an der Idee der Schönheit, hat auch Teil an der Idee der Größe. (Beispiel: Vom Ulmer Münster oder dem Kölner Dom kann man sagen, dass sie sowohl Teil haben an der Idee der Größe als auch an der Idee der Schönheit – der Schornstein der Kölner Müllverbrennungsanlage aber hat Teil an der Idee der Größe, nicht aber an der Idee der Schönheit.)

Gemäß Platons Zwei-Welten-Theorie müssen wir sehr genau unterscheiden zwischen dem Bereich des empirisch Wahrnehmbaren (Stöcke, Steine, Menschen, Tiere, das Ulmer Münster etc.) und dem empirisch nicht wahrnehmbaren Ideenhimmel (die Idee der Gerechtigkeit, die Idee der Schönheit, die Idee der Größe etc.).

Laut Platon ist die Idee das »Wesen, was jegliches wirklich ist«. Das heißt, die Idee der Gerechtigkeit oder die Idee der Schönheit scheinen für ihn irgendwie eher existent zu sein als ihre Instanzen (d.h. die gerechten Handlungen, die schönen Dinge etc.). Das kann auf den ersten (und möglicherweise auch noch auf den zweiten) Blick verwirrend erscheinen. Die (gerechten) Handlungen des Salomon sind doch wunderbar handfest und wirken mithin ziemlich existent: Man kann sie sehen, hören und mit einer Videokamera aufzeichnen. Die Idee der Gerechtigkeit hingegen scheint sich Platon als Konstrukt doch einfach ausgedacht zu haben – zumindest ist ihre Existenz sehr viel schwerer nachweisbar als die der empirisch wahrnehmbaren Gegenstände, Handlungen und Ereignisse!

Aber Platon sieht das genau umgekehrt! Für ihn stellt sich die

Sache so dar: Eine Handlung ist etwas extrem Flüchtiges. Kaum hat Salomon seinen Spruch getan, ist die Handlung auch schon vollzogen. Geworden und vergangen. Die Idee der Gerechtigkeit hingegen existiert unabhängig von den Handlungen im Ideenhimmel – und zwar für immer. Sie gehört nicht zum »Werden und Vergehen«, sondern zum Sein. Ebenso verhält es sich mit der Idee des Schönen und den schönen Instanzen (den schönen Dingen), die an dieser Idee teilhaben. Ein Blumenstrauß, der heute vielleicht schön aussieht (er ist eine Instanz der Idee des Schönen bzw. er hat Teil an der Idee des Schönen), ist schon nach ein paar Tagen verwelkt und besitzt den Liebreiz eines Komposthaufens. (Auch der Kölner Dom oder das Ulmer Münster sind geworden und werden eines Tages vergangen sein.) Aber laut Platon ist eben nicht »die Schönheit« vergänglich, sondern nur die jeweilige Instanz (der Blumenstrauß, der Kölner Dom usw.). Und das liegt einzig und allein an der Vergänglichkeit der empirisch wahrnehmbaren Dinge (Blumen, Gebäude etc.). Die Schönheit (die Idee der Schönheit) *gibt es* aber immer noch, selbst wenn die Blumen längst in ihre Bestandteile zerfallen sind.

Betrachten wir mit diesen Überlegungen im Hinterkopf die Stelle *Phaidon*, 65 b–c (siehe oben, S. 17) noch einmal, liest sie sich plötzlich anders und gar nicht mehr falsch. Denn Ideen kann man nicht mit den Sinnen wahrnehmen. Und die Sinne täuschen vielleicht auch über das wahre Sein – wenn man dieses wahre Sein nämlich in den platonischen Ideen sieht, während die Sinne vielleicht nahelegen, dass das wahre Sein im Werden und Vergehen zu suchen ist. Insofern sind die Sinne nach Platons Meinung trügerisch. Es ist (unter anderem) dieser Punkt, den Platon mit dem berühmten Höhlengleichnis (*Politeia*, 514 a–521 b) illustriert: Die Menschen, die seit ihrer Geburt in der Höhle gefesselt sind, sodass sie nur die Schatten sehen, die die Dinge, die vor der Höhle vorbeigetragen werden, an die Wand der Höhle werfen, halten diese Schatten für die realen Dinge. Das wahre Sein (die Dinge selbst, nicht die Schatten) erkennt nur der Philosoph, der seine Fesseln ablegt, aufsteht und aus der Höhle ins Tageslicht tritt.

Fazit: Um einen Mörder zu überführen baut auch Platon nicht auf Ideenschau, sondern auf Augenzeugenberichte. Aber um eine Idee zu schauen, das heißt, um »das Schöne selbst« zu erkennen, »die Schönheit« oder auch »die Gerechtigkeit« usw., dazu bedarf es, so Platon, des Denkens, nicht des Glotzens.

Sobald die Seele (nach dem Tod) vom Leib (und seinen trügerischen Sinnen) getrennt ist, kann sie sich, so Platons Vorstellung, der Ideenschau voll und ganz hingeben. Und was, so Platon, könnte für einen Philosophen schöner sein?

Kritik

Schon Platons berühmtester Schüler, Aristoteles, hatte an der Ideenlehre seines Lehrers so manches auszusetzen. Der zentrale Kritikpunkt an der Ideenlehre betrifft Platons Überzeugung, dass die Ideen wirklich und abgetrennt von den empirisch wahrnehmbaren Dingen existieren. Diese These betrachtet Aristoteles als die Quelle der meisten Schwierigkeiten, die sich aus der Ideenlehre ergeben:

> Ohne das Allgemeine nämlich ist es unmöglich, eine Wissenschaft zu erreichen, doch ist das Abtrennen der Grund jener Schwierigkeiten, die sich hinsichtlich der Ideen ergeben. [Aristoteles: *Metaphysik*, XIII. Buch (M) 1086 b 5f.]

Eine von den Dingen unabhängige Existenz der Ideen erscheint vielen Philosophen zu radikal, und sie ließ sich bis heute nicht beweisen. Ich komme auf die drei verschiedenen Positionen, die sich zu dieser Frage herauskristallisiert haben, im Kapitel über den mittelalterlichen »Universalienstreit« ausführlicher zu sprechen. Aber auch abgesehen von diesem Streit muss Platons Ideenlehre zum Beispiel die folgenden Probleme aus dem Weg räumen:

1. *Aristoteles fragt: Was nützt mir die Ideenschau?* Er argumentiert, dass die Ideenlehre (in einigen Fällen) irgendwie nicht das erklärt, was sie zu erklären vorgibt. Die Ideen scheinen Aristoteles überflüssig oder wenig hilfreich zu sein. Denn ein Geiger, der gut geigt, muss nicht erst die Idee des Guten schauen. Der Geiger studiert ja Musik, nicht Philosophie, um gut zu geigen. Nun sagt aber Aristoteles: Wenn man gut handeln kann, ohne die Idee des Guten geschaut zu haben, wozu brauchen wir dann überhaupt noch diese Idee? (Vgl. Aristoteles: *Nikomachische Ethik*, 1. Buch, 4. Kapitel, 1097 a)

2. *Manche Ideen machen Schwierigkeiten.* Peter ist größer als Paul, aber kleiner als Laura. Also hat Peter sowohl Teil an der Idee der Größe als auch an der Idee der Kleinheit. Das aber ist ein Widerspruch. – Dieser Widerspruch entsteht daraus, dass »Größe« ein relativer Begriff ist, den man am besten übersetzt mit »x ist größer als y« bzw. »x ist so groß wie y«. Zu solchen Begriffen (Größe, Gewicht, Geschwindigkeit usw.) müssen Platonisten mehr sagen als das, was wir bisher gesehen haben.

3. *Wie können wir nur durch Denken* und ganz ohne Wahrnehmung eine Idee »schauen«? Ist das, was Platon »Idee« nennt, nicht eigentlich ein Konstrukt, das seinen Ursprung in der Fülle der empirischen Wahrnehmungen hat? Wir sehen zum Beispiel viele schöne Gegenstände und konstruieren, diese Wahrnehmungen ordnend, einen abstrakten Gegenstand, dem wir den Namen »Idee der Schönheit« geben. Wenn das richtig ist, wäre die Sinneswahrnehmung eine notwendige Voraussetzung für die Ideenschau.

Platons Antwort auf diese Frage lautet: Dass wir die Ideen ohne Rückgriff auf die Sinneswahrnehmungen erkennen können, liegt daran, dass unsere Seele schon vor der Geburt existierte und die Ideen im Ideenhimmel gesehen hat. Das, was sie im Ideenhimmel gesehen hat, vergisst die Seele aber wieder, sobald sie in einen Körper einsperrt wird. Aber sie vergisst es nicht ganz: Man kann sich an die Ideen wieder erinnern, wenn man scharf nachdenkt. Dieses Wieder-Erinnern ist die Ideenschau, die uns zu Lebzeiten möglich ist (wenn wir, wie Philosophen es tun, scharf nachdenken). Nach dem Tod (wenn die Seele wieder vom Leib befreit ist) kann die Seele die Ideen angucken, bis sie in den nächsten Leib gezwängt wird. Wenn man aber ganz scharf nachdenkt, dann kann der Leib nur stören: Wir hören Geräusche, die uns ablenken, der Leib hat Hunger oder Durst oder hält uns mit sonstigen Bedürfnissen vom Denken ab.

Diese Antwort sieht freilich eher wie eine Verschlechterung der platonischen Position aus: Die Existenz von Ideen ist schon schwer nachweisbar, nun aber tischt uns Platon auch noch eine unsterbliche Seele auf, die schon vor unserer Geburt Ideen erkannt hat, um die Ideenlehre zu stützen.

4. Wenn die zwei Welten, die Welt der Ideen und die Welt der empirisch wahrnehmbaren Gegenstände, wirklich unabhängig voneinander existieren, wie Platon meint, was hält die beiden dann überhaupt zusammen? Oder anders gefragt: Gibt es Ideen von allem und jedem? Gibt es eine Idee des Misthaufens, des Drecks, des Feinstaubs? Und gibt es umgekehrt zu jeder Idee auch mindestens eine Instanz? Oder gibt es auch nicht-manifeste Ideen?

Die Frage nach der Idee des Misthaufens diskutiert Platon selbst (mit den Beispielen Kot, Haar, Schmutz) im Dialog *Parmenides* (130 c–e). Der junge Sokrates weist dort solche Ideen weit von sich, denn die erscheinen ihm lächerlich. Darauf sagt der erfahrene und weise Parmenides, dass Sokrates eben noch jung sei und die Meinung der Vielen zu sehr achte – sprich: Platon nimmt auch für diese Dinge Ideen an; auch wenn es die Banausen (»die Vielen«) belustigt.

Die Frage nach den leeren, nicht manifestierten Ideen muss Platon bejahen: Denn das Werden und Vergehen lässt es zu, dass zum Beispiel alle Tiere einer Tierart aussterben, ohne dass zugleich die entsprechende Idee ausstirbt. (Dass es Ideen geben kann, die noch nicht, nicht mehr oder niemals manifest wurden, braucht uns nicht weiter beunruhigen. Schließlich haben wir auch sprachlich das Phänomen, dass es leere Begriffe gibt, denen kein realer Gegenstand entspricht; zum Beispiel gibt es und gab es nie eine Frau, die eine Hexe war; es gibt und gab nie Einhörner oder Greife; und es gab niemals auch nur einen Menschen, der unter den leeren Nazi-Begriff vom »lebensunwerten Leben« fiel.)

Das Werden und Vergehen ganzer Tierarten wirft für alle Philosophen nach Darwin allerdings die Frage auf, ob die Ideen nicht vielleicht doch selbst geworden sind: Denn gemäß der Evolutionstheorie (die Platon freilich noch nicht kannte) können durch das ständige Spiel von Mutation und Selektion neue Tier*arten* entstehen (vom Mammut zum Elefant; vom Säbelzahntiger zum Tiger). Das, was da wird, ist dann nicht nur eine Instanz, sondern eine neue Art. Und ist die Tierart nicht dasselbe wie die Idee?

Hier wird es bei Platon unbefriedigend: Nach Platons Meinung ist die Natur von einem Schöpfergott nach dem Vorbild der Ideen geschaffen; die Ideen, die ewig und unvergänglich sind, sind die Urbilder; die Instanzen (die Gegenstände der empirisch wahrnehmbaren Welt) sind die (unvollkommenen) Abbilder. Für Evolution ist in diesem Bild von der Entstehung der Welt kein Platz. Nun ist es freilich unfair, einen antiken Autor mit den Erkenntnissen moderner Wissenschaft aufs Glatteis zu führen. Inhaltlich aber hat Platon hier ein Problem, das moderne Platonisten irgendwie meistern müssen.

Fazit: Wer Platon folgt, muss (über die Existenz der Ideen hinaus) auch noch an die Präexistenz und Unsterblichkeit der Seele, die Wiedergeburt, den Leib-Seele-Dualismus, die Wiedererinnerungslehre und an eine von einem Schöpfergott nach dem Vorbild der Ideen eingerichtete Ordnung der Natur glauben. Es wird kaum verwundern, dass schon Aristoteles nicht bereit war, all diese (bitteren) Pillen ohne Murren zu schlucken.

Für Touristen

Die Reste der von Platon gegründeten Akademie sind in einem Park im Nordwesten Athens zu sehen.

Wer es bunter, aber fiktiver mag, sollte in den Vatikan reisen, um sich Raffaels Fresco »Die Schule von Athen« anzusehen. In der Mitte dieses Bildes diskutieren Platon (mit erhobenem Zeigefinger Richtung Ideenhimmel deutend) und Aristoteles.

Kapitel 2

Der Viel-Denker

Aristoteles

Aristoteles (*384 v. Chr. in Stagira; † 322 v. Chr. in Chalkis) gehört nicht nur zu den Klassikern der Philosophie, er gehört auch zu den Viel-Denkern. Er hat zu vielen großen Themen der Philosophie etwas hinterlassen (darunter gleich drei Bücher zur Ethik und eine *Metaphysik,* die so inhaltsreich ist, dass man ein ganzes Philosophie*studium* ausgehend von diesem Text bestreiten könnte) und auch naturwissenschaftlich geforscht. Vermutlich könnte man jedwede philosophische Arbeit mit irgendeinem Aristoteles-Zitat garnieren. Ferner steht sein Werk, was die Wirkung angeht, dem Werk seines Lehrers Platon in nichts nach. Im Mittelalter wurde er schlicht »der Philosoph« genannt; insbesondere galt die aristotelische Logik als verbindlich, bis sie von der Aussagen- und Prädikatenlogik Gottlob Freges (1848–1925) abgelöst wurde.

Ich greife aus diesem Gedankengebirge ein Thema heraus, das für uns heute ebenso aktuell ist wie für die Griechen zu Aristoteles' Zeit: das glückliche Leben.

Aristoteles über Glück

In der *Nikomachischen Ethik** beschäftigt sich Aristoteles mit der Frage, was Glück sei und was ein glückliches Leben ausmache.

* Dieser Name rührt vermutlich daher, dass sie einem Nikomachos (möglicherweise dem gleichnamigen Sohn des Aristoteles) gewidmet ist oder von diesem postum herausgegeben wurde – genau lässt sich das nicht mehr sagen.

Das Wort »Glück« ist dabei nicht im Sinne von »glücklicher Zufall« zu verstehen, sondern im Sinne von »Glückseligkeit« oder »glückliches Leben«.

Die *Nikomachische Ethik* lässt sich im Großen und Ganzen in drei Teile von sehr unterschiedlicher Länge gliedern. Im ersten Teil (Buch I) arbeitet Aristoteles auf der Basis von handlungstheoretischen Überlegungen eine Grobform dessen heraus, was er für Glück hält. Im zweiten Teil (Buch II bis einschließlich erste Hälfte Buch X) beschäftigt sich Aristoteles mit verschiedenen Tüchtigkeiten des Charakters und des Denkens. Im dritten und letzten Teil (der zweiten Hälfte des X. Buches) befasst er sich mit dem Leben des Philosophen. Ich konzentriere mich im Folgenden auf den ersten Teil.

Aristoteles' handlungstheoretische Vorüberlegungen

Aristoteles untersucht zunächst (kurz, aber gründlich) Handlungen überhaupt, ehe er auf das Glück zu sprechen kommt. (Warum er das tut, wird später deutlich werden.) Ohne irgendein Vorgeplänkel springt er mit der ihm eigenen Gründlichkeit schon mit den ersten Sätzen direkt in sein Thema.

> Jedes praktische Können und jede wissenschaftliche Untersuchung, ebenso alles Handeln und Wählen strebt nach einem Gut, wie allgemein angenommen wird. Daher die richtige Bestimmung von »Gut« als »das Ziel, zu dem alles strebt«. [*Nikomachische Ethik*, 1094 a]*

Aristoteles zählt vier Arten von Handlungen auf, die für die weitere Untersuchung von Bedeutung sind.

---

* Aus den aristotelischen Schriften wird gewöhnlich zitiert nach der Ausgabe von Immanuel Bekker (Berlin, 1831). Die erste Ziffer gibt dabei die Seitenzahl an, der Buchstabe (a oder b) die Spalte. Jede brauchbare Textausgabe führt die Bekker-Seitenzahlen am Rand mit auf.

Ich erläutere diese vier Begriffe kurz, denn Aristoteles ist (im Unterschied zu seinem Lehrer Platon) ein Freund von Terminologie.

1. *Praktisches Können (techne; in einigen deutschen Ausgaben auch mit »Kunst« übersetzt):* Unter praktischem Können ist ganz weit alles das zu verstehen, was eine gewisse Kunstfertigkeit erfordert, um etwas herzustellen. Kochen, Schreinern, Schlachten, Bilder malen, Stücke schreiben, einen Krieg führen. Beim praktischen Können kommt es nicht so sehr auf die Wahrheit einer Theorie, sondern auf die Brauchbarkeit einer Technik an.

2. *Wissenschaftliche Untersuchung (methodos/episteme):* Die wissenschaftlichen Disziplinen sind zu Aristoteles' Zeit noch nicht so klar voneinander abgegrenzt wie heute. Alle Untersuchungen, die auf Wahrheit abzielen, fallen hierunter (Mathematik und Astronomie ebenso wie die Philosophie, Biologie oder Physik).

3. *Handeln (praxis):* Neben den herstellenden Handlungen des praktischen Könnens und den wissenschaftlichen Untersuchungen sieht Aristoteles noch Tätigkeiten, die weder etwas herstellen noch zur Wahrheitsfindung dienen, sondern als Tätigsein Selbstzweck sind, wie zum Beispiel das Spazierengehen. (Auf diesen Unterschied komme ich unten, S. 32, ausführlicher zu sprechen.)

4. *Wählen (prohairesis):* Man kann Dieses oder Jenes als sein Ziel wählen. Dann kann man entsprechend diesen oder jenen (günstigen oder ungünstigen, kurzen oder langen, schönen oder unbequemen) Weg zu diesem Ziel einschlagen. Das Wählen ist für Aristoteles eine Tätigkeit, die eng mit dem Beraten mit Freunden, Sachverstand und Klugheit zusammenhängt.

All diese Tätigkeiten sind nun, sagt Aristoteles, auf etwas gerichtet, das in irgendeiner Weise gut ist. Im zweiten Satz (»Daher die richtige Bestimmung von ›Gut‹ als ›das Ziel, zu dem alles strebt‹.«) bestimmt er den Begriff »Gut« *(agathon)* näher. Ein Gutes ist demnach das, was als Ziel vom Handelnden erstrebt wird. Es geht Aristoteles also, wenn er von »Gut« spricht, nicht allein um das sittlich-moralisch Gute. Er fasst seinen Begriff viel weiter: was *gut für irgendetwas* ist, das ist ein Gutes. Ein scharfes Messer ist ein gutes Messer, ein hervorragender Geiger ein guter Geiger usw.

Aristoteles hat in diesen zwei Sätzen auch schon den Gedanken eingeführt, dass die Handlungen jeweils auf irgendein Ziel (nämlich das jeweilige Gut) gerichtet sind. Dass dies tatsächlich der Fall und ein Unterschied zwischen einer Handlung und einer bloßen Bewegung ist, kann man sich mit folgenden Beispielen rasch klar machen: Wenn ich meinen Finger mit dem Ziel krümme, den Abzug zu drücken, und das mit dem Ziel, die Kugel abzufeuern, und das mit dem Ziel, den Hund meines Nachbarn zu erschießen, dann ist das Krümmen des Fingers Teil einer Handlung. Wenn mein Finger hingegen einfach zuckt, weil ich zuviel Kaffee getrunken habe, dann ist das keine Handlung (ich habe kein Ziel gewählt und krümme den Finger nicht mit der Absicht, irgendein Ziel zu erreichen), sondern eine körperliche Reaktion. (Wenn aufgrund meines nervösen, unwillkürlichen Fingerzuckens der Hund meines Nachbarn zu Tode kommt, ist das ein (mehr oder weniger tragischer) Unfall.)

Aristoteles geht in der Untersuchung der Handlungen einen Schritt weiter, indem er die Art von Zielen betrachtet, auf die Handlungen gerichtet sind.

Dabei zeigt sich aber ein Unterschied zwischen Ziel und Ziel: das eine Mal ist es das reine Tätig-sein *(energeia)*, das andere Mal darüber hinaus das Ergebnis des Tätig-seins: das Werk *(ergon)*. Wo es Ziele über das Tätig-sein hinaus gibt, da ist das Ergebnis naturgemäß wertvoller als das bloße Tätig-sein. [*Nikomachische Ethik*, 1094 a]

Demnach gilt es, zwei Arten von Zielen zu unterscheiden:

1. Das Ziel einer Handlung kann ein Werk (ergon) sein.
Ein Haus ist zum Beispiel das Ziel des Bauens. Unter den Begriff »Werk« fallen für Aristoteles nicht nur Produkte wie Häuser, Geigen, Stühle usw., sondern auch Zustände wie zum Beispiel der Sieg (d.i. der Zustand nach der erfolgreichen Kriegsführung) oder die Gesundheit (Zustand des Körpers nach der erfolgreichen Behandlung durch den Arzt) oder die Ruhe (Zustand im Haus, nachdem ich den Hund meines Nachbarn erschossen habe).

2. Das Ziel einer Handlung kann aber auch ein Tätig-sein (energeia) sein.
Ziel des Spazierengehens ist das Spazierengehen. Das Spazierengehen ist selbst Ziel der Tätigkeit. Mein Sohn singt oft, um des Singens willen: Sein Gesang dient zu nichts und ist selbst das Ziel dieser Handlung.

Nach den Zielen unterscheidet Aristoteles auch die entsprechenden Handlungen, die auf diese Ziele gerichtet sind.
1a) »Poiesis« (Herstellen) nennt er die Handlungen, die um eines Werkes *(ergon)* willen – sei es Produkt oder Zustand – erfolgen.
2a) »Praxis« nennt er Handlungen, die um ihrer selbst willen erfolgen, wo also das Ziel der Handlung das Tätig-sein *(energeia)* selbst ist.
Ferner nimmt Aristoteles bei dieser Einführung seiner hand-

lungstheoretischen Grundbegriffe eine hierarchische Ordnung der Handlungen vor: Im Fall des Herstellens, der *poiesis*, ist das Werk »wertvoller« als das Tätig-sein. Statt »wertvoller« kann man auch sagen: Es ist erstrebenswerter. Denn um des Werkes willen wird ja die Tätigkeit überhaupt betrieben. (Wer nichts essen will, muss auch nicht kochen; wer keine Hütte braucht, muss auch keine bauen.)

Ob eine Handlung ein Fall von *praxis* oder ein Fall von *poiesis* ist, sieht man der Handlung allein nicht an: Man kann ja auch Kochen um des Kochens willen (das Essen, das dabei herauskommt, wäre dann nur ein Abfallprodukt des Tätigseins). Dieses Kochen wäre ein Fall von *praxis*. Und umgekehrt kann man auch spazierengehen um der Gesundheit willen: dieser Spaziergang wäre ein Fall von *poiesis*. Es kommt bei der Unterscheidung von Handlungen, die etwas herstellen, und Handlungen, die um ihrer selbst willen erfolgen, offenbar darauf an, mit welcher Absicht der Handelnde etwas tut.

Nun gibt es, so Aristoteles weiter, viele verschiedene Ziele, die Menschen durch ihr Handeln erreichen wollen. Manche Ziele streben wir nur um eines weiteren Zieles willen an, sodass sich Handlungsketten aufbauen, in denen das Ziel der Handlung A um das Ziel der Handlung B willen verfolgt wird. Dabei ist das jeweils höhere Ziel das eigentliche, das »zielhaftere« Ziel: das ist das, worum willen ich das vorherige erstrebt habe. Dreijährige Kinder in der Warum-Phase sind Meister darin, solche Handlungsketten zu entdecken. Der Vater tut etwas und das Kind fragt:

K: Warum kaufst Du mir kein Eis?

V: Ich will das Geld sparen.

Der Vater nennt das Ziel (Geld sparen) seiner Handlung (Eisverweigerung).

K: Warum sparst Du soviel Geld?

V: Um mir eine gute Geige zu kaufen.

Der Vater nennt das Ziel (die Geige) seiner Handlung (Sparen).

K: Warum willst Du eine gute Geige kaufen?

V: Damit mein Geigenspiel schöner klingt als mit der alten.

Der Vater nennt das Ziel (schöner Klang, gutes Musizieren) des Werkzeugs (Geige). Dabei ist das gute Musizieren, der schöne Klang, dem Vater offenbar wichtiger als das Geld und die Geige: Das Geld und die Geige selbst sind nur Mittel zum Zweck, ein Weg zum Ziel. Das oberste Ziel des Vaters ist aber der schöne Klang. Die Metapher von der Kette trägt dem Umstand Rechnung, dass man, um im Beispiel zu bleiben, nicht behaupten will, dass der Vater dem Sohn kein Eis kauft, damit seine Geige gut klingt.

Aristoteles macht an dieser Stelle einen Zusatz, der Schwierigkeiten in sich birgt:

> Hierbei [bei den Handlungsketten] ist es gleichgültig, ob das Tätig-sein selber Ziel des Handelns ist oder etwas darüber hinaus [...]. [*Nikomachische Ethik*, 1094 a]

Dieser Satz klingt wie ein Widerspruch zum Vorherigen: Aristoteles möchte offenbar sagen, dass auch die Handlungen, die um ihrer selbst willen erfolgen (Praxis-Handlungen), in eine Handlungskette eingeordnet werden können – und zwar nicht nur als letzte Handlung, um derentwillen die Kette überhaupt aufgebaut wurde. Aber die Handlungskette ist bestimmt als ein *A tun um willen von B*, also gerade nicht um seiner selbst willen. Aristoteles will aber hier Handlung A, die um ihrer selbst willen erfolgt, als *gerichtet auf Ziel B* verstehen. Somit geschieht die Handlung um ihrer selbst und nicht um ihrer selbst willen (und das ist ein Widerspruch).

Um diesen Widerspruch zu vermeiden führt J. L. Ackrill die Unterscheidung zwischen umschließenden Zielen *(inclusive end)* und dominanten Zielen *(dominant end)* ein. Ein dominantes Ziel ist das definitiv oberste, in einer Handlungskette letzte, um seiner selbst willen erstrebte Ziel. Dieses »dominiert« die ganze Handlungskette. Ein umschließendes Ziel steht nicht am Ende *einer* Handlungskette, sondern umfasst mehrere (mindestens zwei) Enden von verschiedenen Handlungsketten: Die Enden der Handlungsketten sind Teilziele, die nur dann, wenn sie alle eingeschlossen werden, das übergeordnete Ziel ergeben.

Ackrill bringt als Beispiel für ein *inclusive end* das Golfspielen:

> Man denke an das Verhältnis vom Einlochen zum Golfspielen oder das vom Golfspielen zu den gelungenen Ferien. Man locht nicht ein, *um (mit der Absicht)* Golf zu spielen, so wie man einen Schläger kauft, um Golf zu spielen. Und diese Unterscheidung passt zu der zwischen Handlungen, die ein Werk, und solchen, die keines erzeugen. [Ackrill: »Aristotle on Eudaimonia«, S. 19. Übersetzung von mir]

Ich schlage den Ball nicht ins Loch, um Golf zu spielen, sondern das Einlochen *ist* Golfspielen, es ist ein Bestandteil des Spiels. Ziel des Einlochens ist das Einlochen, aber das Einlochen ist Teil eines übergeordneten Ziels (Golfspielen). Ebenso spiele ich Golf um des Golfspielens willen (das Golfspielen ist selbst Ziel der Handlung, ist ein Fall von *praxis*), aber das Golfen ist (zumindest für Herrn Ackrill) Teil eines übergeordneten Ziels, nämlich des gelungenen Urlaubs. So ist es möglich, eine Handlung, die Selbstzweckcharakter hat, einem übergeordneten, umfassenden Ziel unterzuordnen, ohne dass die untergeordnete Handlung den Selbstzweckcharakter dadurch verliert. Mit dieser Strukturanalyse im Rücken wird auch die Steigerung der Zielhaftigkeit von Aristoteles verständlich:

1. Stufe *telos*: Das (einfache) Ziel einer Handlung, das nicht um seiner selbst willen, sondern um eines anderen willen erstrebt wird (z.B. das Haus, als Ziel des Bauens).

2. Stufe *telos teleion* (das zielhaftere Ziel): Ich nenne diese Stufe

»Endziel« (z.B. das behagliche Wohnen, um dessen willen das Haus gebaut und geheizt und gestrichen und möbliert wurde). 3. Stufe *telos teloiotaton* (d.i. der Superlativ, das zielhafteste Ziel*): Diese Stufe nenne ich »Letztziel«. Gemeint ist das Gut, das nur um seiner selbst willen und nicht auch um eines anderen Zieles willen erstrebt wird (z.B. das glückliche Leben, um dessen willen das behagliche Wohnen und der gute Job und die gelingende Ehe erstrebt werden.)

Mit Aristoteles können wir also in Bezug auf die Ziele zwei Unterscheidungen treffen: den Unterschied zwischen dominierendem Ziel und umfassendem Ziel und den Unterschied zwischen Endziel und Letztziel.

Das glückliche Leben

Nach diesen handlungstheoretischen Vorüberlegungen stellt Aristoteles die Frage, was das oberste für den Menschen durch sein Handeln erreichbare Gut sei. Das muss ein Gut sein, das nur um seiner selbst und nicht auch um eines weiteren Gutes willen erstrebt wird, denn sonst wäre ja dieses weitere Gut das oberste Gut. Diese Frage stellt er gleichsam in die Runde der politisch aktiven Männer Athens, die sich auf dem Marktplatz treffen, um über Politik und den Sinn des Lebens zu plaudern. (Dieses Publikum, die politisch aktiven männlichen Bürger Athens, zu deren Privilegien es zählt, sich nicht um ihr leibliches Wohl sorgen zu müssen (dafür haben sie Frauen und Sklaven), lässt sich aus den Beispielen und den Themenschwerpunkten als die Gruppe rekonstruieren, an die sich die *Nikomachische Ethik* richtet.)

---

* In deutschen Übersetzungen wird *telos teloiotaton* meist mit »vollkommenes Ziel« oder gar »vollkommenstes Ziel« übersetzt; diese Übersetzungen haben den Nachteil, dass sie nahelegen, die Endziele und die einfachen Ziele seien in irgendeinem Sinne »unvollkommen«. Das aber meint Aristoteles nicht.

Welches ist das höchste von alle Gütern, die man durch Handeln erreichen kann?

In seiner Benennung stimmen fast alle überein. »Das Glück« – so sagen die Leute, und so sagen die feineren Geister, wobei gutes Leben und gutes Handeln in eins gesetzt werden mit Glücklichsein. [1095 a]

Doch mit dieser Benennung endet die Einigkeit unter den Menschen auch schon. Denn jeder versteht etwas anderes unter einem glücklichen Leben. Das ist auch Aristoteles klar:

Aber was das Wesen des Glückes sei, darüber ist man unsicher, und die Antwort der Menge lautet anders als die des Denkers. Die Menge stellt sich etwas Handgreifliches und Augenfälliges darunter vor, zum Beispiel Lust, Wohlstand, Ehre: jeder etwas anderes. Bisweilen wechselt sogar ein und derselbe Mensch seine Meinung: wird er krank, so sieht er das Glück in der Gesundheit, ist er arm, dann im Reichtum. [1095 a]

Die Abschätzigkeit, mit der Aristoteles hier die »Vielen« oder die »Leute« behandelt, ist nicht wegzudiskutieren. Aristoteles war kein Sozialdemokrat. Ferner hielt er auch nichts von Leuten (und das können durchaus auch Aristokraten gewesen sein), die ihr Leben ausschließlich *Sex and Drugs* widmeten. Denn wer *nur* nach Lust und Lustgewinn strebt, unterscheidet sich in seinem Verhalten kaum von einem Hund oder Esel. (Daraus folgt nicht, dass Aristoteles Enthaltsamkeit predigt. Im Gegenteil: *Sex and Drugs* sind für ihn durchaus in Ordnung, aber in Maßen und nicht als einzige Beschäftigung – dafür ist das Leben schlicht zu kurz.)

Wenn wir die Wertung weglassen, hat er mit einer Beobachtung sicherlich Recht: Fragt man einen Kranken, was ihm zum Glück fehle, so wird er antworten: Gesundheit. Und ebenso steht es mit anderen Mängeln. Aristoteles tut das nicht als falsch ab; der Kranke hat ja Recht: Gesundheit ist das Ziel, das er erstrebt, und sie erscheint ihm sicherlich als das höchste Gut. Aber, so argumentiert Aristoteles weiter, es sind ja nicht alle Menschen, die gesund sind, automatisch glücklich. Also scheint Gesundheit nur ein Ziel zu sein, das zum Glück dazugehört, nicht aber das Glück selbst.

Nehmen wir die handlungstheoretischen Unterscheidungen von oben hinzu, so können wir mit Aristoteles sagen: Gesundheit, Wohlstand und vielleicht sogar Ehre sind für viele Menschen Endziele, das Glück aber ist ein Letztziel, das diese Endziele umfasst. Daraus lässt sich ein lebenspraktischer Tipp von Aristoteles ableiten: Wenn das Glück in einem mehrere Endziele umfassenden Letztziel zu suchen ist, dann sollte man sich überlegen, welche Endziele zum Glück gehören. Das heißt, Aristoteles versteht unter einem glücklichen, gelingenden Leben ein Leben nach dem Motto: »Dieses brauche ich und jenes darf nicht fehlen und ein Drittes muss auch dabei sein.« (Ich zum Beispiel brauche Gesundheit und Zeit zum Philosophieren und eine gute, gelingende Ehe und einen Beruf, in dem ich meine Fähigkeiten einbringen kann und Anerkennung von Sachverständigen finde.) Die jeweiligen Ziele (Gesundheit, Philosophieren, gelingende Ehe, Anerkennung im Beruf) sind Endziele, die um ihrer selbst und um des Glückes willen erstrebt werden. Diesen Lebens- und Glücksentwurf, der mehrere um ihrer selbst und des Glückes willen erstrebte Ziele zulässt und das Glück selbst als umschließendes Ziel *(inclusive end)* auffasst, nenne ich »aristotelisch«.

Es gibt auch einen Gegenentwurf: Der Asket oder Mystiker, der seine körperlichen und sozialen Bedürfnisse auf ein Minimum reduziert, um allein in einer einzigen Tätigkeit (in der Meditation, der Gottesschau, im Philosophieren oder Ähnlichem) sein Lebensglück sieht, führt ein nicht-aristotelisches

Leben. Diesen Lebensentwurf und Glücksbegriff nenne ich
»asketisch«. Aristoteles bestreitet nicht, dass der asketische Lebensentwurf ebenfalls zu einem gelingenden, glücklichen Leben führen kann.

Dass das Glück, ob asketisch oder aristotelisch verstanden, das
Ziel ist, nach dem die Menschen streben, ist zwar richtig, aber
jetzt wissen wir noch immer nicht, was ein glückliches Leben
ausmacht. Aristoteles tastet sich weiter vor:

> Vielleicht ist aber die Gleichsetzung von Glück und obers-
> tem Gut nur ein Gemeinplatz, und es wird eine noch deut-
> lichere Antwort auf die Frage nach seinem Wesen ge-
> wünscht. Dem kann entsprochen werden, indem man zu er-
> fassen sucht, welches die dem Menschen eigentümliche
> Leistung ist. [1097 b]

Aristoteles schlägt hier folgenden Weg ein, um die Untersuchung voranzutreiben: Wir fragen nach dem guten Leben und
dem guten Handeln, denn das hatte er, im Einklang mit der
vorherrschenden Meinung, mit dem Glück gleichgesetzt. Wir
kennen den Gebrauch des Wortes »gut« aus anderen Zusammenhängen: Wir sprechen vom guten Messer, guten Auge
oder der guten Geige.

Bei all diesen Beispielen ist es der Fall, dass das genannte Ding
eine ihm »eigentümliche Leistung« hat. Die eigentümliche
Leistung des Messers ist das Schneiden, die Leistung des Auges
das Sehen, die der Geige der Ton. »Eigentümlich« sind diese
Leistungen, insofern sie das sind, was für den Gegenstand typisch ist, das, wofür der Gegenstand da ist. Mit einer Geige
kann man ja zum Beispiel nicht nur Töne produzieren; man
kann mit einer Geige auch eine Hütte heizen. Auch das Heizen ist eine Leistung der Geige, aber eben nicht die »eigentümliche«. Die ihnen eigentümlichen Leistungen können die

genannten Dinge gut oder schlecht erbringen. (Das scharfe Messer ist das gute Messer; das scharfsichtige Auge das gute Auge; die klar klingende Geige ist die gute Geige etc.) Wenn jemand das, was er tut, gut tut, dann spricht Aristoteles davon, dass er es gemäß der Tüchtigkeit (griech. *arete*) tut. Wenn man herausfinden will, was das gute Leben und gute Handeln eines Menschen sein könnte, dann muss man, so die aristotelische Analogie, zunächst nach der dem Menschen eigentümlichen Leistung (wörtlich: *ergon tou anthropou*, d.h. dem Menschenwerk) fragen und dann sehen, ob ein Mensch diese Leistung gut oder schlecht (gemäß der Tüchtigkeit oder nicht) erbringt. An dieser Stelle wird es mit den deutschen Übersetzungen etwas haarig: Das griechische Wort *arete* (Trefflichkeit, Güte, Wert, Können, Tüchtigkeit, Tugend, überhaupt jede wertvolle Eigenschaft) wird in einigen Übersetzungen mit dem deutschen Wort »Tugend« in anderen mit dem Wort »Tüchtigkeit« wiedergegeben. Unter Tugenden verstehen wir normalerweise sittlich-moralische Tugenden (z. B. Klugheit, Gerechtigkeit, Mäßigkeit (Maßhalten) und Tapferkeit). Wenn Aristoteles von *arete* spricht, dann meint er nicht nur sittlich-moralische Tugenden, sondern schließt alles mit ein, was jemand »gut tun« kann, also auch gutes Tennisspiel, hervorragendes Flötenspiel oder vortreffliche Töpferarbeiten etc. Dass Tüchtigkeit die passendere Übersetzung für *arete* ist, kann das folgende Beispiel verdeutlichen: Boris Becker war zweifellos ein guter (tüchtiger) Tennisspieler (er brachte viele Bälle übers Netz und hat oft gewonnen). Aber als »tugendhaften« Tennisspieler werden wir ihn (dank seiner Eskapaden in Wandschränken) kaum bezeichnen wollen. Ebenso war Frank Wedekind bestimmt ein tüchtiger, aber kein tugendhafter Schriftsteller.

Dass es überhaupt ein Menschenwerk, eine dem Menschen eigentümliche Leistung gibt, versucht Aristoteles uns mit einer weiteren Analogie schmackhaft zumachen:

Wie nämlich für den Flötenspieler und den Bildhauer und für jeden Handwerker oder Künstler, kurz überall da, wo Leistung und Tätigkeit gegeben ist, eben in der Leistung, wie man annehmen darf, der Wert und das Wohlgelungene beschlossen liegt, so ist das auch beim Menschen anzunehmen, wenn es überhaupt eine ihm eigentümliche Leistung gibt. Sollte es nun bestimmte Leistungen und Tätigkeiten für den Zimmermann oder Schuster geben, für den Menschen als Menschen aber keine, sondern sollte dieser in stumpfsinniger Trägheit geboren sein? [1097 b]

Diese Analogie ist schief: Ein Messer ist eben für einen *Zweck* gemacht. Ein Handwerker hat, *insofern* er Handwerker ist (Dachdecker z.B.), natürlich eine ihm eigentümliche Leistung (Dächer zu decken); denn Dächer zu decken ist der *Zweck dieses Berufs*. Aber daraus folgt noch nicht, dass es eine dem Menschen *als Menschen* eigentümliche Leistung gibt. Aristoteles suggeriert hier, dass es eine dem Menschen als Menschen eigentümliche Leistung geben müsse, er beweist es aber nicht. Auch mit der folgenden Passage erbringt er den Beweis *nicht*:

Sollte nicht vielmehr wie Auge, Hand, Fuß, kurz jeder Teil des Körpers seine besondere Funktion hat, auch für den Menschen über all diese Teilfunktionen hinaus eine bestimmte Leistung anzusetzen sein? [1097 b]

Auch diese Analogie geht nicht auf. Selbst wenn jedes Organ eine ihm eigentümliche Leistung haben sollte, folgt daraus nicht, dass auch der Organismus als Ganzer eine solche Leistung hat. Analog gilt: Daraus, dass jeder Mensch in einer Hausgemeinschaft einen Beruf hat, folgt nicht, dass die Hausgemeinschaft als Ganze einen Beruf hat. Diese Stelle bleibt unbefriedigend: Aristoteles erbringt den Beweis dafür, dass es eine dem Menschen eigentümliche Leistung gibt, nicht. Diesen Punkt müssen wir als unbewiesene Annahme in Kauf nehmen, um den Text weiter zu lesen. Wozu also ist der Mensch, laut Aristoteles, da, und was zeichnet ihn aus?

Aristoteles wendet hier (1097 b – 1098 a) ein Ausschlussverfahren an. Er beginnt möglichst allgemein zu fragen: Was unterscheidet den Mensch vom Stein? Der Mensch lebt, der Stein nicht. Aber dass etwas lebt, macht es doch noch nicht zum Menschen, denn das vegetative Vermögen haben auch Pflanzen und Tiere. Was unterscheidet Menschen von Pflanzen? Er kann sich fortbewegen und hat Wahrnehmung. Aber das macht ihn doch auch noch nicht zum Menschen, denn Wahrnehmung hat auch der Hund meines Nachbarn. Was unterscheidet Menschen von Tieren? Die Antwort ist für Aristoteles klar: Der Mensch ist vernunftbegabt, das Tier nicht. Aristoteles folgert, dass die dem Menschen eigentümliche Leistung irgendwie mit Vernunft verbunden sei. Aber von der Vernunftbegabung merkt man nichts, solange ein Mensch schläft oder untätig in der Sonne sitzt (da ähnelt er dem Tier doch sehr). Daher sagt Aristoteles, dass die dem Menschen eigentümliche Leistung »ein Tätigsein der Seele gemäß dem rationalen Element oder jedenfalls nicht ohne dieses« (1097 a f.) sei. Damit ist nicht nur philosophisches Denken gemeint. Auch ein Mensch, dessen Handlungen gerecht, besonnen, mutig und großzügig sind, handelt ja irgendwie mit Vernunft. Selbst ein Fußballspieler (und sagen wir noch dazu: ein dummer und ganz und gar unphilosophischer), der taktisch geschickt spielt, gebraucht seine Vernunft.

Analog zum guten Messer schließt Aristoteles nun, dass derjenige gut lebt und gut handelt, der die dem Menschen eigentümliche Leistung (Tätig-sein der Seele nicht ohne den rationalen Seelenteil) gemäß der Tüchtigkeit erbringt. Oder wie Aristoteles es formuliert:

Ist das nun richtig und setzen wir als Aufgabe und Leistung des Menschen eine bestimmte Lebensform und als deren Inhalt ein Tätigsein und Wirken der Seele, gestützt auf ein rationales Element, als Leistung des hervorragenden Menschen dasselbe, aber in vollkommener und bedeutender Weise, und nehmen wir an, dass alles seine vollkommene Form gewinnt, wenn es sich im Sinne seines eigentümlichen Wesensvorzugs entfaltet, so gewinnen wir schließlich das Ergebnis: das oberste dem Menschen erreichbare Gut stellt sich dar als ein Tätigsein der Seele im Sinne der ihr wesenhaften Tüchtigkeit. Gibt es aber mehrere Formen wesenhafter Tüchtigkeit, dann im Sinne der vorzüglichsten und vollendetsten. [1097 b – 1098 a]

Folgerichtig geht Aristoteles nun dazu über, die Tüchtigkeiten des Menschen genauer unter die Lupe zu nehmen, um das Glück inhaltlich näher zu bestimmen.

Aristoteles über Tüchtigkeit

Wenn sich Aristoteles einem Phänomen nähert, dann versucht er als erstes immer, Unterschiede auszumachen und das, was er findet, zu sortieren. (Aristoteles ist sozusagen der Urvater des Schubladendenkens.) So macht er es auch bei den Tüchtigkeiten, wenn er folgende Unterscheidung einführt:

Die Tüchtigkeit ist zweifach: es gibt Vorzüge des Verstandes (dianoëtische) und Vorzüge des Charakters (ethische). Die ersteren nun gewinnen Ursprung und Wachstum vorwiegend durch Lehre, weshalb sie Erfahrung und Zeit brauchen, die letzteren sind das Ergebnis von Gewöhnung. [1103 a]

Die dianoëtischen Tüchtigkeiten (von griech. *dianoia*, Verstand) sind Eigenschaften des Verstandes wie zum Beispiel

Klugheit, Weisheit, Einsicht. Sie zeichnen sich dadurch aus, dass die Vernunft bei ihnen aktiv gebraucht wird: Wer klug ist oder weise, ist besonders intelligent, kann seinen Verstand auf vorzügliche Weise gebrauchen. Ebenso ist die Einsicht etwas, was nicht ohne scharfes Nachdenken zu gewinnen ist. Ein Merkmal dieser Tüchtigkeiten des Verstandes ist, dass man sie lehren und lernen kann.

Anders ist das bei den Tüchtigkeiten des Charakters, den ethischen Tüchtigkeiten (von griech. *ethos*, Charakter): Tapferkeit, Großzügigkeit oder Maßhalten ist nichts, was man im Hörsaal vom Professor und durch scharfes Nachdenken erwirbt. Man gewöhnt sich diese Eigenschaften, laut Aristoteles, an. Man kann sich zum Beispiel angewöhnen, in gefährlichen Situationen wegzurennen. Dann hat man sich die Feigheit angewöhnt. Man kann sich aber auch angewöhnen, bei Gefahr vorzustürmen und anzugreifen. Dann hat man sich Wagemut angewöhnt. Die Tugend »Tapferkeit« liegt nun, sagt Aristoteles, in der Mitte zwischen Wagemut und Feigheit. Tapfer ist derjenige, der sich angewöhnt hat, in jeder gefährlichen Situation die rechte Mitte zwischen Wagemut und Feigheit zu finden und ihr gemäß zu handeln. Diese Struktur (dass die Tüchtigkeit in der Mitte zwischen einem Zuviel und Zuwenig liegt) ist, laut Aristoteles, typisch für ethische Tüchtigkeiten. Die Großzügigkeit ist die rechte Mitte zwischen dem Geiz (zuwenig Freigiebigkeit) und der Verschwendungssucht (zuviel Freigiebigkeit). Die rechte Mitte ist dabei kein Mittelmaß, sondern eher wie die Spitze eines Berges zu denken: rechts und links geht es in zwei verschiedene Richtungen abwärts Richtung Schlechtigkeit. Der Gipfel steht in diesem Bild für das Richtige, für das, was es in der konkreten Situation zu tun gilt. Um die rechte Mitte bestimmen zu können, braucht der Tapfere, Großzügige oder Gerechte auch noch eine dianoëtische Tüchtigkeit: die Klugheit *(phronesis)*.

Der Tugendhafte ist, laut Aristoteles, derjenige, der seine Sache gut macht. Seine Sache gut macht er, indem er in jeder Situation mit der Klugheit die rechte Mitte sieht und ihr gemäß handelt. Das klingt ganz einfach, ist es aber, wie man im Alltag immer wieder erleben muss, leider nicht.

Fazit

Laut Aristoteles können die Menschen auf vielfältige Weise ihr Lebensglück finden. Das gelingende Leben, wie Aristoteles es sich vorstellt, ist nicht eines, das in einem Augenblick gleichsam alles sieht, sondern eines, in dem der Handelnde hier dies, hier jenes gemäß der Situation vollzieht, seine Sache dabei jeweils gut (d. h. gemäß der Tüchtigkeit) macht und zugleich weiß, dass es noch anderes gibt.

Welche Tätigkeiten jemand braucht, um ein glückliches Leben zu führen, muss jeder selbst herausfinden. Aristoteles gibt uns darauf jedenfalls keine Antwort. Natürlich nicht. Schließlich ist er ein Philosoph und kein Scharlatan.

Für Cineasten

Aristoteles war der berühmteste Lehrer Alexanders des Großen. Das ist auch Hollywood nicht entgangen: Oliver Stone lässt ihn in seinem Sandalen-Film »Alexander« als respektablen älteren Herrn durch Makedonien spazieren und den etwa zehnjährigen Alexander unterrichten. Das sieht gut aus, entbehrt aber nicht der Fiktionalität: Aristoteles war um die 40, als er an den Hof Philipps kam.

Kapitel 3

Wenn drei sich streiten

Der Universalienstreit

Wenn zwei sich streiten, freut sich der Dritte, sagt der Volksmund. Das Sprichwort stimmt zwar in vielen Situationen (im Kindergarten, auf dem Fußballplatz etc.), aber für den sogenannten »Universalienstreit« stimmt es nicht. Im Gegenteil scheint hier eher folgende Regel zu gelten: Wenn zwei schon streiten, dann auch der Dritte und Vierte. Denn sobald sich in den Universalienstreit ein dritter Philosoph einmischt, wird er ebenfalls in den Streit hineingezogen, bis ein vierter Philosoph kommt, der die Sache klären will, aber über kurz oder lang auch im Sumpf der streitenden Parteien feststeckt.

Philosophiehistorisch betrachtet beginnt die Streiterei um die Universalien eigentlich schon im vierten vorchristlichen Jahrhundert (wo sie ca. 360 Jahre vor Christus zwischen Aristoteles und Platon entbrennt), spätestens aber mit der Spätantike. Hochzeiten der Kontroverse waren das Mittelalter (besonders das 12. und 14. Jahrhundert) und das 20. Jahrhundert. Die schlechte Nachricht sei gleich vorausgeschickt: Eine Lösung der strittigen Fragen, um die es im Universalienstreit geht, ist (bis jetzt) nicht in Sicht. Was also sind Universalien und warum erhitzen sie die philosophischen Gemüter seit mehr als 2000 Jahren?

*Man kann sie nicht sehen, sie stinken nicht, nehmen keinen
Platz weg und sind doch so umstritten: Universalien*
Was Philosophen mit »Universalien« meinen, macht man sich
am einfachsten so klar: Der Satz »Peter Müller ist ein Mensch«
lässt sich zerlegen in einen Namen »Peter Müller« und einen
Prädikatausdruck »... ist ein Mensch«. Der Name verweist auf
einen Gegenstand, den man anfassen, wegschubsen und sehen
(kurz: empirisch wahrnehmen) kann, nämlich die Person, die
Träger des Namens »Peter Müller« ist. Wie steht es nun mit
dem Prädikat? Entspricht dem auch etwas? »Ja!«, sagen manche
Philosophen, denn dieses Prädikat schreibt Peter eine Eigenschaft zu, nämlich die Eigenschaft, ein Mensch zu sein. Die Eigenschaft allerdings kann man nicht anfassen, wegschubsen
oder sehen. Man kann den Menschen Peter Müller sehen, hören und man kann ihn fühlen, zum Beispiel wenn man ihm die
Hand gibt. Aber kann man auch die Eigenschaft, ein Mensch
zu sein, sehen, hören oder spüren? Offensichtlich nicht. Man
kann die Eigenschaft gar nicht empirisch wahrnehmen, man
kann nur wahrnehmen, dass ein Träger diese Eigenschaft hat.
Die Person Peter Müller ist ein Einzelding, und Einzeldinge
haben den großen Vorteil, dass sie (philosophisch betrachtet!)
kaum Probleme machen. Wie aber steht es mit der Eigenschaft,
ein Mensch zu sein? Die ist jedenfalls kein Einzelding. Sie
kommt vielmehr verschiedenen Einzeldingen (Peter, Kim, Kai,
Iris, Felix, Jette etc.) zu. Und wenn etwas mehreren Einzeldingen zukommen kann, dann gehört es, laut Aristoteles, zum
Allgemeinen:

> Unter Allgemeinem verstehe ich, was naturgemäß von
> mehrerem, unter Einzelding, was nicht von mehrerem aus-
> gesagt werden kann, wie zum Beispiel Mensch etwas Allge-
> meines, Kallias ein Einzelwesen ist. [Aristoteles: *Peri herme-
> neias*, 7, 17 a 38 − b 1]

Das wird als Allgemeines ausgesagt, das sich an mehreren Dingen von Natur aus findet. [Aristoteles: *Metaphysik*, VII. Buch, 13. Kapitel, 1038 b 11f.]

In der mittelalterlichen Scholastik (ein Zweig der philosophisch-theologischen Tradition, der sich methodisch an Aristoteles orientierte und mit seinem Werk auseinandersetzte) wurde es üblich das Allgemeine (griech. *katholou*) als »Universale« zu bezeichnen.

Beispiele für Universalien sind: Eigenschaften, Relationen (z.B. die Liebesbeziehung zwischen Peter und Paula, die durch den Satz »Peter liebt Paula und Paula liebt Peter« ausgedrückt wird), Gattungen (z.B. »… ist ein Lebewesen«) und Arten (z.B. »… ist ein Regenwurm«), platonische Ideen, aber auch Zahlen, geometrische Gegenstände (Kreise, Dreiecke etc.) und die Mengen der Mengenlehre. Wolfgang Künne hat darauf hingewiesen, dass es auch Eigenschaften gibt, die nur einem einzigen Gegenstand zukommen. Daher ist der Name »Universale« nicht geschickt gewählt und von Aristoteles nicht exakt genug bestimmt, denn, so Künne:

Demnach [gemäß der aristotelischen Begriffsbestimmung] wäre die Eigenschaft, eine ungerade Primzahl zu sein, eine Universale, – die Eigenschaft, eine gerade Primzahl zu sein, aber nicht: denn sie kann (»ihrer Natur nach«) nicht mehrfach exemplifiziert sein. [Künne: *Abstrakte Gegenstände*, S. 16]

Daher hat sich im 20. Jahrhundert der Ausdruck »abstrakter Gegenstand« als neuer Name für Universalien durchgesetzt. (Der Gegenbegriff zu »abstrakter Gegenstand« ist »konkreter Gegenstand«, engl. *particular*. Der konkrete Gegenstand entspricht dem, was ich oben »empirisch wahrnehmbares Einzelding« nannte.) Dummerweise hält sich aber der Name »Uni-

versalienstreit« als Name für die philosophische Auseinandersetzung um die abstrakten Gegenstände hartnäckig; wenn ich
im Folgenden also noch vom »Universalienstreit« rede, ist damit eigentlich ein »Abstrakte-Gegenstände-Streit« gemeint.
Um solche Schwierigkeit zu umgehen, gebrauche ich die Ausdrücke »abstrakter Gegenstand« und »Universale« im Folgenden synonym.

Abstrakte Gegenstände (Universalien) haben (mindestens) die
folgenden Merkmale:

- Man kann sie nicht sinnlich wahrnehmen.
- Man kann sprachlich auf sie Bezug nehmen.
- Sie sind zeitlos. (Jeder blauäugige Mensch stirbt irgendwann
und verwest und hört somit auf, ein Träger der Eigenschaft »...
ist jetzt blauäugig« zu sein; aber die Eigenschaft Blauäugigkeit
verwest nicht mit!).
- Sie sind, im Unterschied zu konkreten Gegenständen, nicht
kausal wirksam.

Der Streit

Der Universalienstreit tobt um die Frage: »Existieren abstrakte
Gegenstände (Universalien) wirklich?«

Das erste Mal sauber formuliert wurde diese Frage vom spät-
antiken Philosophen Porphyrius (*um 234; †um 304), der
gleich im ersten Kapitel seiner Einleitung zu Aristoteles' Buch
»Kategorien« sagt, dass er sich mit genau dieser Frage nicht näher befassen möchte.

»Was, um gleich mit diesen anzufangen, bei den Gattungen
und Arten [die zu den Universalien zählen] die Frage angeht, ob sie etwas Wirkliches sind oder nur auf unseren Vorstellungen beruhen, und ob sie, wenn Wirkliches, körperlich oder unkörperlich sind, endlich, ob sie getrennt für sich
oder in und an dem Sinnlichen auftreten, so lehne ich es ab,

49

hiervon zu reden, da eine solche Untersuchung sehr tief geht und eine umfangreichere Erörterung fordert, als sie hier angestellt werden kann.« [Porphyrius: *Einleitung in die Kategorien*, Kap. 1, 1 a]

Aus dem Porphyrius-Zitat lassen sich vier mögliche Antworten auf die obige Frage rekonstruieren:

1. Antwort: Nein, abstrakte Gegenstände existieren nicht wirklich, sie beruhen nur auf unseren Vorstellungen, sind ein Produkt unseres Geistes. (Diese Meinung wird Nominalismus genannt, und wurde (u.a.) von Peter Abaelard und William Ockham vertreten.)

2. Antwort: Ja, abstrakte Gegenstände existieren wirklich, und sie sind etwas Körperliches. (Diese Meinung ist ziemlich unpopulär. Warum das so ist, sehen wir gleich.)

3. Antwort: Ja, abstrakte Gegenstände (Universalien) existieren wirklich, und sie sind unkörperlich, und sie treten getrennt von den Einzeldingen für sich auf. (Diese Meinung, die man als »radikalen Universalienrealismus« bezeichnen kann, vertritt Platon.)

4. Antwort: Ja, abstrakte Gegenstände existieren wirklich, und sie sind unkörperlich, aber sie treten nicht getrennt, sondern nur in und an den empirisch wahrnehmbaren Einzeldingen auf. (Diese Meinung, die man »gemäßigten Universalienrealismus« nennen kann, scheint Aristoteles zu vertreten.)

Ich werde diese vier möglichen Antworten im Folgenden genauer untersuchen. Allerdings in einer abweichenden Reihenfolge: Zunächst will ich mich mit Antwort 2 befassen, die ich für ziemlich aussichtslos halte. Dann gehe ich in historischer

Reihenfolge weiter mit den Antworten 3 (Platon), 4 (Aristoteles) und schließlich 1 (Abaelard).

Beinharter Nominalismus und barer Unsinn (zu Antwort 2)
Die 2. Antwort auf die Frage nach der Existenz von abstrakten Gegenständen (»Ja, abstrakte Gegenstände existieren wirklich, und sie sind etwas Körperliches.«) kann man in zwei Spielarten weiterdenken.

Körperliche abstrakte Gegenstände: Abstrakte Gegenstände sind körperlich, genau wie Einzeldinge.
Wer diese These vertritt, hat offenbar nicht verstanden, was ein abstrakter Gegenstand ist. Denn ob man nun annimmt, dass der Ausdruck »… ist ein Mensch« auf die Idee Menschheit oder eine Eigenschaft, die vielen konkreten Menschen zukommt, oder auf eine Vorstellung des Sprechers oder den Begriff »Mensch« oder auf gar nichts verweist – ganz sicher gilt, dass der Prädikatausdruck auf nichts Körperliches verweist. Selbst wenn der Ausdruck »… ist ein Mensch« in irgendeinem Sinne auf die Menge aller Menschen verweisen würde, würde dieser Prädikatausdruck noch immer auf nichts Körperliches verweisen: Die Mengen der Mengentheorie sind ja keine empirisch wahrnehmbaren, konkreten Gegenstände (lediglich die Elemente mancher Mengen sind empirisch wahrnehmbar). Kurz: diese These ist offenbar Unsinn.
Man könnte Antwort 2 auch anders lesen: Wörter (oder allgemeiner: sprachliche Ausdrücke) sind ja auch körperlich, sie sind empirisch wahrnehmbar (als Lautketten bei gesprochener Sprache; als Schriftzeichen bei geschriebener Sprache). Vielleicht sind die abstrakten Gegenstände (Universalien) ja nichts anderes als sprachliche Ausdrücke und in diesem Sinne körperlich. Ich nenne diese zweite Spielart von Antwort 2 den »beinharten Nominalismus«. Beinhart ist dieser Nominalismus,

insofern er sich an konkreten Schriftzeichen und Lautketten orientiert – und die gehören zu den empirisch wahrnehmbaren Gegenständen. Es wird sich zeigen, dass sich der beinharte Nominalismus allerdings gerade daran eine blutige Nase holt:

Beinharter Nominalismus: Abstrakte Gegenstände sind körperlich, insofern sie sprachliche Ausdrücke sind.

Für den beinharten Nominalismus stellt sich folgendes Problem: Mit dem deutschen Satz »Dieses Hemd ist rot« wird von diesem Hemd dasselbe ausgesagt wie mit dem englischen Satz »This shirt is red«. Die Prädikat*ausdrücke* »... ist rot« und »... is red« sind offensichtlich verschieden (es sind verschiedene Wörter). Der beinharte Nominalist müsste demnach auch zwei verschiedene abstrakte Gegenstände annehmen, nämlich »Röte« für Sprecher des Deutschen und »redness« für Sprecher des Englischen. Aber das ist falsch. Denn mit den deutschen Worten » ... ist rot« wird einem Gegenstand ja *dieselbe* Eigenschaft zugeschrieben wie mit den englischen Worten »... is red«. (Aus diesem Grund ist »Dieses Hemd ist rot« ja auch mit dem Satz »This shirt is red« ins Englische zu übersetzen.) Salopp gesagt: Welche Farbe ein Hemd hat, hängt nicht von der Sprache ab, in der ein Sprecher sein Wissen über dieses Hemd kundtut.

Fazit: Wir wissen (noch) nicht, ob abstrakte Gegenstände wirklich existieren, aber wenn sie existieren, dann nicht als Körper.

Radikaler Universalienrealismus (zu Antwort 3)

Radikaler Universalienrealist *par excellence* ist Platon. Er hat sich nicht so ausgedrückt, aber systematisch vertritt er die folgende These:

Radikaler Realismus: Abstrakte Gegenstände (Universalien) existieren real, sie sind unkörperlich, und sie existieren weder in Abhängigkeit von den konkreten Gegenständen (Einzeldingen) noch in Abhängigkeit von unserer Erkenntnis.

Dass Platon im Ernst annahm, dass platonische Ideen (die ja zu den abstrakten Gegenständen zählen) wirklich im Ideenhimmel existieren, hatte ich schon im Platon-Kapitel erläutert. Dass Ideen nicht empirisch-wahrnehmbar sind, sondern nur mit dem *nous*, dem Verstand, »geschaut« werden können, ist auch bereits deutlich geworden. Ferner gehört zum radikalen Realismus die These, dass die abstrakten Gegenstände nicht *in* oder *an*, sondern unabhängig von den konkreten Einzeldingen existieren. Gemäß dem radikalen Realismus gäbe es die Eigenschaft, ein Baum zu sein, auch dann, wenn es überhaupt keinen Baum gäbe und noch nie einen gegeben hätte. Die Scholastik hebt diesen Aspekt des radikalen Realismus hervor, wenn sie sagt, dass der radikale Realist behauptet, dass die abstrakten Gegenstände *vor* den Dingen *(ante rem)*, an denen sie manifest werden, existent seien.

Das letzte Merkmal, das der radikale Realist den abstrakten Gegenständen zuspricht, ist die Unabhängigkeit von unserer Erkenntnis: Für Platon und seine Gefolgsleute steht außer Frage, dass das Reich der Ideen nicht von uns Menschen, die wir versuchen, die Natur zu verstehen, im Rahmen dieses Verstehens- und Erklärungsprozesses gebildet (ausgedacht) werden, sondern dass es die Ideen unabhängig von dem, was wir uns so denken, gibt. Mit anderen Worten: Gemäß dem radikalen Universalienrealismus existieren abstrakte Gegenstände (Universalien) objektiv.

Dieser letzte Punkt (die Objektivität der abstrakten Gegenstände) macht den radikalen Realismus philosophisch ziemlich attraktiv, und sie entspricht sogar manchen Intuitionen. Wir wissen zum Beispiel, dass es schon vor der Entstehung der ersten Menschen Wasser gegeben haben muss. Und das Wasser war auch vor der Existenz der ersten Menschen nass. Mithin existierte schon vor der Menschheit (und ergo auch vor der ersten menschlichen Erkenntnis) mindestens eine Eigenschaft des Wassers, nämlich nass zu sein.

Auch in Bezug auf mathematische Gegenstände kann der radikale Realismus punkten: zum Beispiel ist die Aussage »Vom Mittelpunkt des Kreises sind alle Punkte des Kreisbogens gleichweit entfernt« für den abstrakten, mathematischen Gegenstand, den wir als »Kreis« bezeichnen, wahr. Aber bezogen auf die konkreten, gezeichneten Kreise ist diese Aussage falsch: Wenn wir genau genug messen, werden wir feststellen, dass die Linie, die wir mit dem Zirkel gezeichnet haben, nicht ganz kreisrund ist, sondern nur annähernd. Für den radikalen Realisten ist dies kein Problem: Der gezeichnete »Kreis« verdient den Namen Kreis gar nicht. Denn wahre Kreise sind nur die exakten Kreise, die als geometrische Formen zu den abstrakten Gegenständen zählen.

Ein weiterer Vorteil des radikalen Realismus betrifft die Analyse von Sätzen der folgenden Art:

»Mut ist eine Tugend.«

»2 ist eine Primzahl.«

Solche Sätze scheinen sich genauso zerlegen zu lassen wie der obige Satz »Peter Müller ist ein Mensch«. Es gibt wieder einen Namen »Mut« und einen Prädikatausdruck »… ist eine Tugend«. Der Name »Mut« verweist, so der radikale Realist, auf einen abstrakten Gegenstand (die Eigenschaft, mutig zu sein), dem eine weitere Eigenschaft (nämlich die Eigenschaft, eine Tugend zu sein) zugeschrieben wird. Wer bezweifelt, dass es abstrakte Gegenstände gibt, muss solche Sätze irgendwie anders analysieren.* (Analoges gilt für den Satz über die Primzahl 2.)

---

* Eine knackig formulierte Analyse des »Mut«-Beispiels aus der Warte eines modernen, radikalen Realisten findet sich in Künne: »Eigenschaften und Begriffe. Semantik und Ontologie.«

Einwände gegen den radikalen Realismus

Gegen den radikalen Realisten kann man folgendermaßen argumentieren:

Erstens gilt: Die Annahme, dass abstrakte Gegenstände unabhängig von den Dingen wirklich existieren, ist spekulativ und muss durch schlagende Argumente gestützt werden (und zwar bessere Argumente als die, die Platon bringt).

In dieselbe Stoßrichtung geht der folgende Einwand: Wir können auch ohne die Annahme, dass abstrakte Gegenstände real existieren, alles erklären, was wir mit dieser Annahme erklären können. Das aber heißt, dass wir die Annahme, dass die abstrakten Gegenstände real existieren, auch weglassen können. Und wenn wir zwei Erklärungen haben, von denen die eine voraussetzungsärmer ist als die anderen, dann ist die voraussetzungsärmere der voraussetzungsreicheren vorzuziehen. Diese Argumentation wird, nach Wilhelm von Ockham (* 1285 in Ockham; † 1347 in München) als »Ockhams Rasiermesser« bezeichnet. Denn mit diesem Argument kann man überflüssige, alte Zöpfe (Annahmen, die man nicht mehr braucht) einfach abschneiden. Die Frage ist nur, ob dies bei den abstrakten Gegenständen wirklich hinhaut, das heißt ob man wirklich alles, was man unter Rückgriff auf real existierende abstrakte Gegenstände erklären kann, auch ohne diesen Rückgriff erklären kann.

Aristoteles hat noch einen anderen Einwand formuliert. Wer manchen Eigenschaften auf die Pelle rücken will, der beginnt seine Untersuchung an den Einzeldingen, die Träger dieser Eigenschaft sind, und nicht im Ideenhimmel – das spricht dafür, dass abstrakte Gegenstände vielleicht doch eher *in* den Dingen zu suchen sind. Wenn man sich zum Beispiel fragt, ob Okapis zur Familie der Giraffen gehören oder nicht, dann muss man doch raus in die Natur und die Okapis angucken und sie mit den Giraffen vergleichen und nicht in reiner Ideenschau durch die Wandelhallen der Akademie schreiten! Da die Eigenschaft, ein Okapi zu sein, ein abstrakter Gegenstand ist, scheinen zumindest nicht alle abstrakten Gegenstände im Ideenhimmel zu Hause zu sein.

Aristoteles scheint daher eher zu Antwort 4 zu tendieren, die ich als nächstes betrachten will.

Gemäßigter Realismus (zu Antwort 4)

Als gemäßigter Realist *par excellence* gilt Aristoteles. Er vertritt die folgende These:

> Dass [...], wenn ein Beweis sein soll, Ideen sind oder ein Eines *außer* der Vielheit, ist nicht notwendig, wohl aber ist es notwendig, dass man mit Wahrheit sagen kann, es gebe ein Eines *in* der Vielheit. [Aristoteles: *Zweite Analytik* (Lehre vom Beweis), Kap. 11, 77 a; meine Hervorhebung]

Mit dem Einen, das in Vielem ist, sind hier die Eigenschaften gemeint und zwar in dem Sinne, in dem zum Beispiel die (eine) Eigenschaft, ein Hund zu sein, in Vielem (nämlich in jedem Hund, z.B. in Rex, Lessie, Hasso etc.) zu finden ist. Laut Aristoteles existieren die Universalien, die er im Auge hat, nicht im Ideenhimmel und nicht unabhängig von den Einzeldingen. Es gibt, laut Aristoteles, also keine »Pferdheit« unabhängig von den konkreten Pferden.

Die zentrale These des gemäßigten Realismus lautet mithin:

Gemäßigter Realismus: Die Universalien sind unkörperlich und existieren in den Dingen, die ihre Träger sind.

Die Begründung für seine These, die Aristoteles in der *Zweiten Analytik* gibt, wirkt auf den ersten Blick etwas verwirrend.

> Dass [...], wenn ein Beweis sein soll, Ideen sind oder ein Eines *außer* der Vielheit, ist nicht notwendig, wohl aber ist es

notwendig, dass man mit Wahrheit sagen kann, es gebe ein Eines *in* der Vielheit. Denn es würde kein Allgemeines sein, wenn dem nicht so wäre, und wenn kein Allgemeines wäre, würde kein Mittleres sein, und demnach auch kein Beweis. Folglich muss ein Eines und Selbiges in mehreren sein, nicht im Sinne der bloßen Namensgleichheit. [Aristoteles: *Zweite Analytik* (Lehre vom Beweis), Kap. 11, 77 a; meine Hervorhebung]

Aristoteles argumentiert hier indirekt. Er sagt: Wenn meine These falsch wäre (also die eine Eigenschaft »Hund-sein« nicht in vielen konkreten Dingen, nämlich Rex, Hasso und Konsorten, existieren würde), dann gäbe es nichts Allgemeines. Allgemeines ist das, was von Vielem ausgesagt werden kann (die Universalie – Künnes Kritik von oben müssen wir hier zurückstellen, um Aristoteles' Argumentation zu verstehen, daher spreche ich in diesem Abschnitt von »Universalien«, nicht von »abstrakten Gegenständen«): Hasso ist ein Hund, Rex ist ein Hund, Fiffi ist ein Hund. »… ist ein Hund« kann man also von Vielem (Hasso, Rex, Fiffi etc.) aussagen. Aristoteles scheint hier zu suggerieren: Wie sollten wir von Hasso, Fiffi, Rex und Co zu Recht sagen, dass »… ist ein Hund« auf sie zutrifft, wenn die Universalie, ein Hund zu sein, nicht in ihnen allen zu finden wäre?

Und er legt nach: Wenn es kein Allgemeines gäbe, gäbe es kein Mittleres. Was mit dem »Mittleren« gemeint ist, versteht man nur, wenn man die aristotelische Syllogistik (ein Vorläufer der formalen Logik) kennt. Die aristotelischen Schlüsse bestanden immer aus zwei Prämissen und einer Konklusion. Im vorliegenden Fall denkt er an Schlüsse wie den folgenden:

Hasso ist ein Hund. (1. Prämisse)
Alle Hunde sind dumm. (2. Prämisse)
Also ist Hasso dumm. (Konklusion)

Das genannte »Mittlere« ist die 2. Prämisse: Hier wird einer Universalie (einem Allgemeinen, der Spezies »Hund«) eine Eigenschaft (»Dummheit«) zugesprochen. (Aristoteles würde sagen, dass von einem Allgemeinen (der Eigenschaft, ein Hund zu sein) etwas Allgemeines (die Eigenschaft, dumm zu sein) ausgesagt wird.) Diese Art von Prämisse gäbe es nicht, so Aristoteles, wenn es kein Allgemeines gäbe, weil sich dann ja die zweite Prämisse nicht formulieren ließe. – Nun müssen wir, so die Idee bei dieser indirekten Begründung, entweder die Syllogistik als falsch verwerfen, oder wir verwerfen die These, dass es kein Allgemeines gäbe und betrachten daher als erwiesen, dass es ein Allgemeines geben und in diesem Sinne Eines (nämlich eine Eigenschaft) zugleich in Vielem (vielen Einzeldingen) sein kann. Letzteres ist die von Aristoteles bevorzugte Alternative.

Am Ende seiner Begründung schiebt Aristoteles noch den Hinweis nach, dass es seiner Meinung nach nicht der Fall ist, dass die Eigenschaft, ein Hund zu sein, die Hasso zweifelsohne hat, und das im Syllogismus auftauchende Allgemeine »Hund« nur dem Namen nach gleich, in der Sache aber zwei verschiedene Dinge sind. So etwas scheint ja Platon anzunehmen, der zwischen der Idee »Hund« und der konkreten Instanz dieser Idee, dem manifesten Hund Hasso und seinen Eigenschaften, unterscheiden will.

Dass Platon und Aristoteles in der Frage der Seinsweise von Universalien so weit auseinander liegen, hat vermutlich auch damit zu tun, dass Aristoteles weniger an mathematische Gegenstände (Zahlen, geometrische Formen etc.) dachte, sondern eher an Eigenschaften von biologischen und anderen natürlichen Einzeldingen. Daher vermute ich, dass man noch heute unter Mathematikern viele radikale, unter Biologen oder Physikern eher gemäßigte Realisten finden wird.

Philosophisch betrachtet, spricht einiges für den gemäßigten Realismus: Der gemäßigte Realist nimmt keinen Ideenhimmel

an und muss ihn ergo auch nicht nachweisen. (Das ist ein phi-
losophisches Schnäppchen, das man sich nur mit triftigen
Gründen entgehen lassen sollte.) Gleichzeitig aber kann er die
Objektivität der Universalien noch behaupten. (Denn wenn
man annimmt, dass die Stöcke und Steine auch ohne unsere
Erkenntnis von ihnen existieren, dann wohl auch die Eigenschaften der Stöcke und Steine.)
Ferner entspricht der gemäßigte Realismus insofern unserer
Intuition, als wir gemäß ihm Eigenschaften (z.B. von biologischen Einzeldingen) da suchen, wo sie auftauchen: an den kon-
kreten Dingen.

Einwände gegen den gemäßigten Realismus
Gegen den gemäßigten Realismus kann man folgendermaßen
argumentieren:
Erstens klingt die Behauptung, dass gleichzeitig Eines in Vielem sei, ziemlich widersprüchlich. Denn wenn etwas (sagen
wir der Mut) zugleich in Vielem (z.B. Achill, Sokrates, Odysseus, Winnetou) steckt, wie soll man sich dann den Mut noch
als eine Einheit vorstellen, da doch Achill, Sokrates, Odysseus
und Winnetou voneinander getrennte Individuen sind. (Eine
Torte kann zugleich in Vielen sein, nämlich in Stücke zerlegt
und aufgegessen – aber dann ist es mit der Einheit der Torte
auch vorbei: sie wird zerlegt!) Zerteilt werden aber soll die
Universalie ja gerade nicht.
Zweitens: Manche gemäßigte Realisten werden nun vielleicht
versuchen, den ersten Kritikpunkt zu entkräften, indem sie
nicht davon sprechen, dass die Universalien in den Einzeldingen »stecken«, sondern dass die Einzeldinge in Hinblick auf die
Universalien übereinstimmen. Gegen diese Strategie polemi-
siert Peter Abaelard (* 1079 in Le Pallet, bei Nantes; † 1142 im
Kloster St. Marcel, bei Châlon-sur-Saône), wenn er schreibt:

Wie kann man begreifen, wenn sie sagen, dass Sokrates mit
Platon als Mensch übereinstimmt, wenn feststeht, dass sich
alle Menschen gegenseitig sowohl in der Materie als auch in
der Form unterscheiden? Denn wenn Sokrates in dem Ding,
das der Mensch ist, mit Platon übereinstimmt, und wenn ein
Mensch keine andere Sache als eben Sokrates oder ein anderer ist, dann ist es notwendig, dass dieser mit Platon durch
sich selbst oder in Bezug auf einen anderen übereinstimmt.
Als er selbst aber ist er im Gegenteil von diesem verschieden;
hinsichtlich des anderen ist es auch klar, da er ja auch kein
anderer ist. [Abaelard: *Glossae super Porphyrium*, S. 139]

Radikale Realisten können (drittens) den gemäßigten Realisten den folgenden Vorwurf machen: Inwiefern steckt ein ma-
thematischer Kreis in einem gemalten Kreis? Er ist darin
schlicht nicht zu finden, je genauer man hinsieht, desto weniger wird man den mathematischen Kreis im gemalten entdecken. Gegen diesen Einwand schreibt Aristoteles:

Es ist auch nicht wahr, was gewisse Leute sagen, dass der
Geometriker etwas Falsches voraussetzt. Denn sie geben vor,
man dürfe nichts Falsches verwenden, der Geometriker be-
haupte aber Falsches, indem er eine Linie, die nicht einen
Fuß lang ist, einen Fuß lang sein und die gezeichnete Linie,
obwohl sie nicht gerade ist, gerade sein lässt. Aber der Geometriker schließt nicht darauf hin, dass das eine Linie ist, was
er dafür ausgibt, sondern darauf hin, dass das ist, was er damit meint. [Aristoteles: *Zweite Analytik*, 1. Buch, 10. Kapitel, 76 b – 77 a]

Nun kann aber der radikale Realist gegen diesen Rettungsver-
such von Aristoteles einwenden: Genau das ist doch der entscheidende Unterschied! Das »Gemeinte« ist die Universalie,

der abstrakte Gegenstand. Die Eigenschaft, gerade zu sein, finden wir mithin nicht am oder im gezeichneten Strich.

Die Diskussion ist hier noch nicht beendet – ich breche an dieser Stelle ab, um mich in dem jahrtausendealten Streit nicht zu verlieren und nehme mir die nächste Meinung vor, den Nominalismus.

Nominalismus (zu Antwort 1)

Unter dem Schlagwort »Nominalismus« wird ein ganzes Bündel von Meinungen versammelt. Ein waschechter Nominalist ist man erst dann, wenn man den abstrakten Gegenständen die Existenz abspricht. Das geht gewöhnlich einher mit der folgender Grundüberzeugung der Nominalisten:

These des Partikularismus: Nur Einzeldinge (engl. *particulars*) existieren.

Partikularismus nenne ich (Künne folgend) diese Position, da in der neueren Literatur zum Universalienstreit meist von (englisch) *particulars* die Rede ist, wenn empirisch wahrnehmbare Einzeldinge gemeint sind. Der Partikularismus hat einen gewaltigen Vorteil: Es bricht unter den Philosophen, die noch alle Tassen im Schrank haben,* kein Streit darüber aus, ob die Dinge, die man empirisch wahrnehmen kann, auch wirklich existieren. Selbst Platon spricht ja den Dingen, die werden und vergehen, nicht die Existenz, sondern eher die Beständigkeit ab.

Nun stellt sich aber die Frage, was es denn mit den abstrakten Gegenständen (Universalien) auf sich hat, wenn sie keine Ein-

---

* Zu den Philosophen, die nicht mehr alle Tassen im Schrank haben, zähle ich die Skeptiker, die nicht akzeptieren wollen, dass sie in ein Brötchen beißen, wenn sie in ein Brötchen beißen, und sich lieber in mehr oder weniger eleganten rhetorischen Klimmzügen ergehen, statt einfach zu frühstücken. – Auf das Problem des Skeptizismus komme ich später (Descartes) eingehender zu sprechen.

zeldinge sind. Abaelard erinnert daran, dass »universal« zu sein, bedeuten sollte, dass etwas von Mehrerem ausgesagt werden könne. Und das, so Abaelard weiter, ist doch *eine Eigenschaft* von bestimmten Wörtern. Abaelard behauptet somit weder, dass Universalien irgendwelche besonderen (möglicherweise abstrakte) Gegenstände sind (dies behaupten die Realisten), noch behauptet er, dass Universalien Wörter sind (wie der beinharte Nominalist). Nicht alle Wörter haben die Eigenschaft, universal zu sein. Denn manche Wörter (typisches Beispiel sind Eigennamen) beziehen sich auf genau ein Einzelding und nicht auf mehrere. Diesem Umstand trage ich durch das Wort »gewisse« in der folgenden Formulierung der nominalistischen These Rechnung:

These des Nominalismus: Universal zu sein ist eine Eigenschaft, die nur gewissen Wörtern, nicht aber irgendwelchen Gegenständen zukommt.

Dass damit die Probleme nicht gelöst sind, sondern erst beginnen, ist auch Abaelard klar. Denn wenn man den Universalien die Existenz abspricht, scheint das doch zur Folge zu haben, dass die Ausdrücke, die einem Ding eine Eigenschaft zuschreiben, in Wahrheit leere Worthülsen sind, die dem Ding gar nichts zuschreiben. Wenn dieser Einwand stimmte, wären Aussagen wie »Der Himmel ist blau« ebenso leer wie »Der Himmel ist krützekrack« (davon ausgehend, dass »krützekrack« nichts bedeutet). Das ist offensichtlich nicht der Fall, also muss der Nominalist hier irgendwie reagieren. Abaelard versucht es so:

Hierauf ist zu antworten, dass sie [die universalen Wörter] deshalb, weil sie im Akt der Benennung wirklich existierende Dinge bezeichnen, nämlich genau dieselben wie die Individualbezeichnungen, keineswegs eine leere Meinung darstellen. [Abaelard: *Glossae super Porphyrium*, S. 152]

Hier scheint Abaelard nun doch zu behaupten, dass sich die universalen Wörter auf Einzeldinge beziehen, indem sie diese benennen. Freilich ist er nicht der Meinung, dass die universalen Wörter ebenso wie Namen funktionieren. Er führt genauer aus, dass die universalen Wörter nur einen Aspekt des Einzeldings benennen. Zum Beispiel benennt man mit dem Ausdruck »… ist ein Metzger« nur den Beruf von Herrn Kleist im Satz »Herr Kleist ist ein Metzger« – seine übrigen Eigenschaften (Haarfarbe, Parteizugehörigkeit, Körpergröße etc.) werden weggelassen oder, wie Abaelard sagt, »abstrahiert«.

Das aber klingt so, als wäre der Nominalismus (zumindest Abaelards Nominalismus) nichts weiter als ein verkappter gemäßigter Universalienrealismus, denn die Aspekte des Einzeldings, die die universalen Wörter benennen, könnten doch die gesuchten Universalien sein.

Die Nebel lichten sich, wenn man für die verschiedenen Hinsichten auch verschiedene Namen vergibt, genauer: Wir müssen zwischen einem *Begriff*, den ein Wort ausdrückt, und einer *Eigenschaft*, die ein Gegenstand haben kann, unterscheiden.

Hasso, Rex und Fiffi haben (mindestens) eins gemeinsam: Sie sind Hunde. Jeder von ihnen hat die Eigenschaft, ein Hund zu sein. Dass sie diese *Eigenschaft* haben, kann man am Individuum, am Einzelding, wahrnehmen. Ein Universalienrealist sagt von Eigenschaften, dass sie wirklich existieren (in den Dingen oder losgelöst von ihnen, je nachdem ob wir es mit einem Gemäßigten oder einem Radikalen zu tun haben). Der Nominalist hingegen bestreitet, dass Hasso, Rex und Fiffi etwas »gemeinsam« haben. Nach der nominalistischen Auffassung gilt: Wir Menschen stellen an Hasso, Rex und Fiffi eine Ähnlichkeit fest. Die drei Tiere ähneln sich in dieser Hinsicht: Sie sind Hunde. Mit diesem Trick hofft der Nominalist, auf Eigenschaften als abstrakte Gegenstände, die wirklich existieren, verzichten zu können. Nun stellt sich aber die Frage, was eine

Hinsicht ist (möglicherweise hat der Nominalist hier nur ein neues Wort eingeschoben, und die abstrakten Gegenstände tauchen an anderer Stelle eben doch wieder auf, nämlich als die Hinsicht, in der Rex und Fiffi sich ähneln).

Wenden wir uns nun der Sprache zu.

Mit den Sätzen:

(1) »Bitte nehmen Sie Ihren Hund an die Leine!«

(2) »Bitte nehmen Sie Ihren Köter an die Leine!«

wird zwar dasselbe gesagt, aber auf verschiedene Weise. Satz 2 ist abwertend. Ich weiß, dass es für alle Hunde-Freunde eine bittere Pille ist, aber Fakt ist, dass alle Hunde Köter sind und alle Köter Hunde. Was die Worte (abgesehen von den Buchstaben bzw. Lauten) unterscheidet, ist die Wertung, die bei »Köter« im Gegensatz zu »Hund« mitschwingt. Aber was ist gleich? Das, was bei »Köter« und »Hund« gleich ist, nennen Sprachphilosophen den durch diese Worte ausgedrückten *Begriff*. Der Begriff ist nicht selbst ein Wort, sondern das, was bestimmte Wörter ausdrücken.

Vor dem Hintergrund des Universalienstreits stellt sich nun natürlich die Frage, ob Begriffe abstrakte Gegenstände sind (sodass die Frage nach den abstrakten Gegenständen wiederum nur verschoben worden wäre).* Nominalisten (Abaelard, aber auch Ockham) antworten auf diese Frage mit einem klaren Nein. In Abaelards Augen sind Begriffe etwas, was in unserem

---

* Es hat sich verwirrenderweise in der Literatur und den Philosophiegeschichten eingebürgert, neben dem Realismus und dem Nominalismus auch noch eine (häufig als »vermittelnd« bezeichnete) Position namens »Konzeptualismus« (von lat. *conceptus* für »Begriff«) anzunehmen. Abaelard wird gerne als »Konzeptualist« bezeichnet. Dummerweise wird mit diesem zusätzlichen Namen gar nichts erklärt. Denn sowohl Realisten als auch Nominalisten sollten zwischen Eigenschaften und Begriffen einen Unterschied machen. Die Frage bleibt, ob man Eigenschaften und Begriffen eine reale Existenz zu- oder abspricht. In dieser Hinsicht muss man sich entweder zum Realismus oder Nominalismus bekennen.

Geist, aber nicht außerhalb von ihm in der realen Welt ist. Diese Annahme klingt für Nominalisten vermutlich ziemlich verlockend, ist aber leider falsch. Abaelard schreibt:

> Wenn ich dann also »Mensch« höre, dann kommt dementsprechend im Geiste etwas zum Vorschein, was sich gegenüber den einzelnen Menschen so verhält, dass es allen gemeinsam ist und niemandem eigen. [Abaelard: *Glossae super Porphyrium*, S. 152]

Das, was da im Geist erscheint, soll der Begriff Mensch sein. Aber das kann nicht sein. Wenn ich »Südseestrand« oder »Badenixe« höre, kommt in meinem Geist etwas zum Vorschein: eine Vorstellung. Aber Begriffe sind keine Vorstellungen. Denn jeder macht sich seine eigene, subjektive Vorstellung. Vorstellungen sind individuell verschieden, je nachdem welcher Mensch sie sich macht. Begriffe aber sind viel robuster: Der Ausdruck »… ist ein Südseestrand« drückt *denselben* Begriff aus, egal von welchem Sprecher er (auf deutsch) geäußert und von welchem Hörer er gehört wird. Deshalb kann die Vorstellung, die sich ein Sprecher beim Sprechen oder ein Hörer beim Verstehen macht, nicht dasselbe sein wie der ausgedrückte Begriff.

Ferner kann man sich unter »Mensch« vielleicht noch etwas vorstellen (ein Schema von einem menschlichen Körper zum Beispiel), aber was erscheint in Abaelards Geist, wenn er das Wort »Gerechtigkeit« hört? In meinem Geist erscheint in diesem Fall gar nichts, während, wenn ich das Wort »Ungerechtigkeit« höre, in meiner Vorstellung direkt ein paar meiner ehemaligen Lehrer auftauchen. Aber diese Vorstellungen oder Assoziationen von mir sind nicht identisch mit dem Begriff Ungerechtigkeit. Allgemein gesagt: das Psychische (Vorstellungen, Assoziationen etc.) ist vom Sprachlich-Begrifflichen zu unterscheiden. Der

Nominalist muss sich mithin auf die Frage, was Begriffe seien, eine bessere Antwort einfallen lassen.

Fazit: Mit der Unterscheidung zwischen Eigenschaften und Begriffen kann man den Universalienstreit offensichtlich nicht schlichten. Aber der Streit geht mit dieser Unterscheidung (immerhin!) in eine neue Runde.

Für Touristen

Abaelard hat nicht nur für den Nominalismus argumentiert, sondern auch gegen das Zölibat. Er hat seine Schülerin Héloise heimlich geheiratet und mit ihr einen Sohn bekommen. Das Glück währte allerdings recht kurz: Der Vater von Héloise ließ Abaelard für seine Tat teuer (mit den Hoden) bezahlen.

Auf Wunsch von Héloise wurde sie gemeinsam mit ihrem geliebten Mann bestattet. Nach mehreren Umbettungen sind die beiden nun wieder da angekommen, wo sie sich einst geliebt haben: in Paris. Die Grabstätte ist auf dem Friedhof Père-La-chaise (wo auch Chopin, Proust, Jim Morrison und viele andere liegen) zu finden.

Kapitel 4

Ein Actionfilm und jede Menge Zweifel

René Descartes

Was für Platon das Höhlengleichnis ist, könnte für Descartes' Buch *Meditationes de prima philosophia (Meditationen über die Grundlagen der Philosophie)* der Actionfilm *Matrix* werden: ein interessantes, diskussionswürdiges und die Phantasie anregendes Beispiel, das an Generationen von Schülern im Philosophieunterricht ausprobiert wird. Die große Frage der *Meditationen*, mit der auch der Actionfilm spielt, lautet: Was können wir mit unzweifelhafter Gewissheit wissen? Und um die Brisanz dieser Frage gleich hier zu demonstrieren, sei hinzugefügt: Wenn man Descartes folgt, so werden die Überzeugungen, die wir im Alltag für die selbstverständlichsten und mit größter Sicherheit für wahr halten (zum Beispiel, dass jetzt gerade in Köln die Sonne scheint), an allererster Stelle zweifelhaft.

Descartes (* 1596 in La Haye, heute Descartes, 50 Kilometer südlich von Tours; † 1650 in Stockholm) war nicht nur Philosoph, sondern auch Mathematiker und Naturwissenschaftler. Und als Wissenschaftler hat er festgestellt, dass er sich hin und wieder geirrt und falsche Meinungen für wahr gehalten hat. Einzelne falsche Überzeugungen können aber, im Rahmen einer wissenschaftlichen Disziplin, eine fatale Wirkung entfalten: Sie können weitere (ebenso falsche) Überzeugungen nach sich ziehen. Nehmen wir zum Beispiel an, dass jemand, nennen wir ihn Robert, die falsche Meinung für wahr hält, dass die Erde sich nicht bewegt. Dann wird Robert aus dieser Meinung und aus der Beobachtung, dass die Sonne morgens im Osten und abends im Westen am Himmel zu sehen ist, schließen, dass sich die Sonne um die Erde bewegt. Die erste für wahr gehaltene falsche Meinung hat zur Folge, dass Robert eine zweite falsche Meinung für wahr hält – das ist, wissenschaftlich betrachtet, hochgradig unerfreulich. Aber es kommt noch schlimmer: Da wir nicht wissen, *welche* von den Meinungen, die wir für wahr halten, falsch sind, scheint plötzlich jeder Satz jeder Wissenschaft fragwürdig zu sein. Das aber ist nicht nur unerfreulich, das ist eine Katastrophe, denn wissenschaftliche Untersuchungen haben ja vor allem das Ziel, wahre Aussagen über die Welt zu formulieren.

Angesichts dieser Schwierigkeit sucht Descartes nach festen, sicheren Grundlagen für die Wissenschaften, nach einem Fundament, das aus komme-was-da-wolle-wahren Aussagen bestehen soll. Auf dieses sichere Fundament will er dann die Wissenschaften gründen und nur noch die Aussagen zulassen, die mit unumstößlicher Gewissheit wahr sind; falls dieses Ziel nicht zu erreichen ist, dann will er zumindest bei jeder Aussage kennzeichnen, ob sie mit unumstößlicher Gewissheit wahr oder nur mehr oder weniger wahrscheinlich ist. Wie findet man ein solches Fundament? Descartes Vorschlag lautet: Ich verwerfe fürs Erste alles, was falsch sein könnte, das heißt jede Meinung, bei der ich »irgendeinen Grund zu zweifeln antreffe« (1. Meditation, 2. Abschnitt), und dann will ich mal gucken, ob etwas übrig bleibt, was sich mit unumstößlicher Gewissheit als wahr herausstellt. Wenn ich eine solche unumstößlich wahre Aussage gefunden haben werde, will ich darauf das gesamte wissenschaftliche System aufbauen.

Das Verwerfen sämtlicher irgendwie bezweifelbarer wissenschaftlicher Meinungen klingt nach einer Herkulesaufgabe, denn wissenschaftliche Meinungen gibt es (und gab es bereits im 17. Jahrhundert) eine ganze Menge. Descartes schlägt folgende Abkürzung vor:

> [Ich] brauche sie [die Meinungen] nicht alle einzeln durchzugehen, was eine endlose Arbeit wäre; ich werde vielmehr, da bei untergrabenen Fundamenten alles darauf Gebaute von selbst zusammenstürzt, den Angriff sogleich auf eben die Prinzipien richten, auf die sich alle meine früheren Meinungen stützten. [*Meditationes de prima philosophia*, 1. Meditation, 2. Abschnitt]

Dieser Umsturz der Fundamente erfolgt in drei Stufen des Zweifels.
1. Stufe: Kann ich meinen Sinnen trauen?
2. Stufe: Bin ich wach oder träume ich?
3. Stufe: Bin ich nur eine Marionette (oder eine Art Batterie) eines bösen Geistes?
Bei der dritten Stufe des Zweifels kommt der Actionfilm *Matrix* ins Spiel.

1. Stufe: Kann ich den Sinnen trauen?
Descartes verwirft zunächst die Sinne als Garant für die Wahrheit einer Aussage:

> Alles nämlich, was ich bisher am ehesten für wahr gehalten habe, verdanke ich den Sinnen oder der Vermittlung der Sinne. Nun aber bin ich dahinter gekommen, dass diese uns bisweilen täuschen, und es ist ein Gebot der Klugheit, denen niemals ganz zu trauen, die uns auch nur einmal getäuscht haben. [1. Meditation, 3. Abschnitt]

Wer einmal trügt, dem glaub ich nicht, ist hier Descartes' Motto, das ja auch schon Platon zur Begründung seiner Skepsis gegenüber der Sinneswahrnehmung vorgebracht hatte. Aber hier wie dort stellt sich die Frage, ob das ein berechtigter Zweifel ist. So könnte man einwenden wollen: So schlecht sind die

Sinne (Sehsinn, Gehör, Geruchs- und Geschmackssinn, Tastsinn) doch gar nicht! Wenn es um die Frage geht, ob ich einen
Schluck aus der Kaffeetasse oder aus dem Tintenfässchen nehme, dann verlasse ich mich voll und ganz auf meine Sinne und
greife zur Kaffeetasse. Die Sinne stützen sich doch sogar gegenseitig: Wenn ich versehentlich danebengreife und einen
Schluck aus dem Tintenfässchen nehme, dann meldet mir der
Geschmackssinn sofort, dass da etwas nicht stimmen kann. Es
erscheint geradezu absurd, daran zu zweifeln, dass die Kaffeetasse tatsächlich eine Kaffeetasse ist, nur weil es sein kann, dass
wir in der Sahara einer Fata Morgana aufsitzen können. Allgemein gesagt: Nur weil es Sinnestäuschungen gibt, folgt doch
noch lange nicht, dass die Sinne *immer* getäuscht werden.
Aber wer so argumentiert, missversteht Descartes und das
gleich mehrfach. Zunächst muss man im Hinterkopf behalten,
dass Descartes' Zweifel ein *methodischer* ist. Auch er zweifelt
nicht daran, dass vor seiner Haustür die Straße ist, wenn er aus
Tür tritt und sieht, dass da die Straße ist – im Alltag zweifelt er
ebenso selten an seiner Sinneswahrnehmung wie die meisten
anderen Menschen, ja er gewinnt sogar bei wissenschaftlichen
Untersuchungen dank der Sinneswahrnehmung Erkenntnisse.
Descartes geht es um ein sicheres Fundament für die Wissenschaften, und »sicher« heißt: Das Fundament muss mit absolu-
ter Gewissheit aus wahren Sätzen bestehen. Und dazu, sagt
Descartes, taugen die Erkenntnisse, die wir dank Sinneswahrnehmung gewonnen haben, schon deshalb nicht, weil Sinnes-
täuschung *möglich* ist. Er behauptet somit aber nicht, dass uns
die Sinne *immer* täuschen. (Wer auch im Alltag allen Ernstes daran zweifelt, dass vor der Haustür die Straße ist, und einen Abgrund befürchtet, ist ein Skeptiker – zu diesen Leuten, die es
im Alltag nicht gerade leicht haben, gehört Descartes nicht!)
Ferner ist die Behauptung, dass sich die Sinne gegenseitig stützen, in Descartes' Augen nichts, was vor dem Zweifel an der

Sinneswahrnehmung schützt. Im Gegenteil vertritt er die Ansicht, dass sich manchmal das widerspricht, was die Sinne nahelegen. Wenn man zum Beispiel einen Stab zur Hälfte ins Wasser taucht, sieht es aus einer bestimmten Perspektive so aus, als wäre der Stab geknickt. Fühlt man aber mit dem Tastsinn, ob der Stab geknickt ist, so meldet dieser, dass der Stab noch gerade sei. Nun muss man sich entscheiden, welcher von beiden Sinneswahrnehmungen (Sehsinn oder Tastsinn) man trauen soll – und da eine von beiden zu einem falschen Urteil führt (denn es ist ja ausgeschlossen, dass der Stab zugleich geknickt und nicht geknickt ist), stützt auch dies nur Descartes' Zweifel an den Sinnen.

Waschechte Empiristen, die alle Erkenntnis auf Erfahrung und mithin an allererster Stelle auf Sinneswahrnehmung gründen wollen, wird das aber kaum überzeugen. Und mir scheint, dass Empiristen hier tatsächlich noch Spielraum haben, um Descartes' Zweifel abzuwehren. Denn erstens urteilen nicht die Sinne selbst (das Auge oder das Ohr), sondern wir mit unserem Verstand *aufgrund* der Sinneswahrnehmung. Zweitens können wir, um die Sinneswahrnehmung richtig zu beurteilen, die Umstände der Wahrnehmung berücksichtigen. Im Fall des Stabes verschwindet der Widerspruch, den die Sinneswahrnehmungen von Sehsinn bzw. Tastsinn nahelegen, wenn man den Umstand berücksichtigt, dass der Stab ins Wasser getaucht ist und dass Licht an der Wasseroberfläche gebrochen wird. Mit anderen Worten: Irren ist zweifelsohne menschlich, aber ob es auch sinnlich ist, ist nach dem, was Descartes in den *Meditationen* sagt, noch nicht entschieden.

Descartes allerdings hielt diese Frage für entschieden; daher verbannt er die Sinneswahrnehmung (und alle Urteile, deren Wahrheit sich aus dieser ableiten lassen) aus seinem Fundament der Wissenschaften. Ein Empirist war Descartes also nicht.

2. Stufe des Zweifels: Bin ich wach oder träume ich?

Auf der nächsten Stufe fragt sich Descartes, ob wir mit Gewissheit sagen können, dass wir wach sind. Denn im Traum scheinen viele Dinge da zu sein, und wir träumen manchmal, dass wir in dieser oder jener Umgebung sind, obwohl nichts von dem real ist. So kommt es vor, dass ich träume, dass ich am Schreibtisch sitze und arbeite, während ich doch in Wahrheit im Bett liege und nur träume. Hier hakt Descartes mit der zweiten Stufe des Zweifels ein: Kann ich wirklich sicher sein, dass ich das, was ich gerade wach erlebe, nicht doch in Wahrheit träume? Wenn ich in diesem Punkt nicht ganz sicher sein kann, dann sind natürlich eine Menge ziemlich banaler Erkenntnisse plötzlich ungewiss:

> Wie oft doch kommt es vor, dass ich mir all diese gewöhnlichen Umstände während der Nachtruhe einbilde, etwa dass ich hier bin, dass ich, mit meinem Rock bekleidet, am Kamin sitze, während ich doch entkleidet im Bett liege! Jetzt aber schaue ich doch sicher mit wachen Augen auf dieses Papier, dies Haupt, das ich hin und her bewege, schläft doch nicht, mit Vorbedacht und Bewusstsein strecke ich meine Hand aus und fühle sie. So deutlich geschieht mir dies doch nicht im Schlaf. – Als wenn ich mich nicht entsänne, dass ich sonst auch schon im Traum durch ähnliche Gedankengänge genarrt worden bin! Denke ich einmal aufmerksamer hierüber nach, so sehe ich ganz klar, dass Wachsein und Träumen niemals durch sichere Kennzeichen unterschieden werden können. [1. Meditation 5. Abschnitt]

Wenn es tatsächlich keine sicheren Kennzeichen dafür gibt, ob wir gerade wach sind oder träumen, dann schlägt Descartes' Zweifel zweiter Stufe übel zu: Da ich sogar schon geträumt habe, ein anderer zu sein, kann ich mir nicht einmal sicher sein, wer ich bin.

Descartes macht sich hier gar nicht erst die Mühe, nach Kriterien zu suchen, anhand derer man vielleicht unterscheiden kann, ob man träumt oder schläft – seine Idee scheint zu sein: Welches Kriterium auch immer du mir präsentierst, es ist doch immer *möglich*, dass ich nur träume, dass es erfüllt ist, während es in Wahrheit nicht erfüllt ist.

Aber selbst wenn man annimmt, dass wir alles nur träumen und nichts von dem, was wir träumen, Wirklichkeit ist, gibt es immer noch Dinge, die so zu sein scheinen, wie sie sind, sagt Descartes. Alle empirisch wahrnehmbaren Dinge (somit auch alles, was Naturwissenschaften und Medizin verhandeln) sind also zweifelhaft geworden. Aber, so Descartes, ein geträumter Kreis ist ebenso rund wie einer, an den wir im Wachzustand denken – und der Mathematiker scheint sich auch im Traum nicht zu verrechnen, sodass die Mathematik vielleicht zur gesuchten Basis für unsere Wissenschaften gehören könnte:

> Denn ich mag wachen oder schlafen, so sind doch stets $2 + 3 = 5$, das Quadrat hat nie mehr als vier Seiten, und es scheint unmöglich, dass so augenscheinliche Wahrheiten in den Verdacht der Falschheit geraten sind. [1. Meditation, 8. Abschnitt]

Diesbezüglich bin ich nicht ganz so optimistisch wie Descartes: Wenn man im Ernst annimmt, dass man zwischen Wachheit und Traum nicht sicher unterscheiden kann, dann scheinen mir auch mathematische Sachverhalte ungewiss. Mag sein, dass dies bei einem Mathematiker wie Descartes nicht vorkommt, aber ich selbst habe mich im Traum schon gewaltig verrechnet. Ein Freund von mir hat während seines Mathe-Examens sogar die absurdesten Beweise geträumt – einen hat er, weil er in so großer Klarheit und wunderbarer Einfachheit vor seinem geistigen Auge erschien, aufgeschrieben. Er war am Morgen auf den ersten Blick als barer Unsinn zu erkennen. Dieses Beispiel zeigt, dass es möglich ist, mathematischen Unsinn zu träumen. Warum sollte man nicht auch träumen können, dass gälte: $2 + 3 = 6$? Ich muss Descartes allerdings zugestehen, dass auch ich mir nicht vorstellen kann, ein fünfseitiges Quadrat oder einen eckigen Kreis zu träumen – wenn es denn mit rechten Dingen zugeht. *Dass* es mit rechten Dingen zugeht, kann man jedoch ebenfalls bezweifeln. Dies zeigt Descartes auf der 3. Stufe des Zweifels.

3. Stufe des Zweifels: Bin ich in der Matrix?

Auf der dritten Stufe, auf der auch der Actionfilm zum Zuge kommt, fällt leider auch die Mathematik dem Zweifel zum Opfer. Könnte es nicht sein, so Descartes, dass es einen bösen Geist gibt, der dafür sorgt, dass ich mich immer täusche? Und zwar auch »sooft ich 2 und 3 addiere oder die Seiten des Quadrats zähle« (1. Meditation, 9. Abschnitt). Einen solchen bösen Geist beschreibt der Actionfilm *Matrix*.

In diesem Film ist die Menschheit zu Energielieferanten für ein intelligentes Computerprogramm verkommen, das es geschafft hat, sich die Erde (samt Menschheit) untertan zu machen. Die Menschen liegen in einer Art Gelee, haben Elektroden am Körper, durch die das Programm ihnen ein komplettes Leben vormacht, das die Menschen in Wahrheit gar nicht führen. In diesem vorgespielten Leben schreiben wir das Jahr 1999, und ein junger Computerexperte hat einen stinklangweiligen Bürojob. In Wahrheit aber liegt der Körper dieses Mannes (»Neo« nennt er sich selbst) im Gelee (welches Jahr gerade ist, weiß niemand mehr genau, vermutlich ungefähr 2199), und die Wahrnehmungen des Mannes werden durch ein Computerprogramm, das »Matrix« heißt, simuliert. Neo lernt im Laufe des Films die Wahrheit kennen, und das heißt, dass er an einigem zweifeln muss, was er bisher für wahr gehalten hat. Oder wie Descartes sagt:

So will ich denn annehmen, nicht der allgütige Gott, die Quelle der Wahrheit, sondern irgendein böser Geist, der zugleich allmächtig und verschlagen ist, habe all seinen Fleiß daran gewandt, mich zu täuschen; ich will glauben, Himmel, Luft, Erde, Farben, Gestalten, Töne und alle Außendinge seien nichts als das täuschende Spiel von Träumen, durch die er meiner Leichtgläubigkeit Fallen stellt. [1. Meditation, 12. Abschnitt]

Genau dieses Szenario bildet der Actionfilm ab: Die Welt, wie wir sie kennen (es gibt New York, Häuserschluchten, Aufzüge, Büroräume, der Himmel ist blau, die Luft an manchen Tagen vom Smog verpestet, wir können Hamburger essen und sie schmecken genau so, wie sie eben schmecken etc.), gibt es in Wahrheit nicht – diese Welt wird vom Programm (der Matrix) den Menschen nur vorgespielt. In Wahrheit liegen die Menschen in engen Boxen, die an gigantischen Türmen angebracht sind, der Himmel ist verdunkelt, von New York ist nach einem Krieg nichts mehr übrig, und Büroangestellte gibt es in Wahrheit ebenso wenig wie eklige Hamburger.

So deutlich der Film von Descartes' Ideen inspiriert ist, in einem Punkt geht Descartes über die Phantasie der Brüder Andy und Larry Wachowski, die den Film gemacht haben, hinaus:

[M]ich selbst will ich so ansehen, als hätte ich keine Hände, keine Augen, kein Fleisch, kein Blut, überhaupt keine Sinne, sondern glaubte nur fälschlich, das alles zu besitzen. [1. Meditation, 12. Abschnitt]

Diesen Grad an Zweifel setzen die Wachowski-Brüder in ihrem Film nicht um; Neo *hat* einen menschlichen Körper. – Der Schauspieler Keanu Reeves (der den Neo darstellt) macht sich auf der Leinwand eben einfach besser, als eine denkende Qualle oder eine intelligente Gaswolke …

Auf dieser dritten Stufe des Zweifels scheint mithin gar nichts mehr sicher zu sein: Die Matrix kann uns alles vormachen – sie könnte uns sogar Fünfecke für Quadrate halten lassen oder dafür sorgen, dass wir uns immer genau dann verrechnen, wenn wir 2 und 2 addieren wollen.

Land in Sicht! – Ich denke, also bin ich.

Wer bis hierher Descartes gefolgt ist, wird sich vermutlich ziemlich leer fühlen: Es scheint so, als wäre überhaupt nichts mehr übrig, was noch als unbezweifelbare, sichere Basis für irgendetwas (geschweige denn für die Wissenschaften) dienen könnte. Das aber würde bedeuten, dass Descartes' Versuch gescheitert wäre. Er hätte dann zwar sehr erfolgreich an allem gezweifelt, an dem man zweifeln kann, aber es wäre am Ende nichts übrig geblieben, was man als feste, mit größter Gewissheit wahre Basis für irgendeine Erkenntnis (oder gar die Wissenschaften) benutzen könnte. Aber dieses Gefühl trügt. Wir sollten, laut Descartes, die Flinte an dieser Stelle nicht ins Korn werfen. Denn es bleibt bei allem Zweifeln: der Zweifler, das denkende Ich.

Indessen, ich habe mir eingeredet, dass es schlechterdings nichts in der Welt gibt: keinen Himmel, keine Erde, keine denkenden Wesen, keine Körper, also doch auch wohl mich selbst nicht? Keineswegs; sicherlich war ich, wenn ich mir etwas eingeredet habe. […] Und so komme ich, nachdem ich nun alles mehr als genug hin und her erwogen habe, schließlich zu der Feststellung, dass dieser Satz: »Ich bin, ich existiere«, sooft ich ihn ausspreche oder in Gedanken fasse, notwendig wahr ist. [2. Meditation, 3. Abschnitt]

Daraus folgt noch nicht viel: Sicher ist für Descartes bisher nur, *dass* er ist. Unsicher ist noch, *was* er ist. Denn er ist zwar der Zweifelnde, aber damit ist ja noch nicht garantiert, dass er auch ein Mensch ist. Das heißt, die Frage, ob er ein Mensch oder eine Qualle ist, kann Descartes auf dieser Stufe noch nicht mit Sicherheit beantworten. Was er aber sagen kann ist, dass er ein *denkendes* Wesen ist. Das ist der feste Grund, auf den er am Ende seines Zweifels stößt. Nur scheint dieser feste Grund eine ziemlich kleine Insel zu sein – wie soll man auf die Erkenntnis, ein denkendes Wesen zu sein, alle Wissenschaften gründen? Descartes' Programm sieht in groben Zügen folgendermaßen aus:

Dass ich ein denkendes Wesen bin, heißt, dass ich Vorstellungen und Empfindungen habe, zweifle, bejahe, verneine, manches (weniges) verstehe. Gewiss ist dabei, dass ich zweifle, dass ich verstehe, dass ich dies und das verneine und diese oder jene Vorstellung von etwas habe – der Inhalt des Zweifels oder die Richtigkeit des Verneinten oder Bejahten steht dabei natürlich noch in den Sternen. (Ein Beispiel: Ich kann urteilen, dass Veronika eine Hexe ist. Dieses Urteil ist falsch. Aber es bleibt dennoch wahr, dass ich ein Urteil gefällt habe und mithin ein Urteilender bin.)

Der nächste Schritt im Programm ist ein (folgenreicher und nicht unproblematischer) Kunstgriff: Descartes behauptet (und später behauptet er sogar, dass er diese Behauptung auch bewiesen habe), dass das, was er ganz klar und deutlich vor seinem geistigen Auge sieht, wahr ist:

> Ich bin gewiss, dass ich ein denkendes Wesen bin, [...] in dieser ersten Erkenntnis ist nichts anderes enthalten als eine gewisse klare und deutliche Einsicht in das von mir Behauptete. Dies würde allerdings nicht genügen, mich von der Wahrheit einer Sache zu überzeugen, wenn es je vorkom-

men könnte, dass etwas, das ich so klar und deutlich einsehe, falsch wäre. Und somit glaube ich bereits als allgemeine Regel aufstellen zu dürfen, dass alles das wahr ist, was ich ganz klar und deutlich einsehe. [3. Meditation 2. Abschnitt]

Der letzte Satz ist sicherlich nicht so zu verstehen, dass das und nur das wahr ist, was Descartes klar und deutlich einsieht. Denn erstens gibt es vielleicht auch Sachverhalte, die ziemlich verworren und nur sehr schwer einsehbar, aber dennoch wahr sind (Steuererklärungen zum Beispiel). Ferner gilt nicht, dass nur das, was *Descartes* klar und deutlich einsieht, wahr ist, sonst wäre wissenschaftlicher Fortschritt nach Descartes' Tod ebenso unmöglich wie überhaupt irgendeine Erkenntnis für irgendeinen Menschen, der nicht Descartes ist. Der Satz wird so gemeint sein: Wenn jemand etwas klar und deutlich einsieht, dann ist es wahr. (Daraus folgt nicht, dass alles, was wahr ist, auch von irgendjemandem klar und deutlich eingesehen wird.) Aber selbst in dieser schwächeren Lesart ist dieser Wahrheitsbegriff nicht unproblematisch. Denn Homer schien klar und deutlich einzusehen, dass die Erde eine Scheibe sei. Damit Descartes' Kriterium für Wahrheit wirklich nur wahre Aussagen bestätigt, müsste er ein Kriterium dafür angeben, wann der gewünschte Grad an Klarheit bei einer Einsicht erreicht ist. Es klingt so, als würde Descartes als Klarheits-Kriterium vorschlagen, dass die entsprechende Aussage nicht falsch sein könne (mithin eine notwendigerweise wahre Aussage wäre). Es ist jedoch nicht der Fall, dass alle notwendig wahren Aussagen besonders klar eingesehen werden (denn auch notwendigerweise wahre Aussagen können ziemlich komplex sein). Ferner würde sich dieses Kriterium für Klarheit ausgerechnet auf den Begriff der *Wahrheit* stützen, den Descartes umgekehrt gerade noch auf den Begriff der Klarheit stützen wollte. Auf diesem Weg entsteht ein Zirkelschluss: Eine Aussage wäre wahr aufgrund der Klarheit; eine Einsicht wäre klar aufgrund der Tatsache, dass die Aussage, die eingesehen wurde, notwendigerweise wahr ist.

Sein (in meinen Augen fragwürdiges) Wahrheitskriterium voraussetzend, kommt Descartes einen Schritt weiter: Er sieht nämlich klar und deutlich ein, dass gilt: $2 + 3 = 5$. Daran zu zweifeln, dass die mathematische Aussage »$2 + 3 = 5$« wahr ist, geht laut Descartes nur, wenn er annimmt, dass er von einem bösen Geist betrogen wird. Daher beweist er zunächst die Existenz Gottes (genau genommen versucht er sie zu beweisen, der Beweis ist nicht besonders überzeugend), beweist bei der Gelegenheit gleich mit, dass Gott kein Betrüger sein kann (denn Gott ist vollkommen, allwissend und allmächtig; aber »in jeder Täuschung und jedem Betrug liegt etwas Unvollkommenes. Und möchte es auch scheinen, als ob ›täuschen können‹ ein Zeichen von Scharfsinn oder ein Beweis von Macht sei, so bezeugt doch ›täuschen wollen‹ unzweifelhaft entweder Bosheit oder Schwäche und trifft demnach auf Gott nicht zu.« 4. Meditation, 2. Abschnitt), und kann dann die mathematischen Banalitäten (wie $2 + 3 = 5$) zum Kreis der gesicherten Erkenntnis rechnen. (Wie gesagt: Descartes hält es für ausgeschlossen, dass er sich bei einer so leichten Aufgabe wie $2 + 3 = x$ im Traum verrechnet.)

Und auch über die Frage, ob es die wahrnehmbaren, körperlichen Dinge außerhalb seines Geistes wirklich gibt, erlangt Descartes mit demselben Trick Gewissheit: Er beginnt die Untersuchung dieser Frage mit der Untersuchung der Vorstellungen, die er sich im Geist von den körperlichen Dingen macht. Dass er solche Vorstellungen hat, gehört zum gesicherten komme-was-da-wolle-Bereich. (Denn auch wenn es keine Einhörner gibt, gibt es die Vorstellung von einem Einhorn, die sich Descartes macht, wenn er sich ein Einhorn vorstellt.) Diese Vorstellungen sind zum Teil klar und deutlich, zum Teil auch ziemlich verworren, so Descartes. Klar und deutlich sind ihm physikalische Aspekte wie Höhe, Breite, Tiefe, Lage im Raum oder Bewegung. Verworren hingegen findet er Farbe, Geruch etc. Was klar und deutlich ist, war, so hatte Descartes festgesetzt, wahr. Also sieht es zumindest für die physikalischen Aspekte der äußeren Gegenstände gar nicht schlecht aus. Descartes schließt: Da Gott kein Betrüger ist und er mich geschaffen hat und da er mich so geschaffen hat, dass ich dazu neige, die äußeren Dinge als Ursache für meine Vorstellung, die ich mir vermittels der Sinne von den äußeren Dingen mache, zu betrachten, gilt: Es gibt äußere Dinge.

Descartes macht an dieser Stelle eine große Einschränkung:

> Indessen existieren sie vielleicht nicht alle genau so, wie ich sie mit den Sinnen wahrnehme, da ja diese sinnliche Wahrnehmung vielfach recht dunkel und verworren ist; aber wenigstens all das ist in ihnen wirklich vorhanden, was ich klar und deutlich denke, das heißt alles das, ganz allgemein betrachtet, was zum Inbegriff eines Gegenstandes der reinen Mathematik gehört. [6. Meditation, 10. Abschnitt]

Der Zweifel, der als methodischer begann, nagt also am Ende noch immer an ihm: Descartes bleibt den Sinneswahrnehmungen gegenüber skeptisch. Real werden die körperlichen Dinge für ihn hinsichtlich ihrer Ausdehnung (Höhe, Breite, Tiefe), Lage und Geschwindigkeit. Ob der Rotwein im Glas nun wirklich rot ist oder nur rot zu sein scheint – diese Frage kann man, wenn man Descartes folgt, (im Unterschied zu der Frage, ob Gott existiert) nicht mit Gewissheit beantworten.

Was bleibt?

Für uns heute, die wir gewohnt sind, dass naturwissenschaftliche Erkenntnisse ohne die Genehmigungen und Einmischungen der Kirchen gewonnen werden können, nimmt sich Descartes' Programm ziemlich merkwürdig aus. Wenn man erst die Existenz Gottes beweisen muss, um mit Sicherheit sagen zu können, dass $2 + 3 = 5$ ist, scheint im ganzen Programm irgendwo der Wurm zu stecken. Allerdings sollte man um der historischen Gerechtigkeit willen berücksichtigen, dass die Inquisition im Jahre 1633 Galileo Galilei verurteilt hatte. Und Descartes bangte um sein Leben, seine Ruhe und die Möglichkeit, als Wissenschaftler zu arbeiten (er hat in direkter Reaktion auf Galileis Verurteilung zwei bereits zur Veröffentlichung vorbereitete Werke (»Traité de l'homme« und »Le Monde«) nicht herausgebracht). Daher ist es sicherlich politisch geschickt gewesen, dem Gottesbeweis eine systematisch so prominente Stelle einzuräumen. Genützt hat es nicht viel: Descartes wurde (interessanterweise zunächst nicht von Katholiken, sondern von Calvinisten) der Ketzerei und des Atheismus beschuldigt. (Er wäre zwar der erste Atheist gewesen, der einen Gottesbeweis akzeptiert, aber das scheint in den hitzigen Tagen des Dreißigjährigen Krieges – die *Meditationen* sind 1641 erstmals erschienen – nicht jedem aufgefallen zu sein.) Diese Vorwürfe waren nicht ungefährlich. Aber Descartes hat Glück gehabt: Er wurde nicht verbrannt.

Von der Verbrennerei der Nichtkonformen haben die Kirchen inzwischen ja glücklicherweise Abstand genommen, sodass wir uns heute ganz entspannt und körperlich unversehrt fragen können, was genau in Descartes' *Meditationen* schief läuft. Einigkeit herrscht hier mal wieder nicht, mit Gewissheit lässt sich nur sagen: Gottesbeweis hin oder her, der Teufel steckt auch bei Descartes im Detail.

Für Touristen

Descartes hat Ulm (in das es ihn im Dreißigjährigen Krieg verschlug) nicht vergessen, aber Ulm hat Descartes vergessen. In

Ulm hat sich Descartes entschieden, Philosoph zu werden, in einem mit einem Ofen geheizten Zimmer sitzend. Leider weiß man heute nicht mehr, wo das Zimmer war, und auch von dem Ofen ist nichts mehr übrig.

Descartes ist relativ viel herumgekommen: von Frankreich über Deutschland und die Niederlande, bis er schließlich in Stockholm landete – wo er aber *stante pede* an einer Lungenentzündung verstarb.

Descartes' Grab ist in Paris zu finden – allerdings nicht im Pantheon, sondern in der Eglise Saint-Germain-de-Prés. Wenigstens hat sich sein Geburtsort nach ihm benannt.

Kapitel 5

Lang lebe der König!
Denn alle Menschen sind Egoisten

Thomas Hobbes

Thomas Hobbes (* 1588 in Malmesbury; † 1679 in Hardwick Hall) ist berühmt für seine Staatsphilosophie, die von einem nicht gerade positiven Menschenbild ausgeht.

Hobbes fragt, wie es sich für einen Staatsphilosophen gehört, was der Staat ist. Worin unterscheiden sich eine zusammengewürfelte Menge von Menschen und eine Gesellschaft voneinander? Worin besteht der fundamentale Unterschied zwischen zweihundertfünfzig Anarchisten auf einer einsamen Insel und zweihundertneunundvierzig Untertanen und einem König auf der Nachbarinsel? Hobbes vergleicht den Staat mit einem künstlichen Menschen, der aus Menschen zusammengesetzt ist, die wie Organe dieses Gemeinwesens funktionieren.

Um das Wesen dieses künstlichen Menschen [d. h. des Staates] zu beschreiben will ich betrachten:
Erstens das *Material*, woraus er besteht, und den *Konstrukteur*; beides ist der *Mensch*.
Zweitens, *wie* und durch welche *Verträge* er gemacht ist, worin die *Rechte* und die wohlbegründete *Macht* oder *Autorität* eines *souveränen Staates* besteht und was ihn *erhält* und *auflöst*.

> Drittens, was ein *christliches Gemeinwesen* ist.
> Letztens, was das *Königreich der Finsternis* ist.
> [*Leviathan*, Einleitung, S. 6]

Ich beschränke mich in diesem Kapitel auf Teile der ersten zwei Aspekte, um in die Theorie, was laut Hobbes ein Staat ist und wie er entsteht, einzuführen.

1. Der Naturzustand

Laut Hobbes haben alle Menschen von Natur aus körperlich und geistig mehr oder weniger die gleichen Fähigkeiten. Die offensichtlichen Unterschiede an Intelligenz und Körperkraft, die Einstein-Typen von Goliath-Typen unterscheiden, hält Hobbes für so gering, dass man sie auch vernachlässigen kann. Aber vor allem gleichen sich alle Menschen in einem weiteren Punkt, der sich besonders klar und deutlich zeigt, solange die Menschen noch nicht durch einen Staat gebändigt werden: Alle Menschen sind Egoisten, die ein Recht auf alles haben – auch auf den Körper eines anderen. Hobbes drückt das nur etwas vornehmer aus, wenn er sagt, dass der Mensch dem Menschen ein Wolf sei, oder wenn er schreibt:

> Alle Willenshandlungen jedes Menschen haben sein eigenes Wohl zum Objekt. [*Leviathan*, Kap. 15, S. 127]

Das »alle« meint Hobbes ernst! Dass alle Menschen solche Egoisten sind, ergibt sich für ihn aus der Gleichheit der Fähigkeiten aller Menschen:

> Aus dieser Gleichheit der Fähigkeiten erwächst Gleichheit der Hoffnung, unsere Ziele zu erreichen. Und wenn daher zwei Menschen das Gleiche verlangen, in dessen Genuss sie dennoch nicht beide kommen können, werden sie Feinde;

und auf dem Weg zu ihrem Ziel (das hauptsächlich in ihrer Selbsterhaltung und zuweilen nur in ihrem Vergnügen besteht) bemühen sie sich, einander zu vernichten oder zu unterwerfen. Und wo ein Eindringling nicht mehr zu fürchten hat als die alleinige Macht eines einzelnen Menschen, geschieht es daher, dass jemand, der pflanzt, sät, baut oder ein behagliches Anwesen besitzt, mit Wahrscheinlichkeit erwarten kann, dass andere mit vereinten Kräften kommen, bereit, ihn zu enteignen und zu berauben, nicht nur der Früchte seiner Arbeit, sondern auch seines Lebens oder seiner Freiheit. Und dem Eindringling droht wiederum die gleiche Gefahr von einem anderen. [*Leviathan*, Kap. 13, S. 103]

Im sogenannten »Naturzustand« sind die Menschen zunächst einmal frei, da es noch keinen Staat gibt, der ihre Freiheit irgendwie einschränken könnte. Allerdings bezahlen die Menschen diese Freiheit mit Unsicherheit (denn es kann ja jederzeit einer kommen und einem den Kopf abschlagen, und dass über kurz oder lang tatsächlich jemand genau das tut, ist nach Hobbes ziemlich wahrscheinlich), und es gibt im Naturzustand weder Polizei noch Richter, ja noch nicht einmal Gesetze, die solche Übergriffe als Unrecht bestimmen würden. Mit anderen Worten: Was Hobbes als »Naturzustand« beschreibt, ist eine Anarchie, die, laut Hobbes, zwangsläufig zum Krieg »eines jeden gegen einen jeden« (*Leviathan*, Kap. 13, S. 104) führt.
Nun stellt sich natürlich die Frage: Woher weiß Hobbes das alles? Der »Naturzustand«, den er beschreibt, scheint auf den ersten Blick ein Zustand zu sein, der *zeitlich vor* der Bildung eines Staates liegt. Mithin wäre es die Aufgabe der Archäologie, Hobbes' Thesen über den »Naturzustand« der Menschen zu überprüfen. Dass wir archäologische Untersuchungen bräuchten, zeigt bereits, dass sich Hobbes hier zu weit aus dem Fenster gelehnt hat: Seine Behauptungen müssten durch empiri-

sche Forschung gestützt werden, und empirische Forschung ist nicht Aufgabe der Philosophie.

Aber so blöd ist Hobbes nicht. Seine ganze Theorie ist nicht so sehr tatsächliche Betrachtung von Geschichte, sondern gleicht eher einem Gedankenexperiment: Er will *systematisch* die Bedingungen aufzeigen, die einem Staat zugrunde liegen. Und um die für das Bestehen eines Staates *notwendigen* Bedingungen aufzudecken, ist es keine abwegige Idee, sich den Zustand auszumalen, den eine Gesellschaft ohne Staatsgewalt hätte.

Allerdings muss Hobbes auch dann, wenn man seine Behauptungen über den Naturzustand nicht als historisch-reale Behauptungen, sondern als systematische Vorüberlegungen zu seiner Staatstheorie liest, Begründungen für die Richtigkeit seiner Thesen liefern – denn sonst bleiben sie pure Spekulation. Hobbes versucht die Wahrheit seiner Behauptungen aus Betrachtungen über die Menschheit im Allgemeinen abzuleiten. Er bietet uns folgende drei Begründungen an:

Die Fahrradschloss-Begründung

Manchem, der diese Dinge nicht wohl erwogen hat, mag es seltsam scheinen, dass die Natur die Menschen so entzweit und bereit macht, einander anzugreifen und zu vernichten; und er mag deshalb, aus Misstrauen gegen diese von den Gemütsbewegungen abgeleitete Schlussfolgerung, vielleicht wünschen, dasselbe durch Erfahrung bestätigt zu sehen. Möge er daher bei sich überlegen: Wenn er eine Reise unternimmt, bewaffnet er sich und trachtet nach guter Begleitung; wenn er schlafen geht, verschließt er seine Türen; sogar wenn er im Haus ist, verschließt er seine Truhen; und das, obwohl er doch weiß, dass es Gesetze und Diener der Öffentlichkeit gibt, gewappnet, um alle Unbill zu rächen, die ihm widerfährt. Was für eine Meinung hat er von seinen Mitmenschen, wenn er bewaffnet ausreitet, von seinen Mitbürgern, wenn er seine Türen verschließt, und von seinen Kindern und Dienstboten, wenn er seine Truhen verschließt? Klagt er die Menschheit nicht ebenso mit seinen Handlungen an wie ich mit meinen Worten? [*Leviathan*, Kap. 13, S. 105]

Hobbes argumentiert hier folgendermaßen gegen denjenigen, der einwendet, dass seine Thesen doch reine Spekulation seien: Du schließt doch auch deine Haustür und dein Fahrrad ab. Also gehst du offensichtlich davon aus, dass es jederzeit möglich ist, dass irgendjemand kommt und dein Fahrrad klaut. Und das tust du, obwohl du nicht mal im Naturzustand, sondern in einem Staat lebst, in dem es eine Polizei und Gerichte gibt. Also traust du deinen Mitbürgern ebenso wenig über den Weg wie ich. Warum sollte das im Naturzustand anders gewesen sein?

Diese Begründung überzeugt mich nicht. Was Hobbes mit der suggestiven Frage am Ende des Zitats sagen will, nämlich dass derjenige, der seine Türen verschließt, die Mensch*heit* anklage, folgt nicht aus dem Vorgenannten. Wer seine Türen verschließt, misstraut *einigen* Menschen (wir nennen diese Menschen »Einbrecher«). Daraus folgt aber mitnichten, wie Hobbes suggeriert, dass derjenige, der seine Türen verschließt, auch *allen* Menschen (der Menschheit) misstraut. Dieser (logische) Einwand wird auch durch empirische Forschung gestützt: Wir haben ja inzwischen, was Hobbes nicht hatte, eine Verbrechensstatistik. Und diese zeigt uns, dass nur ein kleiner Teil der Bevölkerung zu Diebstahl und Gewalt bereit ist.

Die Begründung mit den »Wilden«

Ich hatte oben die Überlegung verworfen, dass Hobbes den »Naturzustand« als historisch-realen Zustand betrachtet, der vor jedem Staat da war. Allerdings klingt es ganz so, als würde

Hobbes eben das doch (zumindest für gewisse Gruppen von Menschen und diverse Zeiten der Weltgeschichte) behaupten wollen, wenn er schreibt:

> Man mag vielleicht denken, dass es nie solch eine Zeit oder solchen Kriegszustand gab; und ich glaube, es war nie allgemein auf der ganzen Welt so, aber es gibt viele Gegenden, wo die Menschen heute noch so leben. Denn die wilden Völker in vielen Teilen *Amerikas* haben außer der Herrschaft kleiner Familien, deren Eintracht von der natürlichen Lust abhängt, überhaupt keine Regierung und leben bis auf den heutigen Tag in jener vertierten Weise, wie ich zuvor sagte. [*Leviathan,* Kap. 13, S. 106]

Lassen wir die rassistische Arroganz, die Hobbes in diesen Zeilen offenbart, einmal beiseite. Es wäre laut Hobbes nicht Aufgabe der Archäologie, sondern der Völkerkunde, herauszufinden, ob es eine anarchische Gesellschaft gibt, die das Menschenbild von Hobbes bestätigt. Nehmen wir an, dass es Völkerkundlern gelänge, eine Gruppe von Menschen zu finden, die tatsächlich im Krieg aller gegen alle leben oder lebten – würde das die Richtigkeit des Menschenbildes à la Hobbes (alle Menschen haben gleiche Fähigkeiten, sind frei und egoistisch) bestätigen? Nein. Denn man müsste zusätzlich auch noch zeigen, dass der Krieg aller gegen alle typisch für *jede* vor-staatliche Gruppe von Menschen ist. Denn Hobbes hatte ja nicht nur behauptet, dass ein Krieg aller gegen alle *möglich* ist, sondern dass der Krieg aller gegen alle sich systematisch und *notwendigerweise* aus der egoistischen Natur *jedes* Menschen ableitet. – Kurz: auch der Begründungsversuch mit den wilden Indianern scheitert.

Die Bürgerkriegs-Begründung

Hobbes versucht, seine These, dass ein Krieg aller gegen alle zwangsläufig die Folge aus der Natur aller Menschen ist, sofern kein Staat diesen Krieg verhindert, indirekt zu begründen, indem er den Blick auf eine Gesellschaft lenkt, in der die Staatsmacht versagt.

> Was jedoch für eine Lebensweise herrschen würde, wenn es keine öffentliche Macht zu fürchten gäbe, lässt sich an der Lebensweise erkennen, zu der Menschen, die früher unter einer friedlichen Regierung lebten, in einem Bürgerkrieg herabzusinken pflegen. [*Leviathan*, Kap. 13, S. 106]

Aber auch dieser Begründungsversuch fällt ziemlich schwach aus. Der »Naturzustand«, den Hobbes beschreibt, war ja gerade einer, in dem es noch keinen Staat gegeben hat. Einem Bürgerkrieg geht aber, wie Hobbes selbst bemerkt, eine Regierung voraus. Daher ist es doch möglich, dass sich das Verhalten, das (manche!) Menschen in einem Bürgerkrieg an den Tag legen, so abscheulich es auch sein mag, nicht unbedingt nur durch ihre natürlichen Anlagen verursacht, sondern auch durch Erlebnisse und Erfahrungen aus der vorangegangenen Regierungszeit beeinflusst wird. Mit anderen Worten: Jeder Krieg hat Ursachen. Aber dass diese Ursachen nur »im Gemüt«, das heißt in den natürlichen Anlagen aller Menschen zu suchen sind, ist von Hobbes bisher nicht bewiesen worden. Der Verweis auf den Bürgerkrieg zeigt höchstens, dass ein Krieg aller gegen alle *möglich* ist – das aber ist wesentlich weniger, als das, was Hobbes behauptet hatte.

Die drei Begründungen, die Hobbes für sein negatives Menschenbild und seine These von der Zwangsläufigkeit eines Krieges eines jeden gegen jeden liefert, bleiben unbefriedigend. Was man aber aus dem Text herauslesen kann, ist Hobbes' Angst vor

Anarchie. Und diese Angst ist vermutlich ebenso wie sein negatives Menschenbild und sein Bedürfnis nach einem möglichst starken Staat seiner persönlichen Erfahrung geschuldet: Hobbes erlebte die englischen Bürgerkriege (1642–46 und 1648).

Verträge und Naturgesetze

Typisch für Menschen, die in einem Staat leben, ist es laut Hobbes, dass diese Menschen Verträge miteinander schließen. Die Einhaltung von Verträgen wäre aber im Naturzustand einzig und allein vom Recht des Stärkeren abhängig, sodass diese Pseudo-Verträge keine Gültigkeit hätten, schließlich kann der Stärkere (im Naturzustand) jederzeit gegen die Vereinbarung verstoßen. Das aber bedeutet, dass im anarchischen Naturzustand noch keine echten Verträge geschlossen werden können. Ferner erfüllen die Menschen, die im Naturzustand leben, auch die grundlegendsten Pflichten des friedlichen Zusammenlebens nicht: Hobbes stellt einen Katalog von 19 »Naturgesetzen« auf, die »den Frieden als Mittel zur Erhaltung der in einer Menge lebenden Menschen gebieten und die nur die Lehre von der staatlichen Gesellschaft betreffen« (*Leviathan*, Kap. 15, S. 132). Unter einem »Naturgesetz« versteht Hobbes nicht so etwas wie die Fallgesetze oder andere physikalisch-naturwissenschaftliche Lehrsätze, sondern »eine von der Vernunft entdeckte Vorschrift oder allgemeine Regel, wodurch einem Menschen untersagt wird zu tun, was sein Leben vernichtet oder ihm die Mittel zu dessen Erhaltung nimmt« (*Leviathan*, Kap. 14, S. 107 f.). Bemerkenswert ist, dass diese »Naturgesetze« von Hobbes nicht moralisch begründet werden, sondern auf von der Vernunft vorgeschriebenem Selbsterhaltungsstreben basieren – was zu seinem Menschenbild (alle Menschen sind egoistisch) passt.

Folgende Vorschriften nennt Hobbes im 14. und 15. Kapitel des *Leviathan*:

1. Jeder Mensch soll nach Frieden streben.
2. Um des Friedens willen soll man das Recht auf alles abtreten, wenn es die anderen auch tun.
3. Geschlossene Verträge soll man einhalten.
4. Wer etwas geschenkt bekommt, sollte dafür dankbar sein.
5. Jeder Mensch soll den anderen entgegenkommen.
6. Vergangene Verstöße soll man anderen vergeben.
7. Bei Rache soll man auch an die Zukunft denken.
8. Man soll keinen anderen verächtlich machen.
9. Man soll nicht hochmütig sein.
10. Man soll sich beim Eintritt in den Friedenszustand keine Rechte sichern, die man nicht auch allen anderen zugesteht.
11. Wer zwischen Mensch und Mensch richtet, soll beide gleich behandeln.
12. Was man nicht teilen kann, soll man gemeinsam nutzen.
13. Wer etwas, was man nur abwechselnd nutzen kann, zuerst bekommen soll, entscheidet das Los.
14. Wer etwas, das man nicht teilen und nicht gemeinsam nutzen kann, zuerst hat, dem gehört es.
15. Wer den Frieden vermittelt, bekommt freies Geleit.
16. Wer sich streitet, soll sich dem Spruch des Schiedsrichters unterwerfen.
17. Niemand ist sein eigener Richter.
18. Richter müssen unparteiisch urteilen.
19. Richter müssen Zeugen hören.

Wie können die Menschen nun den Schritt vom Krieg aller gegen alle hin zum ersten vom Naturgesetz (und mithin von der Vernunft, denn auf der basieren ja die Naturgesetze laut Hobbes) vorgeschriebenen Frieden vollziehen? Hobbes' Antwort lautet: Das machen wir mit einem Vertrag.

2. Der Gesellschaftsvertrag

Hobbes sieht nur einen Weg aus dem Krieg aller gegen alle
(was ein weiterer Belege für sein negatives Menschenbild ist):
Es müsste eine Macht geben, die alle Menschen eines Landstrichs so sehr fürchten, dass sie sich an die Regeln eines zivili-
sierten Lebens (d.h. für Hobbes: Erfüllung von Verträgen und
Einhaltung der Naturgesetze) halten, da diese Macht »sie in
Schrecken hält und ihre Handlungen auf das gemeinsame Wohl
lenkt« (*Leviathan*, Kap. 17, S. 144). Diese Macht können sie
selbst errichten, indem sie einen Vertrag schließen:

> Der einzige Weg, solch eine gemeinsame Macht zu errich-
> ten, die fähig ist, die Menschen vor dem Angriff Fremder
> und vor gegenseitigem Unrecht zu schützen und sie damit
> so weit zu sichern, dass sie sich durch eigenen Fleiß und die
> Früchte der Erde ernähren und zufrieden leben können, be-
> steht darin, all ihre Macht und Stärke einem Menschen oder
> einer Versammlung von Menschen zu übertragen, die den
> Willen jedes einzelnen durch Stimmenmehrheit zu einem
> einzigen Willen machen. [...] Das ist mehr als Zustimmung
> oder Eintracht; es ist eine wirkliche Einheit von ihnen allen
> in ein und derselben Person, die durch Vertrag eines jeden
> mit jedem so geschaffen wird, als ob jeder zu jedem sagte:
> *Ich gebe diesem Menschen oder dieser Versammlung von Menschen*
> *Ermächtigung und übertrage ihm mein Recht, mich zu regieren,*
> *unter der Bedingung, dass du ihm ebenso dein Recht überträgst und*
> *Ermächtigung für alle seine Handlungen gibst.* [*Leviathan*, Kap.
> 17, S. 144 f.]

Dass jeder Bürger eines zukünftigen Staates einen Vertrag mit
jedem anderen Bürger eines zukünftigen Staates schließt, klingt
wiederum nach einem theoretischen Modell, das man sich
nicht als historisch-real vorstellen soll. Hobbes geht nicht da-

von aus, dass alle Anwohner des Nils zusammengekommen sind und jeder mit jedem einen expliziten (mündlichen oder schriftlichen) Vertrag geschlossen hat, der besagt, dass sie alle einen Pharao als Monarchen einsetzen und ihm gewisse Machtbefugnisse einräumen. Selbstverständlich wäre dies *möglich* – aber historisch-real ist es vermutlich nicht. Doch Hobbes hat, was diesen Punkt angeht, systematisch vorgesorgt: Verträge können, so sagt er, entweder explizit durch Sprache geschlossen werden oder implizit durch Taten, sodass man das Bestehen eines Vertrages aus dem Verhalten der Vertragspartner erschließen kann. Wo es einen solchen impliziten Vertragsschluss gab, finden wir keine (expliziten, sprachlichen) Quellen mehr, die diesen belegen.

Hobbes' Version der Staatsgründung ist (historisch betrachtet) eine gewaltige Neuerung: Er begründet das Recht des Souveräns zu regieren hier explizit mit der Zustimmung der Untertanen und nicht etwa mit dem Gottesgnadentum. Allerdings beschränkt sich die in dieser Zustimmung zum Gesellschaftsvertrag demonstrierte Macht der Untertanen auf den Akt der Staatsgründung. Sobald die Bürger »alle ihre Macht und Stärke« dem Souverän im Gesellschaftsvertrag übertragen haben, hat ihre Einflussnahme auf die Politik auch schon ein Ende. Im 18. Kapitel des *Leviathan* führt er dies noch weiter aus und spricht den Untertanen das Recht ab, sich gegen den Souverän zu stellen, ihn abzusetzen oder ihm zu widersprechen – freilich wird es einen Danton oder Robespierre kaum beeindruckt haben, dass ihre umstürzlerischen Taten laut Hobbes moralisch nicht gerechtfertigt waren. Hobbes liebt nicht nur klare Worte, sondern neigt auch zu drastischen Strafen. So schreibt er zum Beispiel über denjenigen, der sich der Mehrheit nicht beugen will und sich erdreistet, gegen Handlungen des Souveräns zu protestieren:

> Und ob er zu der Gemeinschaft gehört oder nicht und ob er
> um seine Zustimmung gefragt wurde oder nicht, er muss
> sich entweder ihren Beschlüssen beugen oder in dem
> Kriegszustand belassen werden, in dem er sich zuvor befand,
> worin er ohne Ungerechtigkeit von jedermann vernichtet
> werden könnte. [*Leviathan*, Kap. 18, S. 149]

Im Gesellschaftsvertrag werden dem Staat gemäß dem zweiten
Naturgesetz Rechte übertragen: Jeder Einzelne gibt sein »na-
türliches« Recht auf alles und jeden (und mithin ein Stück
Freiheit) unter der Bedingung auf, dass dies auch die anderen
tun. Jeder einzelne verliert dadurch einen Teil seiner persönlichen Macht und Freiheit, die er im Krieg aller gegen alle noch
hatte, gewinnt dafür aber die Sicherheit des Friedens, den herzustellen (laut Hobbes) nur der Staat in der Lage ist. Verwirrenderweise gibt Hobbes nun diesem neu gegründeten Staat,
der für Ruhe, Ordnung und Wohlergehen seiner Bürger sorgen soll, den Namen eines biblischen Monsters: »Leviathan«.
Der Leviathan ist ein Seeungeheuer, das in der Bibel gerade für
Chaos steht. Aber das ist nicht der Punkt, auf den es Hobbes
ankommt: Im Buch Hiob wird der Leviathan als ein Unge-
heuer beschrieben, das jeden Menschen in Angst und Schrecken hält. (»Wenn er [der Leviathan] sich erhebt, so entsetzen
sich die Starken, und vor Schrecken wissen sie nicht aus noch
ein.« Hiob 41,17) Und genau das war es, was Hobbes als die
Aufgabe des Staates bestimmt hat – die Bürger in Angst und
Schrecken zu halten, damit sie sich nicht trauen, die Gesetze
des Staates zu brechen und übereinander herzufallen. Der sonst
so nüchtern schreibende Hobbes wird geradezu euphorisch,
wenn er an die Staatsgründung denkt:

> Das ist die Entstehung jenes großen *Leviathan* oder besser
> (um ehrerbietiger zu sprechen) jenes *sterblichen Gottes*, dem

wir unter dem *unsterblichen Gott* unseren Frieden und unsere Sicherheit verdanken. Denn durch diese Ermächtigung, die er von jedem einzelnen im Gemeinwesen erhält, steht ihm so viel verliehene Macht und Stärke zu Verfügung, dass er durch den Schrecken vor ihr befähigt wird, den Willen aller auf Frieden daheim und auf gegenseitige Hilfe gegen ihre auswärtigen Feinde zu lenken. [*Leviathan*, Kap. 17, S. 145]

Wie sieht nun dieser Staat genauer aus, der von seinen Bürgern gegründet wird, damit er sie alle in Angst und Schrecken hält, sodass sie voreinander (eben weil jeder die Strafe des Staates bei einem Vergehen fürchtet) und gegen äußere Feinde (wenn der neue Staat denn mächtig genug ist) geschützt sind?

Der Staat
Der Herrscher gewinnt die souveräne Macht von seinen Untertanen durch den Vertrag entweder dank freiwilliger Unterwerfung, oder er erzwingt die Zustimmung zum Vertrag gewaltsam. Aber egal auf welchem dieser beiden Wege ein Souverän seine Machtbefugnisse von den Untertanen per Vertrag übertragen bekommt, gilt: Die Macht des Souveräns ist absolut und wird nicht geteilt, da, wenn einer der wesentlichen Machtbereiche nicht mehr beim Souverän wäre, laut Hobbes das Gemeinwesen bedroht und ein Bürgerkrieg unvermeidlich wären. Im Detail lauten die wesentlichen Rechte des starken Staates à la Hobbes:

Die Macht des Souveräns kann nicht ohne seine Zustimmung einem anderen übertragen werden; er kann sie nicht verwirken; er kann nicht von irgendeinem seiner Untertanen des Unrechts angeklagt werden; er kann nicht von ihnen bestraft werden; er befindet darüber, was für den Frieden notwendig ist; er befindet über Lehren [d.h. eine Zensur findet statt]; er ist alleiniger Gesetzgeber und oberster

Richter bei Streitigkeiten und befindet über Zeitpunkte und Anlässe für Krieg und Frieden; ihm steht es zu, Richter, Räte, Befehlshaber und alle anderen Beamten und Staatsdiener auszuwählen und Belohnungen und Strafen, Ehren und Orden zu bestimmen. [*Leviathan*, Kap. 20, S. 169; genauer ausgeführt und begründet werden diese Rechte des Souveräns im 19. Kapitel]

Die Machtbefugnisse des Staates beruhen, laut Hobbes, nicht auf einer Verfassung, sondern auf dem einmal übertragenen Recht des Souveräns (egal, ob dieser nun in der Staatsform einer Monarchie, Aristokratie oder Demokratie daherkommt). Wie gesagt, Hobbes wünscht sich, wie viele Leute, die unter einem Bürgerkrieg leiden, einen starken Staat. Sein Argument für diese Forderung ist die Angst vor dem Zerfall des Staates, sollte der Souverän einen Teil seiner Machtbefugnisse abgeben oder nicht ausüben. Nach unserem heutigen politischen Verständnis ist der Staat, den Hobbes sich vorstellt, in einigen Bereichen zu stark. Was Hobbes beschreibt, sind die Grundlagen eines absolutistischen Staates, die nicht so recht zu einer auf einer Verfassung beruhenden Demokratie, wie wir sie aus unseren Tagen kennen, zu passen scheinen. Ich greife hier exemplarisch drei Rechte, die Hobbes dem Souverän einräumt, heraus, die für uns heute besonders befremdlich wirken:

1. *Laut Hobbes ist es ein Unrecht,* wenn man gegen den Souverän protestiert, egal, was der Souverän tut. In den westlichen Demokratien gibt es (kontra Hobbes) sogar ein Recht auf Versammlungs- und Meinungsfreiheit, um unter anderem gegen Erlasse oder Gesetze oder Gesetzesentwürfe der Regierung zu protestieren. (Hobbes hatte zwar prophezeit, dass ein Staat, der so verfahre, im Chaos des Bürgerkriegs versinken müsse, aber die Geschichte hat das Gegenteil bewiesen.)

2. Hobbes hält Gewaltenteilung für gefährlich und schließt sie daher aus. Deshalb spricht er dem Untertan das Recht ab, den Souverän anzuklagen (das ist bei uns heutzutage anders geregelt – jeder Bürger kann vor dem Verfassungsgericht gegen den Staat klagen); der Souverän kann dementsprechend auch nicht bestraft werden (auch das sieht bei modernen Demokratien anders aus). Ferner ernennt und entlässt der Souverän nicht nur Beamte, Räte und Minister, sondern eben auch Richter – was, wenn wir es mit einer Monarchie zu tun haben, die Gewaltenteilung ebenfalls verhindert und zum Absolutismus führt. Dass gerade der Absolutismus nicht halb so stabil war, wie Hobbes meinte, hat die französische Revolution gezeigt.

3. Hobbes schreibt dem Souverän nicht nur das Recht, sondern fast die Pflicht zu, Zensur auszuüben. Von der Zensur verspricht er sich, wie alle Staaten, die Zensur ausüben, mehr Ruhe im Innern und die Verhinderung von Volksaufständen. Zugleich vertritt er die naive These, dass dies der Wahrheitsfindung (sprich: der wissenschaftlichen Arbeit) nicht abträglich sei, denn »eine Lehre, die dem Frieden zuwiderläuft« kann seiner Meinung nach unmöglich wahr sein. Im Grunde hätte Hobbes bereits erkennen können, dass diese Meinung falsch ist, schließlich ist der *Leviathan* 1651 erschienen – der Fall Galilei war Hobbes bekannt. Und in den Augen der Kirchenväter war Galileis Lehre dem Frieden abträglich, da er zwar die Wahrheit sagte, aber die Macht der Kirche bedrohte. Ferner ist Hobbes' Behauptung, dass quasi automatisch ein Umsturz (und mithin eine Rückkehr in den anarchischen Naturzustand) erfolgt, wenn keine Zensur ausgeübt wird, nicht richtig, wenn ein Staat die folgende Faustregel beachtet: Zur Meinungsfreiheit gehört Meinungsbildung, und die Grundlage von Meinungsbildung ist Bildung – sprich: das Volk muss aufgeklärt genug sein, um politische Hetze selbst zu enttarnen. Oder anders gesagt: Wenn ein Staat eine gescheite Bildungspolitik betreibt, braucht er kein Geld für Zensur auszugeben.

Laut Hobbes gibt es nur drei Staatsformen: Entweder ist der Souverän *ein* Mensch, dann ist die Staatsform eine Monarchie. Oder der Souverän besteht aus einigen, aber nicht allen Bürgern des Staates, dann ist die Staatsform eine Aristokratie. Oder der Souverän tritt in Personalunion mit allen Untertanen auf, dann haben wir es, laut Hobbes, mit einer Demokratie zu tun. (Hobbes versteht das Wort »Demokratie«, Herrschaft des Volkes, also wörtlich.)

Die beste von allen Staatsformen ist für ihn die Monarchie. Denn von ihr meint er, dass sie das Ziel des Staates (innere und äußere Sicherheit) am ehesten erreichen kann. Der Hauptgrund für diese Einschätzung ist wiederum Hobbes' negatives Menschenbild: Auch Monarchen sind Menschen und mithin Egoisten, aber das kommt im Falle eines Monarchen dem Staat zugute, hofft Hobbes. Nimmt man einmal an, dass Hobbes in dem Punkt Recht hätte, dass alle Menschen Egoisten sind, so gilt nach seiner Meinung:

> Daraus folgt, dass dort, wo öffentliches und privates Interesse am engsten verbunden sind, das öffentliche am meisten gefördert wird. Nun ist in der Monarchie das private Interesse das gleiche wie das öffentliche. Reichtum, Macht und Ehre eines Monarchen entstehen nur aus dem Reichtum, der Stärke und dem Ansehen seiner Untertanen. Denn kein König kann reich, ruhmvoll und sicher sein, dessen Untertanen entweder arm oder verächtlich sind oder durch Mangel oder Zwietracht zu schwach sind, um einen Krieg gegen ihre Feinde durchzustehen. [*Leviathan*, Kap. 21, S. 159]

Diese Argumentation ist nicht nur verblüffend einfach – sie wirkt so naiv, weil sie so offensichtlich falsch ist: Es gibt und gab mehr als einen Alleinherrscher, der sein Volk oder Teile seines Volkes verhungern oder ermorden ließ und sich selbst bereicherte; sprich: Wo das öffentliche und das private Interesse eng verbunden sind, gilt nicht unbedingt, dass das öffentliche Interesse von dieser Verbindung profitiert.

Allerdings schränkt Hobbes die Macht des Staates ein, indem er jedem Untertan das Recht zum Ungehorsam einräumt, wenn dieser damit sein Leben retten kann. Wenn der Souverän einen (sogar einen zu Recht verurteilten) Untertan auffordert, sich selbst zu töten oder zu verletzen, »hat dieser Mensch doch die Freiheit, nicht zu gehorchen« (*Leviathan,* Kap. 21, S. 184). Der Grund: der Befehl sich selbst zu töten oder sich selbst zu verletzen, ist gegen das Naturrecht.

Kriegsdienst darf man verweigern, wenn man um sein Leben zittert. (Allerdings sollte man damit rechnen, dass der Souverän diese Verweigerung mit dem Tod bestraft (vgl. *Leviathan*, Kap. 21, S. 184 f.), was wiederum, laut Hobbes, legitim ist.)

Fazit

Der Zweck des Staates ist laut Hobbes, Sicherheit und Frieden im Innern und Äußeren zu gewährleisten, damit alle Bürger ein angenehmeres und längeres Leben führen können als im anarchischen Naturzustand. Das Mittel zum Zweck ist allerdings die gewaltige Machtfülle, mit der Hobbes einen Staat ausgestattet wissen will, eine Machtfülle, die den Staat tatsächlich zu einem Leviathan, einem Monster, machen kann. Ob es aber eine wirklich gescheite Idee ist, sich ausgerechnet von einem Monster Sicherheit, Frieden und Ruhe garantieren zu lassen, ist eine Frage, die wir heute, spätestens nach der Erfahrung des Totalitarismus im 20. Jahrhundert, im Unterschied zu Hobbes, negativ beantworten.

Oder anders gesagt: Die Ursache für Krieg und Bürgerkrieg sieht Hobbes in den Naturanlagen aller Menschen. Doch seine These, dass alle Menschen in Bezug auf ihre Fähigkeiten und ihre hervorstechende Charaktereigenschaft (Egoismus) gleich sind, muss er erst noch beweisen. Wenn sich diese These als falsch erweist, stürzt das ganze hobbessche Gedankengebäude wie ein Kartenhaus in sich zusammen. Die Frage, ob alle Menschen, wie Aristoteles sagt, von Natur aus gesellige, politische Wesen sind, oder, wie Hobbes sagt, ebenso von Natur aus individuelle, egoistische Wesen oder ob (sowohl gegen Aristoteles als auch gegen Hobbes) jeder Mensch anders ist, ist hier noch nicht entschieden.

Der Soziologe Niklas Luhmann (1927–1998) hat (vor allem mit seinem Wälzer *Soziale Systeme*) gezeigt, wie man Theorie der Gesellschaft treiben kann, ohne vorab diese (anthropologische) Frage zu beantworten, indem er die Strukturen von Gesellschaften auf der Basis historischer Fakten und einer Handvoll theoretischer Prämissen in seiner »Systemtheorie« analysiert.

Für Touristen

Hobbes lebte in einer unruhigen Zeit in England und Frankreich und ist durch seine Schriften und sein Bekenntnis zum Absolutismus in Konflikt mit der Politik geraten. Da ist es geradezu beruhigend zu wissen, dass er seine letzte Ruhe fernab der Metropolen in der bei Wanderern beliebten Grafschaft Derbyshire in Ault Hacknall, dem wohl kleinsten Dorf Englands (es besteht im Wesentlichen aus dem Friedhof, der Kirche und einem Bauernhof), gefunden hat.

Sehenswert ist das nahegelegene Schloss »Hardwick Hall«, in dem Hobbes einundneunzigjährig starb.

Kapitel 6

Durchblick ohne Fenster: Monaden

Gottfried Wilhelm Leibniz

Gottfried Wilhelm Leibniz (* 1646 in Leipzig; † 1716 in Hannover) war nicht nur Philosoph. Beruflich hat er sich (was sich für sein Leben als fataler, für uns heute aber äußerst ergiebiger Fehler erwies) als Beamter an den Hof von Hannover gebunden. Er hat mathematische, historische, juristische und geologische Arbeiten verfasst, die Gründung der »Kurfürstlich-Brandenburgischen Sozietät der Wissenschaften« (die sich später »Königlich-Preußische Akademie der Wissenschaften« nannte) in Berlin angeregt und wurde 1700 ihr erster Präsident. Daneben hat Leibniz noch eine Rechenmaschine erfunden, war politisch und theologisch (wenngleich in beiden Fällen wenig erfolgreich) tätig. Kernstück seines philosophischen Schaffens ist zweifelsohne die »Monadologie«, eine metaphysische Theorie, mit der Leibniz, unter anderem, das Leib-Seele-Problem, das sich aus Descartes' Philosophie ergab, zu lösen hoffte. Diesen leibnizschen Lösungsvorschlag für das Leib-Seele-Problem will ich mir im Folgenden näher ansehen, um so zugleich in die Monadenlehre einzuführen.

Das Leib-Seele-Problem

Das Leib-Seele-*Problem* ergibt sich aus Descartes' Leib-Seele-*Dualismus*. Nach Descartes' Auffassung gibt es zwei Welten: Die Welt der ausgedehnten Gegenstände und die Welt der mentalen Gegenstände (Gedanken, Gefühle). Diese zwei Welten sind bei Descartes getrennt; beide Arten von Gegenständen sind nicht aufeinander rückführbar und kausal nicht aufeinander wirksam. Das Leib-Seele-Problem besteht nun darin, dass an diesem Dualismus etwas faul ist. Nehmen wir zum Beispiel das Bier und das Denken. Bier gehört zu den ausgedehnten Gegenständen, hat aber, wenn man einen menschlichen Körper (d.i. ebenfalls ein ausgedehnter Gegenstand) in großem Maß damit vollschüttet, eine fatale Wirkung auf das Denken: Es verlangsamt sich. Offenbar ist der Biergenuss die Ursache für diese Verlangsamung, das heißt mindestens ein ausgedehnter Gegenstand, nämlich Bier, kann eben doch kausal auf das Denken wirken. Aber auch der umgekehrte Weg ist real: Wenn ein ängstlicher Schüler lange genug an seinen strengen Physiklehrer denkt (Gedanken sind mentale Gegenstände), kann dies seine Darmtätigkeit (der Darm ist ein ausgedehnter Gegenstand) beeinflussen. Wenn Romeo an Julia *denkt* (mentaler Gegenstand), geht sein Puls schneller (der Pulsschlag gehört in die Welt der ausgedehnten Gegenstände).

Dieses Problem, für das sich der Name »Leib-Seele-Problem« eingebürgert hat, ist keine Kleinigkeit. Denn aus dem Leib-Seele-Problem folgt entweder, dass sich die Welt der ausgedehnten Gegenstände eben nicht rein physikalisch erklären lässt (da der Grund für Romeos erhöhten Pulsschlag eben nicht innerhalb der Welt der ausgedehnten Gegenstände, die die Physik beschreibt, zu suchen ist). Oder es folgt daraus, dass irgendetwas an den Voraussetzungen, die zum Leib-Seele-Problem führten, nicht stimmt. Letzteres vermutet (unter vielen anderen) Leibniz. Er versucht mit seiner Monadologie eine Metaphysik aufzubauen, die das Leib-Seele-Problem gar nicht erst entstehen lässt.

Monadologie

Auf den ersten Blick kann es so scheinen, als würde Leibniz das Leib-Seele-Problem verschlimmern, indem er den Leib-Seele-

Dualismus durch die Einführung des Begriffs der Monade gleichsam verstärkt.

»Monade« klingt wie der hintere Teil des Wortes »Limonade«, hat aber nichts mit ihr zu tun. Etwas eklig finde ich das Wort, weil es an Maden erinnert – und mit denen haben Monaden schon eher etwas zu schaffen. Was Leibniz mit »Monade« (von griech. *monas*, Einheit) meint, wird am ehesten klar, wenn man an sich selbst denkt. Das persönliche »Ich« ist eine Monade im folgenden Sinn: Ich habe einen Körper, aber ich bin nicht mein Körper. Seit ich geboren wurde, hat sich in mir eine Menge verändert: Ich habe Sprachen gelernt, ich habe viele Vorstellungen und ein paar Gedanken gehabt, ich hatte und habe Träume; auch mein Körper hat sich seit meiner Geburt verändert: Haare sind gewachsen und (in meinem Fall) wieder ausgefallen, die Gliedmaßen sind länger geworden, Nase, Ohren und Fingernägel tun es wohl noch immer. Aber irgendetwas ist gleich geblieben: Es gibt eine Einheit, in oder an der (oder in Bezug auf die) all diese Veränderungen stattfanden. Diese Einheit nennen wir gewöhnlich »Ich«. Leibniz sagt, dass es »vermittels der Seele oder Form eine wahre Einheit« gibt, »die dem entspricht, was man in uns das *Ich* nennt.« (*Neues System der Natur und des Verkehrs der Substanzen sowie der Verbindung, die es zwischen Seele und Körper gibt*, § 11, S. 215.)

Am Beispiel dieses »Ich« werde ich die in unserem Zusammenhang wesentlichen Merkmale untersuchen, die Monaden laut Leibniz haben. Mit Monade meint Leibniz, das sei gleich vorausgeschickt, aber nicht nur das Ich eines Menschen. Auch Tiere (sogar Maden!) haben Monaden, die Leibniz als »Seelen« bezeichnet. Und sogar in den Pflanzen sind Monaden aktiv. Ich greife auf das menschliche Ich als Standardbeispiel zurück, da sich an ihm am einfachsten nachzuvollziehen lässt, was Leibniz meint, wenn er von Monaden spricht.

Unteilbarkeit und Unausgedehntheit

Zwei wesentliche Merkmale der Monaden sind Unteilbarkeit und Unausgedehntheit.

Das Ich lässt sich nicht teilen, es ist eine unteilbare Einheit. Ich kann mein Ich nicht zersägen und nicht zerschneiden und noch nicht mal in Gedanken zerlegen. (Die Frage, ob multiple Persönlichkeiten dies vielleicht doch können, diskutiert Leibniz nicht.) Ferner ist das Ich kein ausgedehnter Gegenstand. (Ich kann mein Ich nicht an die Wand nageln.)

Leibniz formuliert allgemein für alle Monaden:

> Die Monade, von der wir hier sprechen wollen, ist nichts anderes als eine einfache Substanz, die in dem Zusammengesetzten enthalten ist; einfach sein heißt so viel wie: ohne Teile sein. [*Monadologie*, § 1]

Dieses Zitat ist typisch für Leibniz: Alles klingt wunderbar klar und sogar vergleichsweise einfach, und doch versteht man zunächst überhaupt nicht, worum es eigentlich gehen soll. Das liegt vor allem daran, dass Leibniz mit philosophischem Fachvokabular arbeitet. Konkret stellt sich in diesem Fall die Frage, was eine Substanz ist. Fürs Erste sollte man nicht zuviel in diesen Begriff hineinlesen. Man kann einfach davon ausgehen, dass eine einfache Substanz etwas ist, was sich nicht zerteilen lässt. Leibniz war der Auffassung, dass sich *jeder* ausgedehnte (physikalische) Gegenstand im Prinzip teilen lässt. Er glaubte mithin nicht, dass es kleinste, unteilbare physikalische Teilchen gibt. Ausgedehnte Gegenstände bezeichnet er daher als »Zusammengesetztes« oder »Aggregat«.

Im Umkehrschluss sagt Leibniz:

> Nun ist aber da, wo keine Teile sind, weder Ausdehnung, noch Gestalt, noch Teilbarkeit möglich. [*Monadologie*, § 3]

Eine Monade ist etwas Einfaches, Unteilbares. So etwas nennt Leibniz eine »einfache Substanz«. Da alles, was ausgedehnt ist, laut Leibniz auch teilbar ist, kann eine Monade nur etwas unausgedehntes sein. Denken wir an die Beispiel-Monade, unser Ich: Die Einheit, die ich als mein Ich begreife, ist nicht ausgedehnt und nicht teilbar.

Im Innern der Monade

Die Monade ist zwar einfach (sie hat keine Teile), aber es wird ihr nie langweilig: Im Innern der Monade ist eine Menge los. Nehmen wir als Beispiel wieder das Ich: Ich habe Gefühle, Gedanken, Träume, Empfindungen, Wahrnehmungen, aber auch Wünsche und einen Willen. Somit ist zugleich Vieles (nämlich viele Gedanken, Träume, Empfindungen, Wünsche etc.) in Einem, einer Einheit (dem Ich). Oder wie Leibniz es ausdrückt:

> Wir machen selbst die Erfahrung von einer Vielheit in der einfachen Substanz, wenn wir entdecken, dass der geringste Gedanke, dessen wir uns bewusst werden, eine Mannigfaltigkeit des Vorgestellten einbegreift. Es müssen demnach alle, die die Seele als einfache Substanz anerkennen, diese Vielheit in der Monade zugeben [...]. [*Monadologie*, § 16]

Ich hatte oben die Befürchtung geäußert, dass Leibniz den Leib-Seele-Dualismus von Descartes zu verstärken scheint. Das tut er in meinen Augen tatsächlich, indem er sagt, dass die Monade nach außen geschlossen sei. Die Monade »hat kein Fenster«:

> Es gibt ferner keine Möglichkeit, zu erklären, wie eine Monade durch irgendein anderes Geschöpf in ihrem Innern beeinflusst oder verändert werden könnte, da man nichts in sie hinein übertragen, sich auch keine innere Bewegung in ihr

> selbst vorstellen kann, die in ihr hervorgerufen, geleitet, vermehrt oder vermindert werden könnte – so wie es bei den zusammengesetzten Dingen möglich ist, bei denen es Veränderungen im Verhältnis der Teile zueinander gibt. Die Monaden haben keine Fenster, durch die etwas in sie herein- oder aus ihnen hinaustreten kann. [*Monadologie*, § 7]

Wer gehofft hatte, dass unsere Augen so eine Art Fenster in der Monade sein könnten, sieht sich getäuscht. Laut Leibniz werden die Wahrnehmungen, Vorstellungen und Empfindungen (Perzeptionen, wie Leibniz sagt) weder von äußeren Gegenständen (vermittelt durch die Sinne) verursacht, noch treten sie durch unsere Sinne in unser Bewusstsein (oder auch ins Unbewusste unseres Ich, denn es gibt ja nicht nur bewusste Wahrnehmung). Denn nichts, was sich im Innern der Monade abspielt, ist von außen verursacht. Dennoch spielt sich etwas ab, es gibt Veränderungen im Innern der Monade: Jetzt habe ich zum Beispiel gewisse Farbempfindungen, die mich ziemlich stark vermuten lassen, dass vor mir ein Bildschirm steht. Diese Computer-Bildschirm-Farbempfindungen hatte ich soeben (als ich noch mehr Kaffee aus der Küche geholt habe) nicht. Also hat sich von soeben bis jetzt etwas in meiner Monade, in mir, geändert. Diese Veränderung muss (wie jede Veränderung) irgendeine Ursache haben. Für Leibniz ist ausgeschlossen, dass die Außenwelt etwas damit zu tun hat. Also schließt er:

> Aus dem Gesagten ergibt sich, dass die natürlichen Veränderungen der Monaden aus einem *inneren Prinzip* erfolgen, da eine äußere Ursache keinen Einfluss auf ihr Inneres haben kann. [*Monadologie*, §11]

Als moderner Leser reibt man sich die Augen, dennoch ist der naturwissenschaftlich gebildete Herr Leibniz allen Ernstes der

Meinung, dass in unserem Inneren so eine Art Empfindungsprogramm arbeitet, das einmal angestoßen wurde und seither vollautomatisch abläuft. Die Außenwelt verursacht unsere Empfindungen *nicht*, und das Programm, das diese Empfindungen verursacht, wird durch Eindrücke, die wir von den Gegenständen der Außenwelt haben, auch nicht beeinflusst. Der Leib-Seele-Dualismus (oder genauer: Außenwelt-Seele-Dualismus) wird somit gleichsam in ein felsenfestes Fundament einbetoniert. Die Monaden haben keine Fenster, die Außenwelt muss draußen bleiben. Das Leib-Seele-Problem ist sozusagen die Sprengladung an diesem Fundament, die Leibniz noch entschärfen muss. – Vor der Entschärfung müssen wir allerdings weitere Voraussetzungen klären.

Die Monade und der Körper

Mein Körper ist nicht Teil der Monade. Denn erstens ist mein Körper ausgedehnt, zweitens ist er (grausam, aber wahr) teilbar. Beides sind Eigenschaften, die Monaden nicht haben. Trotzdem ist mein Körper auf sehr enge Weise mit meinem Ich verbunden. Bezogen auf mein Ich kann man sagen: Ich bin nicht mein Körper. Aber ich *habe* einen Körper. Oder wie Leibniz sagt:

> Jede Monade bildet im Verein mit einem ihr eigentümlichen Körper eine lebendige Substanz. [*Vernunftprinzipien der Natur und der Gnade*, § 4]

Der menschliche Körper ist nach Leibniz' Auffassung ebenfalls ein Aggregat (man kann ihn vierteilen – das geht mit einer Monade nicht). Insofern sagt Leibniz im oben bereits zitierten § 1 der *Monadologie* auch etwas über das Verhältnis von Ich und Körper, wenn er schreibt, dass die Monade »nichts anderes« sei, »als eine einfache Substanz, die in dem Zusammengesetzten enthalten ist«. Das Zusammengesetzte, das Aggregat, ist mein Körper. Die darin enthaltene Monade ist mein Ich. Man kann also *nicht* behaupten, dass Leibniz sagt, dass Körper aus Monaden aufgebaut seien. Die Monaden sind nicht (wie in der Sekundärliteratur manchmal behauptet wird) die Atome des Körpers.* Aber man kann sagen: Diese Monade und dieser Körper gehören zusammen. Man findet sie niemals getrennt voneinander. Das gilt nicht nur für mein »Ich«, sondern für die Monaden aller Lebewesen. Einzige Ausnahme von dieser Regel ist Gott: Er ist eine Art körperlose Super-Monade. Oder wie Leibniz sagt:

> Gott allein ist des Körperhaften völlig frei. [*Monadologie*, § 72]

Dass Körper und Monade untrennbar verbunden sind, wirft allerdings die Frage auf, was eigentlich passiert, wenn wir sterben. Nach traditioneller Meinung (vgl. Platons Überzeugung zu diesem Thema, S. 12 f.) gilt, dass im Tod Körper und Seele getrennt sind. Schließlich liegt der tote Körper nur noch herum wie andere leblose Materie auch. Das, was im Leichnam fehlt und beim lebenden Menschen noch da ist, nennen Platon und Aristoteles »die Seele«. Diese Konzeption hat allerdings die (für Platon und das Christentum hochgradig erfreuliche) Konsequenz, dass die Seele eines Menschen auch ohne den Körper

---

* Meine Interpretation wird auch von der folgenden Stelle gestützt, wobei Leibniz nicht von den menschlichen Monaden, sondern von Monaden anderer Lebewesen (Pflanzen und Tieren) spricht (den Tieren gesteht er eine Seele zu, da sie Empfindungen und Erinnerungsvermögen haben, den Pflanzen nur das, was er Entelechie oder auch Kraft nennt: Sie können wachsen, streben nach Licht, empfinden aber nichts): »Der Körper, der einer Monade zugehört, die seine Entelechie [griech. ›das, was seine Vollendung (sein Ziel) in sich hat‹] oder Seele ist, konstituiert im Verein mit der Entelechie das, was man Lebewesen nennen kann, und im Verein mit der Seele das, was man Tier nennt.« [*Monadologie*, § 63]

existieren kann. So erstaunlich es auch scheinen mag: Der Protestant Leibniz teilt diese Meinung nicht. Das Himmelreich muss uns dennoch nicht verwehrt sein. Leibniz glaubt, dass der Körper im Sterben und im Tod einem Verwandlungsprozess unterworfen ist, und zwar im Prinzip demselben, dem der Körper schon zu Lebzeiten unterliegt:

> Man darf sich indessen nicht einbilden – wie das einige infolge eines Missverständnisses meiner Lehre getan haben –, dass jede Seele eine Masse oder ein bestimmtes Stück Materie habe, das ihr für immer zugeteilt sei, und dass sie folglich andere niedere Lebewesen besitze, die dazu bestimmt seien, ihr stets zu Diensten zu stehen. Denn alle Körper sind in immerwährendem Fluss, wie die Ströme, und es treten unaufhörliche Teile ein und aus. [*Monadologie*, § 71]

Der Körper wird, nach Leibniz Darstellung, verwandelt, aber er bleibt mit der Monade verbunden. Zum Beispiel hat die kleine Raupe Nimmersatt dieselbe Monade wie der Schmetterling am Ende des Bilderbuchs – nur der Körper der Raupe Nimmersatt hat eine Metamorphose durchgemacht.

> Die Seele wechselt demnach ihren Körper nur nach und nach und gradweise, so dass sie niemals mit einem Schlag aller ihrer Organe beraubt ist; und es findet bei den Tieren häufig eine Metamorphose statt, niemals aber eine Metempsychose oder Seelenwanderung: ebenso wenig gibt es ganz und gar *für sich bestehende Seelen*, wie keine reinen Geister ohne Körper. [*Monadologie*, § 72]

Leibniz' Konsequenz aus diesen Überlegungen lautet, dass wir streng genommen gar nicht sterben, wenn man (mit Platon) unter dem Sterben die Trennung von Leib und Seele versteht:

Aus diesem Grunde gibt es auch niemals eine völlige Neu-
erzeugung und niemals im strengen Sinne einen völligen, in
der Trennung der Seele vom Körper bestehenden Tod. Und
was wir *Zeugung* nennen, sind Entwicklungen und Wachstum, wie das, was wir *Tod* nennen, Rückbildungen und
Verminderungen sind. [*Monadologie*, §73]

Der Gedanke, dass Monaden nicht gezeugt oder geschaffen
werden können, folgt für Leibniz aus dem Gedanken der Unteilbarkeit der Monade. Denn wenn etwas geschaffen oder gezeugt wird, dann doch aus Teilen (aus runden und eckigen
Bauklötzen kann man zum Beispiel einen Turm schaffen). Die
Monaden aber haben ja gerade *keine* Teile, also, so Leibniz,
können sie nicht geschaffen werden. Und aus demselben
Grund können sie auch nicht vergehen – nicht, weil Unkraut
nicht vergeht, sondern weil das, was vergeht, sich in seine Bestandteile auflöst. Was keine Bestandteile hat, kann sich nicht
in Teile auflösen. Monaden werden daher, so Leibniz weiter,
von einem Schöpfer (Gott) geschöpft (und bei Bedarf auch
wieder vernichtet). Leibniz sagt, »dass die Monaden nur mit einem Schlag entstehen oder vergehen können, das heißt sie
können nur durch Schöpfung entstehen und nur durch Ver-
nichtung vergehen« (*Monadologie*, § 6).
Das alles klingt nicht nur hochgradig spekulativ. Das ist hochgradig spekulativ. Aber es kommt noch wilder: Auch die Welt
außerhalb der Monade unterliegt (laut Leibniz) einem genialen, göttlichen Plan.

Die Welt als Kalkül Gottes

Die Welt außerhalb der Monade ist nach Leibniz' Überzeugung einfach wunderbar: Wir leben in der besten aller möglichen Welten, und Gott hat diese Welt ein für allemal eingerichtet.

Aus [der] höchsten Vollkommenheit Gottes folgt, dass er bei der Hervorbringung des Universums den bestmöglichen Plan gewählt hat. [*Vernunftprinzipien*, § 10]

[A]lle Dinge sind ein für allemal nach größtmöglicher Ordnung und Übereinstimmung eingerichtet, da die oberste Weisheit und Güte nicht anders als in vollkommener Harmonie handeln kann. [*Vernunftprinzipien*, §13]

Leibniz' Bild von der Erschaffung der Welt kann man sich so vorstellen: Gott hat, wie bei einem mathematischen oder logischen Kalkül, alle möglichen Naturgesetze erwogen und beschlossen, dass die Naturgesetze, nach denen unser Universum (laut Leibniz) funktioniert, die besten sind. Somit hat Gott die beste aller möglichen Welten geschaffen. – Spätestens seit Darwins Evolutionstheorie, die die zufällige Mutation und die Selektion in den Mittelpunkt der Erklärung der Entstehung der natürlichen Arten stellt, muss man sich wohl von dieser leibnizschen Vorstellung verabschieden. Aber auch Hegel bekam (unabhängig von Darwins Erkenntnissen) bei Leibniz' Darstellung bereits Bauchschmerzen:

Leibniz' *Theodizee* [Lehre von der Rechtfertigung Gottes] ist für uns nicht mehr recht genießbar; es ist eine Rechtfertigung Gottes über die Übel in der Welt. Das Resultat ist Optimismus, auf den hinkenden Gedanken gestützt, Gott habe, da einmal eine Welt habe werden sollen, aus den vielen möglichen Welten die möglichst beste, die vollkommenste erwählt, insofern sie vollkommen sein konnte bei dem Endlichen, was sie enthalten sollte. [Hegel: *Vorlesungen über die Geschichte der Philosophie III*, S. 237]

Um Leibniz weiterzulesen, muss man ein Auge zudrücken und ihm diesen Punkt vorläufig schenken – auch wenn er einer der zentralen Punkte der Kritik an Leibniz ist. Leibniz geht davon aus, dass alles in der Natur nach einem göttlichen Plan abläuft. Ebenso tauchen die Wahrnehmungen und Empfindungen in der Monade nach einem göttlichen Programm auf.

Bis zu dieser Stelle haben wir es mit einem beinharten Dualismus zu tun: Die Welt des Mentalen, das Innenleben der Monade, rührt nicht von der Außenwelt her und hat keinen Einfluss auf sie.

Nun stellt sich in unserem Zusammenhang die Frage: Wie löst Leibniz das Leib-Seele-Problem? (Denn auch er kannte die Wirkung von Bier auf das Denken.)

Leibniz' Antwort lautet: »prästabilierte Harmonie«. Gott hat an alles gedacht und sozusagen das Empfindungsprogramm in der Monade mit den tatsächlichen Bewegungen der Außenwelt harmonisiert, sodass immer dann, wenn ich meinen Arm willentlich hebe, gilt: Kurz bevor mein Arm sich hebt, entsteht in meinem Bewusstsein der Wille, den Arm zu heben. Während sich der Arm dann hebt (was als eine Aktion des Körpers seine Ursachen einzig und allein in der Welt der ausgedehnten Gegenstände haben muss), entsteht (nicht etwa aufgrund von Sinneswahrnehmungen, Neuronen oder dergleichen, sondern nach internen Prinzipien der Monade) in meinem Geist die Empfindung, dass ich den Arm hebe. Beides, die Empfindung und das Heben des Armes geschieht gleichzeitig, ohne dass das eine auf das andere kausal wirkt, da Gott uns so programmiert und die Natur so eingerichtet hat. Bei Leibniz liest sich dieser Gedankengang so:

Nach diesem System [dem System der prästabilierten Harmonie] wirken die Körper so, als ob es (was eigentlich unmöglich ist) gar keine Seelen gäbe; und die Seelen wirken, als ob es gar keine Körper gäbe; und alle beide tun so, als ob eines das andere beeinflusste. [*Monadologie* § 81]

Das Leib-Seele-Problem löst sich mit der prästabilierten Harmonie in Wohlgefallen auf: Bier wirkt demnach nicht auf das Denken. Es wirkt nur auf das Gehirn. Aber in seiner weisen Voraussicht hat Gott die Natur und die Monaden so eingerichtet, dass auch ohne kausale Verknüpfung gilt, dass sich mein Denken immer genau dann verlangsamt, wenn ich Bier in meinen Körper gieße.

Während diese Spekulationen Hegel »ungenießbar« erschienen, empfand Leibniz sie als besonders ästhetisch:

Da ich so gezwungen war zuzugeben, dass es nicht möglich ist, dass die Seele oder irgendeine andere wahre Substanz etwas von außen empfangen kann, es sei denn durch die göttliche Allmacht, so wurde ich unmerklich zu einer Auffassung hingeleitet, die mich erstaunte, die mir aber unausweichlich schien und die in der Tat große Vorzüge und sehr beträchtliche Schönheit aufweist. Man muss nämlich sagen, dass Gott die Seele oder jede wirkliche Einheit dieser Art von Anfang an so geschaffen hat, dass ihr durch eine vollkommene *Spontaneität* in Anbetracht ihrer selbst und doch in vollkommener *Übereinstimmung* mit den Dingen außer ihr alles aus ihrem eigenen Grunde entstehen muss. [*Neues System*, § 14]

Über Geschmacksurteile zu streiten ist bekanntlich müßig, daher will ich Leibniz die Freude an seiner eigenen Theorie nicht vermiesen. Aber die Schönheit einer Theorie (und sei sie noch so »beträchtlich«) ist eben kein Garant dafür, dass die besagte Theorie auch wahr ist. Ebenso verhält es sich mit den »großen Vorzügen«. Die Behauptung, dass es eine von Gott bei der Erschaffung des Universums und aller Monaden gleich mitgelieferte Harmonie zwischen Außenwelt und Innenwelt gäbe, hat natürlich gewaltige Vorteile – für die leibnizsche Monadenlehre. Die These von der prästabilierten Harmonie (zwischen der Außenwelt und der Innenwelt) nimmt dem Leib-Seele-Problem seine Sprengkraft. Doch dieser »große Vorzug« beweist nicht, dass die Behauptung, es gäbe die prästabilierte Harmonie tatsächlich, auch wahr ist. Im Gegenteil: Nur wenn man voraussetzen kann, dass die These von der prästabilierten Harmonie wahr ist, kann diese das Leib-Seele-Problem entschärfen. Den Nachweis der Wahrheit dieser Hypothese bleibt Leibniz aber schuldig. Er wirbt für seine Hypothese mit dem Argument, dass es bisher keine bessere Erklärung gebe, und ist sogar der Ansicht, dass man das Leib-Seele-Problem gar nicht anders lösen könne:

> [Man kann] sagen, dass sie [die These von der prästabilierten Harmonie] etwas mehr als nur eine Hypothese ist, weil es nicht möglich scheint, die Dinge auf eine andere verständliche Weise zu erklären, und weil mehrere bedeutende Schwierigkeiten, die bisher die Geister beschäftigt haben, von selbst zu verschwinden scheinen, wenn man sie recht verstanden hat. [*Neues System*, § 17, S. 223f.]

So optimistisch Leibniz sich gibt, was die Welt angeht, so pessimistisch ist er, was die Lösung des Leib-Seele-Problems betrifft. Vermutlich ist er in Bezug auf die Welt einen Tick zu optimistisch und in Bezug auf die Möglichkeiten, das Leib-Seele-Problem zu knacken, zu pessimistisch. Mit anderen Worten: Es müsste mit dem Teufel zugehen, wenn es keine bessere, weniger spekulative Lösung für dieses Problem gäbe.

Für Touristen

Wer sich Leibniz nähern will, sollte nach Hannover reisen und sich dort mindestens einen Tag, besser noch eine Woche lang aufhalten und sich kräftig darüber ärgern, dass er gerade nicht in Paris, London, Wien, Berlin oder wenigstens Dresden ist. Mit diesem Ärger im Bauch besucht sich das Grab von Leibniz (Hannover, Neustädter Hof- und Stadtkirche St. Johannis) mit der gebotenen Anteilnahme. – Nach diesem Pflichtprogramm sollte man sich mit einem Besuch in Wolfenbüttel, wo Leibniz als Bibliothekar wirkte, belohnen.

In Hannover liegt auch Leibniz' Nachlass, denn die Herzöge waren pfiffig (oder dreist) genug, Leibniz' gesamte Korrespondenz direkt nach seinem Tod zu beschlagnahmen. (Der Mann war Beamter, da konnten sich überall Staatsgeheimnisse befinden.) Der Wirkung von Leibniz war dies nicht gerade zuträglich – was dem Herzog egal gewesen sein wird. Im Jahr 2007 ist die wissenschaftliche Korrespondenz von Leibniz (der mit allen Geistesgrößen seiner Zeit (Newton, Locke etc.) in (notgedrungen nur schriftlichem) Kontakt stand) in das UNESCO Weltdokumentenerbe aufgenommen worden. Somit stehen die 15000 Briefe nun auf einer Stufe mit der Gutenberg-Bibel, Beethovens 9. Sinfonie und den Märchen der Brüder Grimm, und (Ironie der Geschichte) ausgerechnet das von Leibniz so gehasste Hannover hat eine Leibniz-Attraktion.

Kapitel 7

Die Macht der Gewohnheit

David Hume

Unter Schülern ist Philosophie verschrien als ein »Laberfach«, wobei mit »Gelaber« das belanglose, falsche oder in seinem Wahrheitsgehalt schwer bestimmbare Geschwätz von Leuten gemeint ist, die mehr am rhetorischen Wettstreit (oder auch nur am Klang ihrer eigenen Stimme) als an der Wahrheitsfindung interessiert sind. David Hume (* 1711 in Edinburgh; † 1776 ebd.) gehört zu den sympathischen Philosophen, denen Gelaber entschieden gegen den Strich ging. Er hat es sich (unter anderem) zur Aufgabe gemacht, gegen »jene unzugängliche Philosophie und das metaphysische Kauderwelsch« vorzugehen, »welches, vermischt mit dem populären Aberglauben, dieselbe für sorglose Denker gewissermaßen undurchdringlich macht und ihr das Ansehen von Wissenschaft und Weisheit verleiht« (Hume: *Eine Untersuchung über den menschlichen Verstand* (im Folgenden kurz *Untersuchung*), 1. Abschnitt, 12. Absatz, S. 11). Mit anderen Worten: Hume hasst schlechte Metaphysik und zieht gegen die Scharlatane, die sie vertreten, zu Felde.

Was ist und wie bekämpft man schlechte Metaphysik?

Hume lehnt nicht die gesamte Metaphysik in Bausch und Bogen ab. Unter Metaphysik versteht man seit der Antike die »erste Philosophie« oder eben die Philosophie »hinter der Physik«. Die Physik untersucht die konkreten Gegenstände mit ihren Eigenschaften und Beziehungen zueinander. Zur Metaphysik zählen wir hingegen philosophische Theorien, die allgemeiner und abstrakter nach den Bedingungen des Seins fragen als die Naturwissenschaften. (Platon vertritt zum Beispiel die metaphysische These, dass alle Dinge Abbilder von (platonischen) Ideen seien.) Eine metaphysische Theorie ist, in Humes Augen, nicht genau dann schlecht, wenn sie schwer verständlich und abstrakt formuliert ist, denn es ist ja nicht ausgemacht, dass nur diejenige Theorie richtig ist, die leicht zu verstehen ist. Der entscheidende Vorwurf, der aus einer Metaphysik eine schlechte Metaphysik macht, lautet, so Hume, dass sie zu »Irrtum und Ungewissheit« führt:

Man hat aber gegen die Dunkelheit dieser tiefsinnigen und abstrakten Philosophie nicht nur geltend gemacht, dass sie beschwerlich und ermüdend, sondern auch, dass sie die unvermeidliche Quelle von Ungewissheit und Irrtum ist. Hierin liegt allerdings der gerechteste und einleuchtendste Einwand gegen einen beträchtlichen Teil der Metaphysik: Dass sie nicht eigentlich eine Wissenschaft ist, sondern entweder das Ergebnis fruchtloser Anstrengungen der menschlichen Eitelkeit, welche in Gegenstände eindringen möchte, die dem Verstand durchaus unzugänglich sind, oder aber das listige Werk des Volksaberglaubens, welcher auf offenem Plan sich nicht verteidigen kann und hinter diesem verstrickenden Gestrüpp Schutz und Deckung für seine Schwäche sucht. [*Untersuchung*, 1. Abschnitt, 11. Absatz, S. 9 f.]

In diesem Zitat werden zwei Arten von schlechter Metaphysik genannt:

1. Schlecht ist eine Metaphysik, wenn sie von Dingen handelt, die für uns Menschen grundsätzlich nicht erkennbar sind.
2. Schlecht ist eine Metaphysik, die auf Aberglauben beruht.

In beiden Fällen lautet der Vorwurf, dass solche Theorien pure Spekulationen sind, die sich der Überprüfbarkeit entziehen. Hume sieht nur einen Weg, um das Gelaber abzustellen und die schlechte Metaphysik ein für alle mal aus dem Bereich der Wissenschaften* zu verbannen:

> Die einzige Methode, die Wissenschaft mit einem Mal von solchen unzugänglichen Fragen frei zu machen, besteht in einer ernstlichen Untersuchung der Natur des menschlichen Verstandes und in dem aus genauer Zergliederung seiner Kräfte und Fähigkeiten gewonnenen Nachweis, dass er keineswegs für solche entlegenen und dunklen Gegenstände geeignet ist. [*Untersuchung*, 1. Abschnitt, 12. Absatz, S. 10f.]

Humes Gedanke ist folgender: Wenn es Theorien gibt, deren Wahrheitsgehalt wir generell nicht überprüfen können, dann ist es doch das Gescheiteste, wenn wir erst einmal untersuchen, was wir überhaupt verstehen und überprüfen können. Also, schließt Hume, müssen wir unseren Verstand, unser Denkvermögen, genau analysieren. Wenn wir wüssten, zu was unser Verstand fähig ist (und zu was er eben nicht fähig ist), dann könnten wir die schlechte Metaphysik abwehren. Denn dann könnten wir einfach sagen: Wir beschäftigen uns (in den seriösen Wissenschaften) ausschließlich mit Dingen, die wir verstehen und begreifen können. Dank der Analyse des Verstandes hofft Hume, den Bereich des Verständlichen ausreichend genau bestimmen zu können – und er ist darüber hinaus der

---

* Hume verbietet niemandem, außerhalb der wissenschaftlichen Forschung schlechte Metaphysik zu treiben – wem es Spaß macht, der kann sich die irrsten Theorien ausdenken (Verschwörungstheorien sind ja zum Beispiel ein recht beliebtes Thema in diversen Hollywood-Filmen); problematisch wird dieses Treiben erst, wenn jemand uns solche unüberprüfbaren Spinnereien als philosophische oder wissenschaftliche Theorien (die den Anspruch haben, wahr zu sein) verkaufen will.

Meinung, dass dies die einzige Möglichkeit sei, wirksam gegen schlechte Metaphysik vorzugehen. In diesem letzten Punkt ist Hume zu pessimistisch: Sein Versuch, durch eine Analyse der Verstandesfähigkeiten zu klären, welche Fragen für uns Menschen grundsätzlich nicht beurteilbar sind, ist durchaus nicht der einzige Weg, gegen schlechte Metaphysik vorzugehen. Im 20. Jahrhundert sind Ludwig Wittgenstein und die Philosophen des Wiener Kreises (allen voran Rudolf Carnap) einen anderen Weg gegangen: Sie analysierten nicht den Verstand, sondern die Fragen, die sich schlechte Metaphysik stellt, und die Antworten, die sie gibt. Sie hofften, durch eine solche Sprachanalyse, die Probleme, mit denen sich schlechte Metaphysik befasst, als Schein-Probleme entlarven zu können.*

Humes Analyse des Verstandes
Hume vertritt methodisch ein empiristisches Programm: Seine Untersuchung des menschlichen Verstandes soll nur durch Erfahrung und Beobachtung begründet werden.

> Wie die Lehre vom Menschen [unter die auch die Untersuchung des menschlichen Verstandes fällt] die einzig feste Grundlage für die anderen Wissenschaften ist, so liegt die einzig sichere Grundlage, die wir dieser Wissenschaft geben können, in der Erfahrung und Beobachtung. [*Traktat über die menschliche Natur* (im Folgenden kurz *Traktat*), Einleitung, S. 4]

Dementsprechend beginnt er seine Untersuchung auch mit einer Beobachtung:

---

* Vgl. unten, 14. Kapitel: »Fragen und andere Krankheiten der Philosophie – Wittgenstein«; ferner Rudolf Carnap: »Scheinprobleme in der Philosophie«; ders.: »Von Gott und Seele. Scheinfragen in Metaphysik und Theologie«.

Jedermann wird zugeben, dass ein beträchtlicher Unterschied zwischen den Perzeptionen des Geistes besteht, wenn jemand den Schmerz übermäßiger Hitze oder die Lust mäßiger Wärme empfindet und wenn er später diese Wahrnehmung in seinem Gedächtnis zurückruft oder durch seine Einbildungskraft vorausnimmt. [*Untersuchung*, 2. Abschnitt, 1. Absatz, S. 17]

Drei Termini sind für Humes Untersuchung zentral: *perception, impression* und *idea*. Ich erläutere die drei Begriffe der Reihe nach.

Was Hume als *perception* bezeichnet wird von deutschen Übersetzern meist mit »Perzeption« wiedergegeben, was insofern eine unglückliche Übersetzung ist, als das englische Wort *perception* kein fachsprachliches Fremdwort, sondern im Gegenteil ein gebräuchliches Wort der englischen Sprache ist, das eine ziemliche Bedeutungsbreite aufweist. Mit *perception* kann je nach Kontext gemeint sein: Wahrnehmung, Erkenntnis, Einsicht, Beobachtung, Auffassung. Hume will diese ganze Bandbreite offensichtlich mitgedacht wissen. Alles Mögliche, scheint er sagen zu wollen, was uns überhaupt in den Sinn, ins Bewusstsein kommen kann (alle Sinneswahrnehmungen, alle Gefühle, alles Wollen, Wünschen, Lieben und Hassen, alle Gedanken, Erinnerungen und Vorstellungen), das alles nenne ich *perception*. Insofern wäre »Bewusstseinsinhalt« die bessere Übersetzung dieses Oberbegriffs, denn das scheint zu sein, was Hume meint. Dummerweise formuliert Hume aber nicht so exakt, dass dies an allen Stellen, an denen er von *perception* spricht, eine korrekte Übersetzung wäre. Denn wie Lipps in seinem Kommentar zum *Traktat* anmerkt, bezeichnet Hume nicht nur die Bewusstseinsinhalte als *perception*: »Perception‹ ist bei Hume ebenso wohl der Akt des Perzipierens [...].« Und, schlimmer noch, gibt es auch noch eine dritte Bedeutung: »Andererseits wird vom Inhalt der

Perzeption [...] der in den Inhalten gedachte oder durch sie re-
präsentierte Gegenstand nicht geschieden.« (Theodor Lipps,
Anmerkung 8, in: Hume: *Traktat*, 1. Buch, S. 8) Hume nennt
also drei Dinge *perception*. Angenommen ich sehe eine Tomate,
dann gibt es das Ereignis der Wahrnehmung (jetzt sehe ich die
Tomate), den Inhalt der Wahrnehmung (d.i. die Repräsentati-
on der Tomate in meinem Bewusstsein) und natürlich der Gegenstand, den ich wahrnehme (die Tomate). Dass Hume diese
drei Aspekte begrifflich nicht trennt, ist natürlich hochgradig
problematisch. (Schließlich besteht ein gewaltiger Unterschied
zwischen den drei Aspekten: kein Mensch kann aus Bewusstseinsinhalten oder Wahrnehmungsakten einen Tomatensalat
zubereiten!)
Hume unterscheidet zwei Arten von Bewusstseinsinhalten *(per-
ceptions)*, denen er später die Namen Eindrücke *(impressions)* und
Ideen *(ideas)* geben wird. Den Unterschied illustriert Hume im
obigen Zitat folgendermaßen: Wenn ich meinen Finger lange
und nah genug über die Kerzenflamme halte, empfinde ich
Schmerz. Ich kann mich später an diesen Schmerz erinnern.
Wenn ich mich an den Schmerz erinnere, habe ich eine Schmerz-
Erinnerung, aber ich empfinde keinen Schmerz. Hume nennt die
erste Art von Erlebnis (das Schmerzerlebnis) *impression* (übersetzt
wird dies meist mit dem deutschen Wort »Eindruck«). Alle unse-
re Empfindungen, Wahrnehmungen, aber auch alle Gefühle, alles Wollen, Lieben, Hassen etc. sind nach Humes Terminologie
Eindrücke *(impressions)*. Hume unterscheidet die Eindrücke wei-
ter in innere und äußere. Zu den äußeren Eindrücken gehört die
Sinneswahrnehmung (Sehen, Hören, Riechen, Schmecken,
Fühlen). Die inneren Eindrücke gewinnen wir dank Selbst-
Wahrnehmung (Hassen, Lieben, Wollen etc.).
Erinnerungen und Vorstellungen sind ebenfalls etwas, was in
unser Bewusstsein treten kann. Sie gehören laut Hume aber
nicht zu den *impressions*, sondern zu einer zweiten Kategorie

von Geistesinhalten, die er *ideas* nennt. Das englische Wort *idea* wird im Deutschen manchmal mit »Idee«, manchmal mit »Vorstellung« wiedergegeben. Die humeschen Ideen sind aber keine platonischen Ideen, denn Hume siedelt seine *ideas* ja gerade im Geist an, während Platons Ideen über-individuell im Ideenhimmel zu Hause sind. Hume sagt von den Ideen, dass sie Bilder der Eindrücke seien. Sie zeichnen sich dadurch aus, dass sie weniger stark und lebhaft im Bewusstsein sind als die Eindrücke:

> Man kann […] alle Perzeptionen des Geistes in zwei Klassen oder Arten teilen, die sich durch den verschiedenen Grad ihrer Stärke und Lebhaftigkeit unterscheiden. Die minder eindringlichen und lebendigen nennt man gewöhnlich Gedanken oder Ideen. […] Unter der Bezeichnung *Eindruck* verstehe ich […] alle unsere lebhafteren Perzeptionen, wenn wir hören, sehen, tasten, lieben, hassen, wünschen oder wollen. [*Untersuchung*, 2. Abschnitt, 3. Absatz, S. 18]

Hume scheint Beispiele der folgenden Art als Beleg für diese Meinung zu betrachten: Wenn ich einen Kaffeelöffel vor mir auf dem Schreibtisch liegen sehe, habe ich einen klaren Eindruck von ihm. Ich kann, solange ich ihn sehe, genau sagen, welche Form er hat, wo ein Kaffee-Rest klebt, wie die Verzierung am Griff aussieht usw. – solange ich den Löffel sehe, habe ich einen Eindruck *(impression)* von ihm. Wenn ich den Löffel aber in die Küche gebracht habe und wieder am Schreibtisch sitze, kann ich mich an den Löffel nur noch erinnern. Erinnere ich mich an den Löffel, ist mir seine Erscheinung nicht mehr ganz so deutlich – war der Kaffee-Rest genau in der Mitte oder am Rand? War er verwischt? Laufen die Verzierungen am Griff in Spiralen aus oder sind es kleine Kreise? Das erinnerte Abbild des Löffel-Eindrucks, die Löffel-Erinnerung ist offenbar nicht so klar und deutlich (ich kann nicht mehr so viele Details benennen) wie die Wahrnehmung (der Löffel-Eindruck) selbst.

An diesem Beispiel wird bereits deutlich, dass Ideen und Eindrücke nicht einfach nebeneinanderstehen; Erinnerungen können ja nur Erinnerungen von etwas sein, und dieses »etwas« sind immer Eindrücke. Hume vertritt darüber hinaus die Meinung, dass *jede* Idee (d.h. alles, was wir uns überhaupt vorstellen oder ausdenken oder an was wir uns erinnern können) auf Eindrücke oder auf einfachere Ideen zurückzuführen ist, die ihrerseits auf Eindrücke zurückzuführen sind. Diese Abhängigkeit der Ideen von den Eindrücken passt hervorragend in Humes empiristisches Programm, denn die Eindrücke sind ja verursacht durch Erfahrungen und Beobachtungen.

Diese These klingt bei Hume so:

> [A]ller Stoff des Denkens ist entweder von unserem äußeren oder inneren Gefühl abgeleitet. Einzig die Mischung und Zusammensetzung fällt dem Geist und dem Willen zu. Oder, um mich philosophisch auszudrücken: Alle unsere Ideen oder schwächeren Perzeptionen sind Kopien unserer Eindrücke oder lebhafteren Perzeptionen. [*Untersuchung*, 2. Abschnitt, 5. Absatz, S. 19]

Hume scheint ein fantasieloser Mensch gewesen zu sein. Denn er schließt die Möglichkeit aus, dass sich jemand etwas ganz und gar Neues ausdenkt, etwas, das *zuerst* als Idee ins Bewusstsein tritt, als Idee, die eben nicht eine Mischung aus anderen Ideen oder Eindrücken ist. Laut Hume ist jede neue Idee, die wir uns ausdenken, nur eine Zusammensetzung und Vermischung aus einfacheren Ideen oder aus Eindrücken. Und jede einfache Idee lässt sich, so Hume, auf einen Eindruck zurückführen, dessen Kopie sie ist. Das klingt zwar schön empiristisch, stimmen tut es aber vermutlich nicht. Hume diskutiert das Beispiel vom Goldenen Berg, den sich Menschen ausgedacht haben. Vom Goldenen Berg kann man tatsächlich sagen, dass er aus zwei Vorstellungen zusammengesetzt ist (Gold und Berg), die wir jeweils als Eindrücke (Inhalte der jeweiligen Sinneswahrnehmung) *vor* der Idee (Vorstellung) vom Goldenen Berg gehabt haben.

Doch in der Geschichte der Technik gibt es Gegenbeispiele, die Humes These ziemlich zweifelhaft erscheinen lassen. Es ist Menschen möglich, sich etwas Neues auszudenken, das nicht nur eine neue Mischung von dem ist, was sie schon aus der Sinneswahrnehmung oder aus anderen Ideen kennen. Aus welchen bereits bekannten Bestandteilen wurden zum Beispiel die ersten Linsen (ich meine Vergrößerungsgläser, nicht das Gemüse) »zusammengesetzt«? Wir wissen nicht, wer das Rad erfunden hat, aber es ist irgendwann erfunden worden. Der Erfinder des Rades könnte sich doch ein Rad ausgedacht haben, ohne es vorher gesehen zu haben. Ist das Rad eine Mischung und Verbindung aus wahrnehmbaren Einzelteilen? Und wie steht es mit Messer, Gabel, Löffel und Telefon? Zweifelsohne sind viele Erfindungen durch die Beobachtung der Natur inspiriert oder eine Weiterentwicklung bereits bekannter Komponenten oder Gedanken. Aber gilt das für alle? Auch wenn es Hume nicht ins empiristische Programm passt: Wir Menschen können uns hin und wieder etwas Neues einfallen lassen. Hume selbst gesteht diese Möglichkeit zu. Er hält den folgenden Fall für möglich: Es könnte sein, dass jemand einen unvollständigen Farbverlauf (z. B. von Dunkelblau bis Hellblau, mit einer Lücke bei gewissen Farbwerten) im Geist ergänzt, auch wenn er die fehlenden Farbwerte noch nie gesehen hat. Hume schätzt diesen Fall aber als »so vereinzelt« ein, »dass er kaum unserer Beachtung wert ist und nicht verdient, dass wir allein seinetwegen unseren allgemeinen Grundsatz abändern«

(*Untersuchung*, 2. Abschnitt, 8. Absatz, S. 22). Die Lässigkeit, mit der Hume über die von ihm selbst entdeckte Möglichkeit, die er doch mit seinem Grundsatz ausgeschlossen hatte, hinweggeht, ist verblüffend. Gerechtfertigt ist sie aber nicht! Analog kann man auch nicht zu Recht behaupten, dass alle Wege nach Rom führen und dann, wenn man die A 46 entdeckt hat (die nicht nach Rom, sondern nach Wuppertal führt), argumentieren: »Ach, die A 46! Das ist ja nur *ein* Weg. Ich ändere doch nur wegen eines einzigen Weges meine schöne Behauptung nicht und bleibe dabei, dass alle Wege nach Rom führen.« Hume müsste seinen Grundsatz also eigentlich abändern zu: »*Einige* unserer Ideen oder schwächeren Perzeptionen sind Kopien unserer Eindrücke oder lebhafteren Perzeptionen.«

Mit den bisher getroffenen Unterscheidungen will Hume die schlechte Metaphysik ausmerzen. Er beschreibt, wie seiner Meinung nach schlechte Metaphysik entsteht und wie man sie entlarven kann.

Alle Ideen, besonders die abstrakten, sind von Natur matt und dunkel: Der Geist hat sie nur wenig in der Gewalt, sie werden leicht mit anderen ähnlichen Ideen verwechselt; und haben wir häufig einen Ausdruck gebraucht, wenn auch ohne feste Bedeutung, so bilden wir uns leicht ein, dass eine bestimmte Idee mit ihm verknüpft sei. Im Gegensatz dazu sind alle Eindrücke, das heißt alle Wahrnehmungen, äußere wie innere, stark und lebendig; die Grenzen zwischen ihnen sind genauer bestimmt, und was sie anlangt, ist es nicht leicht, zu irren oder fehlzugreifen. Haben wir daher Verdacht, dass ein philosophischer Ausdruck ohne irgendeinen Sinn *(meaning)* oder eine Idee gebraucht werde, was nur zu häufig ist, so brauchen wir bloß nachzuforschen, *von welchem Eindruck stammt diese angebliche Idee her?* Und lässt sich durchaus kein solcher aufzeigen, so wird dies zur Bestätigung unseres Verdachts dienen. [*Untersuchung*, 2. Abschnitt, 9. Absatz, S. 22]

Was als Untersuchung über den menschlichen Verstand begann, wird nun doch eher eine Untersuchung der Sprache: Denn hier ist ja nicht nur von Ideen und Eindrücken, sondern auch von Ausdrücken und dem sprachlichen Sinn oder der Bedeutung *(meaning)* von Ausdrücken die Rede. Das Bild von Sprache, das Hume hier voraussetzt, ist nicht ganz klar. Klar scheint nur zu sein, dass es laut Hume bestimmte Ausdrücke gibt, die mit »Ideen verbunden« sind. (Wie diese Verbindung genau aussieht, sagt er uns an dieser Stelle nicht.) Sein Verdacht lautet nun, dass in schlechter Metaphysik ein »philosophischer Ausdruck ohne irgendeinen Sinn *(meaning)* oder eine Idee gebraucht« wird. Denken wir uns ein Stück schlechte Metaphysik aus. Meine metaphysische Mini-Theorie soll erklären, was der Grund des Donners ist. Die Theorie sagt: Wenn der Gott Thor mit seinem Hammer an die Pforten des Himmels haut, dann kracht es so laut, dass wir es auf der Erde als Donnergrollen hören.

Nach Humes Vorschlag müsste man bei dieser Mini-Theorie jetzt nachsehen, ob die Ausdrücke auch mit einer Idee verbunden sind und auf welchen Eindrücken diese Idee beruht. Und da werden wir bei den Ausdrücken »Gott Thor« und »Pforten des Himmels« auf große Schwierigkeiten stoßen. Denn die Idee oder Vorstellung des Gottes Thor lässt sich nicht auf einen oder mehrere Thor-Wahrnehmungen (Eindrücke) zurückführen – mithin erweist sich die Idee oder Vorstellung von Thor als Schein-Idee und der Ausdruck »der Gott Thor«, so scheint Hume sagen zu wollen, als bedeutungslos. Unsere Mini-Theorie des Donners wäre somit als schlechte Metaphysik entlarvt, die über gar nichts redet (denn den Gott Thor gibt es ja nicht) und so tut, als rede sie über etwas. Und solche Theorien, da hat Hume recht, gehören auf den Schrottplatz der Philosophiegeschichte.

Humes Vorwurf an die Adresse der schlechten Metaphysik lautet: »Hier werden Ausdrücke ohne Bedeutung gebraucht!« In diesem Punkt aber irrt er. Denn der Ausdruck »der Gott Thor« hat eine Bedeutung – wir können Sätze wie »Thor ist stinksauer und haut mit seinem Hammer gegen die Himmelspforten« verstehen, also haben auch alle Bestandteile dieses Satzes (die Worte) eine Bedeutung. Der Vorwurf der Bedeutungslosigkeit ist also nicht der Vorwurf, der die schlechte Metaphysik trifft. Allerdings zielt Hume in die richtige Richtung: In unserer Mini-Theorie wird ein Ausdruck gebraucht (»Gott Thor«), unter den kein realer Gegenstand fällt. Die Mini-Theorie setzt aber voraus, dass der Name »Thor« jemanden benennt und dass der Träger des Namens existiert. (Denn wer nicht existiert, kann auch nicht hämmern.) Das aber ist nicht der Fall. *Dieser* Vorwurf, das heißt Ausdrücke zu gebrauchen, unter die keine Gegenstände fallen, und zu behaupten oder vorauszusetzen, dass Gegenstände existierten, die in Wahrheit nicht existieren, ist in meinen Augen der Vorwurf, den man gegen schlechte Metaphysik erheben sollte. (Schlechte Metaphysik gleicht in diesem Punkt Märchen: Sie sind verständlich, geben aber die Realität nicht wieder.) Humes Verfahren passt wunderbar dazu: Wenn der angebliche Träger eines Namens nicht wahrgenommen werden kann, ist es auch höchst zweifelhaft, ob es diesen Träger wirklich gibt. Oder anders gesagt: Schlechte Metaphysik kann man vermeiden, indem man sich fragt, ob es das, von dem man (in einer philosophischen oder wissenschaftlichen Theorie) behauptet oder voraussetzt, dass es existiere, tatsächlich existiert. Und um herauszufinden, ob etwas existiert oder nicht, ist hingehen und nachgucken, da hat der Empirist einfach recht, eine prima Möglichkeit.

Eine Sackgasse?

Mit der bisherigen Theorie kann Hume zwar schlechte Metaphysik entlarven, aber er scheint dabei zuviel zu verbieten. Hume setzt im vierten Abschnitt der *Untersuchung* mit einer Unterscheidung neu an, die unter dem Namen »Humes Gabel« berühmt geworden ist:*

> Alle Gegenstände der menschlichen Vernunft oder Forschung lassen sich naturgemäß in zwei Arten zerlegen, nämlich in *Beziehungen zwischen Ideen* und in *Tatsachen*. [*Untersuchung*, 4. Abschnitt, 1. Absatz, S. 35]

Zur ersten Art von Forschungsgegenständen, bei denen es um die Beziehungen zwischen Ideen geht, zählt Hume die Mathematik – und die Wahrheit von mathematischen Aussagen ist für Hume ebenso unumstößlich wie für Descartes.

Die Forschungsgegenstände der Naturwissenschaften gehören zur zweiten Art: Physik, Biologie, Chemie (aber auch Wirtschafts-, Sozial- und Geisteswissenschaften) haben den Anspruch, Tatsachen zu untersuchen und wahre Sätze über die Welt zu produzieren.** Für diesen zweiten Bereich der Forschung verlangt Hume, dass jede Idee oder Vorstellung sich auf

---

* Hume ist nicht der erste und nicht der einzige Philosoph, der diese Unterscheidung trifft. Schon Leibniz unterscheidet zwischen »Tatsachenwahrheiten« und »Vernunftwahrheiten«.

** Hume behauptet, dass sich die zwei Arten »naturgemäß« ergeben. Wenn Philosophen etwas »natürlich« oder »selbstverständlich« finden, ist immer Vorsicht geboten, denn dies heißt meistens nicht viel mehr, als dass sie das, was sie natürlich finden, nicht hinterfragen oder begründen wollen. Dem Empiristen Willard Van Orman Quine ist das aufgefallen. In seinem (nicht gerade leicht lesbaren) Aufsatz »Zwei Dogmen des Empirismus« von 1951 betrachtet er Humes Gabel als eines der beiden »Dogmen« des Empirismus. Und diese Dogmen sollte man, laut Quine, schleunigst verwerfen. Vgl. dazu ausführlicher unten, 17. Kapitel »Ein hoppelnder Meilenstein – W.V.O. Quine«.

Eindrücke zurückführen lassen muss. (Die schlechte Metaphysik wird dem nicht gerecht und fliegt somit aus dem Bereich der wissenschaftlichen Untersuchungen heraus.) Nun ergibt sich aber ein Problem. Nach Humes Forderung müsste auch der folgende Satz zum Bereich der hochgradig zweifelhaften Aussagen über die Welt zählen:

»Julius Cäsar überschritt im Jahre 49 v. Chr. den Rubikon.«

Weder von Cäsar noch vom Fluss Rubikon habe ich eine Wahrnehmung, noch nicht mal eine Erinnerung an eine Wahrnehmung und von den Ereignissen des Jahres 49 v. Chr. auch nicht. Mithin wäre es, laut Hume, für mich geboten, dass ich daran zweifle, ob es Cäsar und den Rubikon überhaupt gibt bzw. gab. Und nicht nur Sätze, die so weit in der Vergangenheit liegen, sind zweifelhaft. Nehmen wir zum Beispiel den folgenden Satz:

»Wenn ich den Apfel loslasse, wird er auf den Boden fallen.«

Dass der Apfel fallen wird, ist etwas, was ich nicht wahrgenommen habe. Ich habe wahrgenommen, dass die Äpfel, die ich bisher losgelassen habe, alle gefallen sind, hier aber wird eine Aussage über die Zukunft getroffen, und in die Zukunft können wir nicht gucken. Diese Schwierigkeit ist keine Kleinigkeit: Für Hume stellt sich die Frage, ob die Induktion, das heißt der argumentative Schritt von der Beobachtung von einer bestimmten Anzahl von Einzelfällen zu einer allgemeinen Aussage, überhaupt zulässig ist. Oder wie Hume sagt:

> Es dürfte also des Interesses wert sein, die Natur jener Evidenz zu erforschen, die uns jede wirkliche Existenz und Tatsache sicherstellt, welche über das gegenwärtige Zeugnis der

Sinne oder die Angaben unseres Gedächtnisses hinausgehen. [*Untersuchung*, 4. Abschnitt, 3. Absatz, S. 36]

Es gibt eine wissenschaftlich einwandfreie Strategie, wie man den gesuchten Nachweis erbringen kann. Wenn wir *die Ursache* dafür kennen würden, dass Äpfel auf den Boden fallen, dann könnten wir sagen: Wenn das und das (diese Ursache) eintritt, wird das und das (diese Wirkung) die Folge sein. Die Erdanziehungskraft ist die Ursache dafür, dass der Apfel auf den Boden fällt, wenn ihn nicht eine andere Kraft (z. B. meine Hand) davon abhält. Also wird der Apfel auf den Boden fallen, wenn ich ihn loslasse (und nichts und niemand ihn auffängt). Nun fragt Hume aber weiter nach der Grundlage der Ursache-Wirkungs-Beziehung:

Was ist die Grundlage all unserer Schlussfolgerungen und Schlüsse in Betreff dieser Beziehung? [*Untersuchung*, 4. Abschnitt, 14. Absatz, S. 42]

Hier möchte der Empirist natürlich antworten: »Die Erfahrung!« Denn das war ja die Forderung an alle Theorien, die beanspruchen etwas Wahres über die Welt zu behaupten, dass sich ihre Aussagen und die mit ihnen verbundenen Ideen auf Eindrücke (Erfahrung und Beobachtung) zurückführen lassen. Aber kann die Erfahrung uns wirklich als Beweis für Ursache-Wirkungs-Zusammenhänge dienen? Hume formuliert hier einen Zweifel:

Die zwei Sätze sind weit davon entfernt, dasselbe auszusagen: *Ich habe gefunden, dass ein solcher Gegenstand immer von einer solchen Wirkung begleitet gewesen ist,* und: *Ich sehe voraus, dass andere Gegenstände, die in der Erscheinung gleichartig sind, von gleichartigen Wirkungen begleitet sein werden.* [*Untersuchung*, 4. Abschnitt, 16. Absatz, S. 45]

Die Erfahrung lehrt mich, dass *bisher* alle Äpfel, die ich fallen gelassen habe, zu Boden gefallen sind, aber es ist doch *möglich*, dass der Apfel, den ich als nächstes fallen lassen werde, nicht auf den Boden fällt. (Es könnte zum Beispiel ein kräftiger Windstoß den Apfel an die Zimmerdecke drücken. Oder die Schwerkraft könnte (warum auch immer) plötzlich verschwinden. Oder der Apfel könnte sich durch eine chemische Kettenreaktion in genau dem Augenblick, in dem ich ihn loslasse, so verändern, dass nur noch seine Schale übrig bleibt, während sich das Innere blitzartig in ein Gas verwandelt, das so viel leichter ist als Luft, dass die pralle Apfelschale (die noch genauso aussieht wie ein normaler Apfel) wie ein mit Gas gefüllter Ballon vor mir schwebt.) Oder allgemeiner gesagt: Um von wahren Erfahrungssätzen (»Ich habe gefunden, dass ein solcher Gegenstand immer von einer solchen Wirkung begleitet gewesen ist«) auf wahre allgemeine Aussagen und mithin auf wahre Aussagen über die Zukunft (»Ich sehe voraus, dass andere Gegenstände, die in der Erscheinung gleichartig sind, von gleichartigen Wirkungen begleitet sein werden«) schließen zu können, fehlt uns ein Bindeglied, ein Satz, der uns zu diesem Schluss berechtigt. Und nach allem, was wir bisher gesagt haben, dürfte klar sein, dass *Erfahrung* uns dieses Bindeglied nicht liefern kann. Denn auch wenn ich den fraglichen Apfel fallen lasse und er auf den Boden fällt, bestätigt das zwar einmal mehr die These, dass alle Äpfel auf den Boden fallen, wenn man sie fallen lässt. Aber es ist noch kein endgültiger Beweis – das Gegenteil bleibt ja weiterhin möglich. Oder wie Hume sagt:

> Mag der Lauf der Dinge bisher noch so regelmäßig gewesen sein – das allein, ohne eine neue Begründung oder Ableitung, beweist nicht, dass es in Zukunft so bleiben muss. Vergeblich behauptet man, die Natur der Körper aus vergangener Erfahrung kennengelernt zu haben. Ihre verborgene

Natur und folglich alle ihre Wirkungen und ihr Einfluss können wechseln, ohne jeden Wechsel in ihren sinnlichen Eigenschaften. Das trifft manchmal und für manche Gegenstände zu. Warum sollte es nicht immer und für alle Gegenstände zutreffen? Welche Logik, welches Verfahren der Begründung sichert uns gegen diese Annahme? [*Untersuchung*, 4. Abschnitt, 21. Absatz, S. 49]

Hume findet auf diese letzte Frage keine Antwort, die den Zweifel ausräumt. Das aber ist auf den ersten Blick fatal: Denn dann gehören ja alle allgemeinen Aussagen über die Welt zum zweifelhaften Bereich, zur schlechten Metaphysik – seriöse, informative Naturwissenschaften, die ja gerade nach Ursache-Wirkungs-Zusammenhängen (und mithin nach allgemeinen Gesetzen der Physik, Chemie, Biologie) forschen, wären demnach nicht von spekulativer Metaphysik unterschieden. Mit diesem Ergebnis kann Hume nicht zufrieden sein – die Skepsis führt ihn in eine Sackgasse.

Die Macht der Gewohnheit statt der Kraft des Beweises

Humes Weg aus dieser Sackgasse lässt den Zweifel daran, ob wirklich alle Äpfel auf den Boden fallen werden, bestehen, macht ihn aber gleichsam unschädlich: Hume gesteht zu, dass er den *Beweis* dafür, dass alle Äpfel auf den Boden fallen, auch mit der schönsten naturwissenschaftlichen Apparatur und der exaktesten Langzeitstudie nicht erbringen kann. Was er uns stattdessen anbietet, ist überraschenderweise: Glaube.

Der Glaube kommt folgendermaßen ins Spiel: Hume wendet sich wieder ganz seinem Thema, der Untersuchung des menschlichen Verstandes, zu und untersucht die Wirkung, die die wiederholte Erfahrung auf unseren Geist hat. Was passiert mit uns (in unserem Geist), wenn wir zehnmal, zwanzigmal, hundertmal gesehen haben, dass Äpfel, wenn wir sie loslassen, auf den Boden fallen? Wir werden *erwarten*, dass auch der nächste Apfel auf den Boden fällt. Einen Beweis für seine Richtigkeit haben wir zwar nicht, aber wir werden doch geneigt sein, dem folgenden Satz zuzustimmen: »Wenn du den Apfel fallen lässt, wird er auf den Boden fallen.« Jedes Mal, wenn wir einen Apfel fallen lassen, wird dieser Satz bestätigt, und das wiederum bestärkt unsere Neigung, dem Satz beizupflichten. Diese Neigung wird, laut Hume, durch Gewohnheit verursacht:

> Wo immer die Wiederholung einer bestimmten Handlung oder Tätigkeit die Neigung hervorruft, dieselbe Handlung oder Tätigkeit ohne irgendeinen Anstoß durch eine Schlussfolgerung oder einen Verstandesvorgang zu erneuern: Da sagen wir stets, diese Neigung sei die Wirkung der *Gewohnheit*. [*Untersuchung*, 5. Abschnitt, 5. Absatz, S. 55]

Laut Hume gilt von den Erkenntnissen, die wir den empirisch arbeitenden Wissenschaften verdanken, dass sie nicht auf Beobachtung und *Schlussfolgerung* beruhen, sondern auf Beobachtung und *Gewohnheit*:

> Anlässlich des beständigen Zusammentreffens zweier Gegenstände, zum Beispiel Hitze und Flamme, Gewicht und Masse, werden wir allein durch Gewohnheit bestimmt, das eine beim Auftreten des anderen zu erwarten. […] Alle Ableitungen aus Erfahrung sind daher Wirkungen der Gewohnheit, nicht einer Schlussfolgerung. [*Untersuchung*, 5. Abschnitt, 5. Absatz, S. 55 f.]

Hat man gefunden, dass in vielen Fällen zwei Arten von Dingen, Flamme und Hitze, Schnee und Kälte, stets miteinander zusammen auftraten, so wird, wenn sich den Sinnen

Flammen oder Schnee erneut darbieten, der Geist durch Gewohnheit getrieben, Hitze oder Kälte zu erwarten und zu *glauben*, dass eine derartige Eigenschaft existiert und sich bei größerer Annäherung zeigen wird. [*Untersuchung*, 5. Abschnitt, 8. Absatz, S. 59]

Wir sind gewohnt, dass Äpfel auf den Boden fallen. Diese Gewohnheit treibt uns zu dem *Glauben*, dass Äpfel auf den Boden fallen. Es ist für alle Freunde der Wissenschaften eine bittere Pille, aber Humes nüchternes Ergebnis lautet, dass wir nicht *wissen* können, ob die Naturwissenschaften wahre Ergebnisse liefern – wir glauben es nur.

Für Touristen

Hume wuchs im malerischen Ninewells/Chirnside (Schottland) auf und verbrachte sein Leben in Bristol, Paris, Reims, La Flèche, London, Wien, Turin, Köln, Frankfurt, Nürnberg, St. Albans (bei London) sowie Edinburgh, Edinburgh und nochmals Edinburgh.

Es ist verständlich, dass es Hume immer wieder in die schöne, schottische Hauptstadt zog, die (mit oder ohne Hume) eine Reise wert ist. Hume baute sich, als er in späteren Jahren vermögend genug war, ein Haus in St. Andrews Square. Sein Grab ist auf dem Friedhof am Calton Hill zu besichtigen – denn gestorben ist Hume selbstverständlich da, wo er auch geboren wurde: in Edinburgh.

Kapitel 8

Freiheit, Gleichheit und Verfolgungswahn

Jean-Jacques Rousseau

Jean-Jacques Rousseau (* 1712 in Genf; † 1778 in Ermenonville) gehört, neben Marx und Engels, zu den politisch wirkungsreichsten Philosophen. Das Erstaunliche ist daran, dass viele seiner Anhänger während der französischen Revolution (die Sansculotten) seine Werke schon deshalb nicht studiert haben, weil sie gar nicht lesen konnten. (Ihr Rousseau-Verständnis beschränkte sich vermutlich auf die Parole: »Freiheit und Gleichheit!«) Insofern teilt Rousseau das Schicksal Salman Rushdies, dessen *Satanische Verse* in den 90er Jahren zwar in aller Munde waren, aber weder in aller Bücherregal noch auf aller Lektüreliste standen. Auch Rousseau wurde wohl mehr diskutiert als gelesen – inzwischen dürfte sich das, dank der Tatsache, dass sein Buch *Vom Gesellschaftsvertrag oder Grundsätze des Staatsrechts (Du contract social ou principes du droit politique)* gern von Philosophielehrern im Unterricht thematisiert wird, vermutlich ins (nicht minder zweifelhafte) Gegenteil verkehrt haben …

Die Frage, die Rousseau in seinem staatsphilosophischen Traktat *Vom Gesellschaftsvertrag* beantworten will, lautet: Was muss der Fall sein, damit eine Herrschaft (oder allgemeiner: eine Gesellschaftsordnung) als rechtmäßig zu betrachten ist? Diese Frage stellt sich für Rousseau umso dringlicher, als er der Überzeugung ist, dass alle Menschen von Natur aus frei sind, in den Gesellschaften, die er zu seiner Zeit beobachtet, aber »in Ketten liegen«:

> Der Mensch ist frei geboren, und überall liegt er in Ketten. Einer hält sich für den Herrn der anderen und bleibt doch mehr Sklave als sie. Wie ist dieser Wandel zustande gekommen? Ich weiß es nicht. Was kann ihm Rechtmäßigkeit verleihen? Diese Frage glaube ich beantworten zu können. [*Gesellschaftsvertrag*, 1. Buch, 1. Kapitel, S. 5]

Rousseau zielt mit dem *Gesellschaftsvertrag* mithin weder auf eine direkte Kritik der bestehenden Verhältnisse ab, noch will er eine Beschreibung eines idealen Staates oder gar eine historische Betrachtung der Entstehung von Staaten liefern. Sein Thema ist die Frage nach der Herrschaftslegitimation – von welcher Staatsform auch immer. Erst wenn man weiß, wie eine legitime, politische Ordnung aussehen würde, kann man die bestehenden Verhältnisse ggf. als nicht legitimiert kritisieren.

Rousseau spannt uns nicht lange auf die Folter und nennt gleich die zwei Alternativen, die in seinen Augen eine Gesellschaftsordnung (d.h. die Herrschaft) legitimieren können. Herrschaft kann seines Erachtens entweder rechtmäßig sein, weil sie auf Naturrecht fußt, oder weil sie auf einer Vereinbarung, einem Vertrag, basiert:

> [D]ie gesellschaftliche Ordnung ist ein geheiligtes Recht, das allen anderen zur Grundlage dient. Trotzdem stammt dieses Recht nicht von der Natur; es beruht also auf Vereinbarungen. [*Gesellschaftsvertrag*, 1. Buch, 1. Kapitel, S. 6]

Hier sei kurz eine Anmerkung zu Rousseaus Stil eingeschoben: Ich hatte oben gesagt, dass die argumentative Grundausrichtung des Textes keine direkt kritische gegen die bestehenden Verhältnisse sei. Dies sollte nicht darüber hinwegtäuschen, dass Rousseau die bestehenden Verhältnisse ständig kritisiert. Im vorliegenden Fall drückt das (bewusste) Weglassen einer dritten Art von Herrschaftslegitimation die Kritik aus: Vom Gottesgnadentum ist bei Rousseau keine Rede. Es war aber zu seiner Zeit gängig, die Rechtmäßigkeit der Herrschaft auf der Basis des Gottesgnadentums zu beanspruchen. Indem Rousseau diese Möglichkeit gar nicht erst nennt und seine Alternative (entweder Naturrecht oder Vereinbarung) als ausschließliche darstellt, kritisiert er zugleich jede Gesellschaftsordnung als unrechtmäßig, die sich auf das Gottesgnadentum beruft.

Kommen wir nun zu den beiden Herrschaftslegitimationen (Naturrecht vs. Vereinbarung), zu denen Rousseau sich äußert. Kann die Natur irgendeine Gesellschaftsordnung als rechtmäßig erweisen? Diese Frage wäre zu bejahen, wenn alle Menschen von Natur aus dazu bestimmt wären, Gesellschaften zu bilden, die eine gewisse, der »Natur der Menschen« entsprechende Form hätten. Denn dann wären alle Gesellschaftsordnungen, die dieser natürlichen Anlange entsprechen, insofern rechtmäßig, als sie unserer Natur entsprechen würden. Alle anderen Gesellschaftsordnungen wären als »widernatürlich« zu kritisieren. Diese Position vertritt Rousseau nicht. Zwar glaubt er, dass es natürliche Rechte des Menschen gibt (zu diesen zählt bei ihm die Freiheit jedes Menschen). Er glaubt aber nicht, dass wir Menschen von Natur aus politische, gesellige Wesen sind – er scheint im Gegenteil eher die Meinung zu vertreten, dass wir von Natur aus Eigenbrödler sind, die sich am besten möglichst weit voneinander fernhalten sollten (die Familienbande ausgenommen, das aber auch nur, bis die Kinder erwachsen sind). – Diese Einschätzung geht nicht auf fundierte anthropologische Studien zurück. Sie ist vermutlich schlicht der rousseauschen Biographie geschuldet: Er liebte das Landleben und hasste das Stadtleben. (Viele Menschen, wenig Platz –

das war Rousseaus Sache nicht. Wenige Menschen in großer Landschaft gefielen ihm besser; zumal er in späteren Jahren unter einem Verfolgungswahn litt; da ist es ganz angenehm, wenn man Fremde schon von weitem kommen sieht.)

Da uns die Natur keine Herrschaft vorschreibt, bleibt laut Rousseau nur die Alternative, dass eine Gesellschaftsordnung deshalb rechtmäßig ist, weil sie durch einen Vertrag (eine Übereinkunft) der Mitglieder dieser Gesellschaft entstanden ist.

Um sich der Frage zu nähern, wie dieser Vertrag aussieht, geht Rousseau, wie schon Hobbes*, davon aus, dass es (systematisch oder historisch) einen Zustand gab, in dem noch niemand beherrscht wurde. Dieser vor-staatliche (und vorgesellschaftliche) Zustand der Menschen wird auch von Rousseau als »Naturzustand« bezeichnet. Im Unterschied zu Hobbes findet Rousseau den Naturzustand aber nicht so übel, da er das negative hobbessche Menschenbild nicht teilt. (Während Hobbes im Bürgerkrieg um Leib und Leben fürchtete, fand Rousseau das Landleben eigentlich ganz prima.) Einig sind sich Hobbes und Rousseau in dem Punkt, dass die Menschen im Naturzustand vor allem zwei Eigenschaften teilen: Sie sind frei und gleich. Uneinig sind sich Hobbes und Rousseau in Hinblick auf die Bewertung des Naturzustands. Während Hobbes davon ausging, dass die Menschen im Naturzustand bei der erstbesten Gelegenheit übereinander herfallen (Krieg eines jeden gegen jeden), geht Rousseau davon aus, dass die Menschen sich aus dem Weg gehen. Rousseaus »Naturzustand« muss man sich wohl wirklich als einen Zustand denken, in dem die Menschen frei in der Natur herumlaufen. Einen Krieg aller gegen alle hält er im Naturzustand für ein Ding der Unmöglichkeit, weil sich die Menschen einfach nicht begegnen:

* Siehe oben, 5. Kapitel.

Die Menschen sind schon deswegen von Natur aus keine Feinde, weil sie, solange sie in ihrer ursprünglichen Unabhängigkeit leben, untereinander keinerlei Beziehungen haben, die dauerhaft genug sind, um einen Friedens- oder Kriegszustand zu begründen. [*Gesellschaftsvertrag*, 1. Buch, 4. Kapitel, S. 12]

So schön der Naturzustand auch gewesen sein mag – vorbei ist vorbei. Die Menschheit erreicht irgendwann den Punkt, an dem sie Gesellschaften bildet, ja bilden muss, um sich zu erhalten: »[D]as Menschengeschlecht würde zugrunde gehen, wenn es die Art seines Daseins nicht änderte.« (*Gesellschaftsvertrag*, 1. Buch, 6. Kapitel, S. 16) Den Naturzustand zu verlassen, ist kein Kunststück: Man kann sich einfach vorstellen, dass sich ein Despot an die Spitze setzt, die hundert oder zweihundert Leute, die in einem bestimmten Landstrich leben, unterwirft, sie dank seiner Körperkraft versklavt und schon haben wir eine Art Gesellschaft.

Eine solche despotische Herrschaft, eine Sklavenhaltergesellschaft, ist in Rousseaus Augen aber unrechtmäßig, da sie den Menschen ihre Freiheit, die sie von Natur aus haben, raubt, ohne ihnen eine echte Gegenleistung dafür zu bieten. Ferner herrscht in Despotien rechtliche und materielle Ungleichheit (und Ungleichheit konnte Rousseau ebenso wenig leiden wie Unterdrückung); der Despot darf alles, kriegt alles, die Untertanen sind seiner Willkür ausgesetzt. Wer nun sagt, dass der Despot doch immerhin für Ruhe und Ordnung sorge, der lügt sich selbst in die Tasche, sagt Rousseau:

Man wird sagen, dass der Despot seinen Untertanen die bürgerliche Ruhe sichert. Mag sein; aber was gewinnen sie dabei, wenn die Kriege, die sein Ehrgeiz ihnen zuzieht, wenn seine unersättliche Gier, wenn die Misshandlungen unter

> seiner Regierung sie elender machen als gegebenenfalls ihre eigenen Zerwürfnisse? [...] Auch in den Verliesen lebt man in Ruhe; genügt das, um sich dort wohl zu fühlen? [*Gesellschaftsvertrag*, 1. Buch, 4. Kapitel, S. 10f.]

Da Rousseau herausfinden will, wie eine *rechtmäßige* Herrschaft zustande kommt, verwirft er die Arbeit des Despoten. Das heißt selbstverständlich nicht, dass es solche Gesellschaften nicht geben kann! Auch Rousseau weiß, dass es sie gibt. Aber Despotien sind eben als unrechtmäßige Herrschaften zu kritisieren, und die Menschen, die in einer solchen Gesellschaft leben, tun gut daran, bei der erstbesten Gelegenheit zu revoltieren:

> Solange ein Volk zu gehorchen gezwungen ist und gehorcht, tut es gut daran; sobald es das Joch abschütteln kann und es abschüttelt, tut es noch besser. [*Gesellschaftsvertrag*, 1. Buch, 1. Kapitel, S. 6]

Die Frage, die sich für Rousseau stellt, ist also, wie es möglich ist, die Freiheit des Einzelnen aus dem Naturzustand in den Gesellschaftszustand hinüberzuretten. Das scheint (zumindest auf den ersten Blick) unmöglich zu sein – denn wenn jemand über jemanden herrschen soll, dann schränkt diese Herrschaft doch notwendigerweise die Freiheit der Untertanen ein. Diese Schwierigkeit formuliert Rousseau so:

> Finde eine Form des Zusammenschlusses, die mit ihrer ganzen gemeinsamen Kraft die Person und das Vermögen jedes einzelnen Mitglieds verteidigt und schützt und durch die doch jeder, indem er sich mit allen vereinigt, nur sich selbst gehorcht und genauso frei bleibt wie zuvor. [*Gesellschaftsvertrag*, 1. Buch, 6. Kapitel, S. 17]

Diese Form des Zusammenschlusses geschieht, genau wie bei Hobbes, durch einen Gesellschaftsvertrag. Der Gesellschaftsvertrag wird von jedem (zukünftigen) Bürger mit jedem (zukünftigen) Bürger eines (zukünftigen) Staates mit dem Ziel geschlossen, jeden Einzelnen zu schützen, damit jeder seine Freiheit ausleben kann und die Gemeinschaft als Ganze nicht untergeht. Der Vertragstext, dem alle zustimmen müssen, ist recht kurz:

> Gemeinsam stellen wir alle, jeder von uns seine Person und seine ganze Kraft unter die oberste Richtschnur des Gemeinwillens [*volonté générale*]; und wir nehmen, als Körper, jedes Glied als untrennbaren Teil des Ganzen auf. [*Gesellschaftsvertrag*, 1. Buch, 6. Kapitel, S. 18]

Mit dem Trick der Unterwerfung aller unter den »Gemeinwillen« hofft Rousseau, die Freiheit des Einzelnen auch im Staatszustand gewährleisten zu können. Seine Überlegung ist dabei die folgende: In welchem Fall kann man von Peter zu Recht sagen, dass er frei ist? Antwort: Wenn er tun kann, was er will. Das heißt, es gehören zwei Komponenten dazu, dass Peter frei ist: sein Wille und sein Können. Wer nicht will, was er tut (wie der Schüler, der die Strafarbeit macht, die ihm seine strenge Lehrerin aufgebrummt hat), handelt nicht nach seinem freien Willen. Doch auch das schönste Wollen reicht nicht aus, um eine freie Handlung zu vollziehen: Wenn 20 Kilo für Peter zu schwer sind, wird er seine Schwester einfach nicht hochheben können – er bringt die gewollte Handlung nicht zustande. Oder wie Rousseau sagt:

> Jede freie Handlung hat zwei Ursachen, durch deren Zusammenwirken sie zustande kommt, eine moralische, nämlich den Willen, der den Akt vorherbestimmt, und eine

physische, nämlich die Macht, die sie ausführt. Wenn ich auf ein Ziel zugehe, ist es erstens nötig, dass ich dorthin gehen will; zum anderen, dass meine Füße mich dorthin tragen. Sowohl ein Lahmer, der gehen will, als auch ein Gesunder, der es nicht will, beide blieben auf der Stelle. [*Gesellschafts-vertrag*, 3. Buch, 1. Kapitel, S. 61]

Mit diesen Überlegungen im Rücken (Können und Wollen sind die Voraussetzungen für freie Handlungen) betrachtet Rousseau den zu gründenden Staat. Die Bürger in einem Staat wollen in Sicherheit leben. Da jeder Einzelne nicht genug Kraft antrainieren kann, um alle Feinde zu schrecken (das gilt selbst für die Stallones und Schwarzeneggers dieser Welt), unterstellen die Bürger eines Staates im Gesellschaftsvertrag »ihre Kraft« unter die Regie der Gemeinschaft – denn wenn sie ihre Kräfte zusammenschließen, sind sie stark genug, gegen Feinde zu kämpfen. Das »Können« wäre somit gesichert – wie aber steht es mit dem Wollen? Geht nicht die Willensfreiheit des Einzelnen bei der Staatsgründung (zumindest zum Teil) verloren? Dem wäre so, wenn sich jeder Einzelne im Gesellschafts-vertrag einer *Regierung* unterstellen würde. Nun behauptet Rousseau aber nicht, dass sich jeder Einzelne einer Regierung unterstellt, sondern dem *Gemeinwillen (volonté générale)*. Wenn man den Gemeinwillen in einem ersten, groben Vorverständnis als den Willen aller, die in der Gemeinschaft leben, versteht, dann sieht das nach einem genialen Einfall aus: Da der Gemeinwille der Wille aller Bürger ist, unterwirft sich jeder Bürger des Staates nur seinem eigenen Willen. Unserem eigenen Willen aber sind wir bei jeder freien Handlung unterworfen – das zeichnet ja gerade freie, selbstbestimmte Handlungen aus. Mithin, so argumentiert Rousseau, kann man eben doch die persönliche Freiheit jedes Einzelnen aus dem Naturzustand hinüberretten in den Gesellschaftszustand. Frei sind die Bürger eines rousseauschen Staates also, weil sie sich selbst ihre Gesetze geben, die gemäß dem Gemeinwillen aufgestellt werden. Leider erweist sich der »Gemeinwille« bei näherem Hinsehen als Hokuspokus – und als kein harmloser: Die Annahme, es gebe bei einem Volk (oder einer Gesellschaft) so etwas wie einen Gemeinwillen kann zu den fatalsten Fehlern in der Geschichte der Philosophie gezählt werden.

Von allen für alle und trotzdem nicht von jedem: Der Gemeinwille

Was genau versteht Rousseau unter dem »Gemeinwillen«? Man könnte meinen: Der Gemeinwille ist das, was alle wollen. Nehmen wir zum Beispiel an, dass wir eine Minigesellschaft haben, die aus genau zwei Menschen besteht: Peter und Laura. Die beiden haben eine Torte gebacken, dieselbe fast aufgegessen, und es gibt nur noch ein Stück. Dieses Stück wollen beide. Daraus folgt aber nicht, dass sie einen Gemeinwillen haben. Im Gegenteil gilt:

(1) Peter will das letzte Stück Torte, und Laura will das letzte Stück Torte.

Sie scheinen dasselbe zu wollen – das letzte Stück Torte. Doch das ist falsch, wie man sieht, wenn man Satz (1) genauer formuliert. Mit Satz (1) ist gemeint:

(2) Peter will, dass Peter das letzte Stück Torte bekommt, und Laura will, dass Laura das letzte Stück Torte bekommt.

Die beiden dass-Sätze geben den Willen der Bürger meines Ministaates wieder. Und in dieser Formulierung zeigt sich, dass sie nicht dasselbe wollen. (Der eine will, dass Peter das Stück Torte bekommt, die andere will, dass Laura das Stück Torte bekommt.)

Um nun ein Beispiel dafür zu haben, dass beide wirklich dasselbe wollen, müssen wir das Beispiel umbauen. Also nehmen wir an, dass Laura von den bisherigen Tortenstücken sowieso schon schlecht ist, Peter aber noch kann, sodass sich beide einig sind:

(3) Peter will, dass Peter das letzte Stück Torte bekommt, und Laura will, dass Peter das letzte Stück Torte bekommt.

In diesem Fall kann man sagen, dass das Interesse von Peter mit dem Interesse von Laura *übereinstimmt*.
Es mag zunächst auch bei Rousseau so klingen, als würde er eine solche Übereinstimmung der Interessen der einzelnen Bürger als Grundlage für den Gemeinwillen betrachten.

> [W]enn der Widerstreit der Einzelinteressen die Gründung von Gesellschaften nötig gemacht hat, so hat der Einklang derselben Interessen sie möglich gemacht. Das Gemeinsame nämlich in diesen unterschiedlichen Interessen bildet das gesellschaftliche Band, und wenn es nicht irgendeinen Punkt gäbe, in dem *alle Interessen übereinstimmen*, könnte es keine Gesellschaft geben. [*Gesellschaftsvertrag*, 2. Buch, 1. Kapitel, S. 27, Hervorhebung von mir]

Übereinstimmung ist ein mehrdeutiges Wort. Wir gebrauchen es gewöhnlich in mindestens dreierlei Weise.

Übereinstimmen können zwei Dinge (wie Vorbild und Abbild):
1. Übereinstimmung als Entsprechung. Beispiel: »Die Karte stimmt doch nie im Leben mit dem tatsächlichen Straßenverlauf überein!«, schimpft Robert. Bei dieser Art von Übereinstimmung sollen Vorbild und Abbild sich im relevanten Aspekt entsprechen.

Übereinstimmen können auch Menschen in ihren Handlungen. Hier gilt es, zwei Fälle zu unterscheiden:

2. »*A tut, was B tut.*« Beispiel: Der Geigenlehrer (A) macht die korrekte Bogenhaltung vor. Die Geigenschülerin (B) macht es ihm nach. Wenn sie es endlich kann, stimmen die beiden in der Bogenhaltung überein. Wichtig ist dabei aber: Jeder hält *seinen* Bogen! A und B führen ihre Handlung jeweils selbst aus, es sind zwei Handlungen. Diesen Fall kann man auch auf den Willen Einzelner übertragen. Dann haben wir den Tortenfall von oben: Peter will, was Laura will (nämlich, dass Peter das letzte Stück Torte bekommt) – hierbei gilt ebenso, dass jeder seinen Willen selbst hat. Es gibt hier nicht einen Willen, den beide irgendwie teilen. (Ganz analog wird ja auch die korrekte Bogenhaltung nicht zwischen Schüler und Lehrer zersägt und geteilt!)

3. »*A und B tun etwas gemeinsam.*« Es gibt Handlungen, die kann man nur im Team ausführen: Tennis spielen, eine Symphonie erklingen lassen, heiraten. Auch hier kann man davon sprechen, dass die Partner in der Handlung »übereinstimmen« – genauer ist es wohl, wenn man von gemeinsamem Tun spricht. Hierbei gilt, dass nicht unbedingt alle Teilnehmer einer solchen komplexen Handlung dasselbe tun. Die ersten Geigen im Orchester tun ja etwas anderes (sie spielen anderen Töne) als die zweiten. Jeder Musiker spielt die Stimme, die nötig ist, um die Symphonie erklingen zu lassen. Diese komplexe Handlung lässt sich auffassen als die *Summe der Einzelhandlungen* der Musiker (wobei das Timing natürlich eine entscheidende Rolle spielt). Jeder spielt seine Stimme, alle gemeinsam führen Beethovens 9. auf.

Da die von Rousseau beschriebene Gesellschaft von allen Bürgern per Vertrag mit dem Ziel beschlossen wird, friedlich und sicher zusammenzuleben, wäre es in meinen Augen naheliegend, den zweiten Fall (»A tut, was B tut«) als denjenigen zu betrachten, den Rousseau meint, wenn er von einer Übereinstimmung der Interessen und einem diesen Interessen entsprechenden Gemeinwillen spricht. Dann würde in meinem Ministaat von oben zum Beispiel gelten (wobei zu beachten ist, dass Peter und Laura die einzigen Bürger dieses Staates sind):

Wenn es der Fall ist, dass
(a) Peter will, dass Laura und Peter friedlich miteinander auskommen, und
(b) Laura will, dass Laura und Peter friedlich miteinander auskommen,
dann gilt:
(c) Alle Mitglieder des Staates wollen mit allen Mitgliedern des Staates friedlich auskommen.

Insofern könnte man dann von einem »Gemeinwillen« sprechen – wobei diese Redeweise etwas verwirrend wäre, denn es ist ja in Wahrheit nicht *ein* Wille am Werk, es sind genau so viele Willen am Werk, wie der Staat Bürger hat!
Aber diese Form von Übereinstimmung ist in Rousseaus Augen eben kein Fall von Gemeinwillen – diese Übereinstimmung von Einzelwillen (Peters Wille und Lauras Wille) wäre in seinen Augen nur der Gesamtwille. Und zwischen dem Gesamtwillen *(volonté de tous)*, der aus der Summe der Einzelwillen aller Bürger des Staates besteht, und dem Gemeinwillen *(volonté générale)* macht Rousseau einen Unterschied aus:

Es gibt oft einen beträchtlichen Unterschied zwischen dem Gesamtwillen und dem Gemeinwillen; dieser sieht nur auf das Gemeininteresse, jener auf das Privatinteresse und ist nichts anderes als eine Summe von Sonderwillen: Aber nimm von eben diesen das Mehr und das Weniger weg, das sich gegenseitig aufhebt, so bleibt als Summe der Unterschiede der Gemeinwille. [*Gesellschaftsvertrag*, 2. Buch, 3. Kapitel, S. 31]

Unter einem Sonderwillen versteht Rousseau das, was eine Gruppe von Bürgern will (wobei gilt, dass jedes Mitglied der Gruppe dasselbe Interesse verfolgt). Gewerkschaften, Kirchen, Parteien und andere Verbände vertreten die Einzelinteressen ihrer Mitglieder und haben solche »Sonderwillen«.

Mit Rousseau kann man sicherlich sagen, dass jeder Wille auf ein bestimmtes Ziel gerichtet ist oder dass jemand, der etwas will, ein Interesse hat. Nun macht Rousseau aber einen (in seinen Augen entscheidenden) Unterschied bei den Interessen aus: Ich kann mein eigenes Interesse im Auge haben (das hat jeder Mensch, insofern er nach seinem persönlichen Lebensglück strebt). Ich kann aber als Bürger eines Staates auch das Interesse der Gemeinschaft im Auge haben. Für mich mag es von Vorteil sein, den BMW meines Nachbarn zu klauen. Aber im Sinne der Gemeinschaft ist das nicht. Denn der Schutz des persönlichen Eigentums garantiert ja eine gewisse Sicherheit – und an der bin ich wiederum selbst interessiert.

Daraus scheint für Rousseau allerdings zu folgen, dass es den Gemeinwillen als Willen der Gemeinschaft (nicht der Summe der Einzelnen oder der Mehrheit der Bürger) real gibt. Das aber ist falsch. Einen Willen haben nur Einzelpersonen, keine Gruppen. Denn einen Willen hat nur jemand, der Absichten haben, Interessen verfolgen, Einstellungen zu bestimmten Zielen entwickeln kann – all das sind geistige Vorgänge. Sprich: Wer etwas will, muss (in einem möglichst weiten Sinn des Wortes) denken können. Und denken können nun mal nur Einzelpersonen, aber keine Gruppe, keine Institutionen und auch keine Staaten. (Die Bundesrepublik Deutschland denkt nichts, will nichts und fühlt nichts.) Trotzdem stimmt das, was

Rousseau sagt, in einer gewissen Hinsicht: Ich kann einerseits den BMW meines Nachbarn haben und stehlen wollen (Einzelinteresse), bin aber andererseits an einem sicheren, friedlichen Leben in meiner Stadt interessiert. Wenn ich den BMW stehle, störe ich den inneren Frieden meines Staates, der ja zu einem beträchtlichen Teil auf dem Schutz des persönlichen Eigentums basiert. Wenn ich also den BMW meines Nachbarn stehle, folge ich einem Interesse von mir unter Zurückstellung eines anderen Interesses von mir.

Aus diesen Überlegungen folgt allerdings zunächst nur, dass ich verschiedene Interessen haben und verfolgen kann, dass ich eine Handlung aus verschiedenen Perspektiven betrachten kann und dass meine Interessen miteinander in Konflikt geraten können. Aber Rousseau will mehr. Er versteht unter dem »Gemeinwillen« *einen* Willen, der nicht an Einzelpersonen als Träger gebunden ist, sondern irgendwie die »Körperschaft« Staat als Träger hat:

> Solange sich mehrere Menschen vereint als eine einzige Körperschaft betrachten, haben sie nur *einen einzigen* Willen, der sich auf die gemeinsame Erhaltung und auf das allgemeine Wohlergehen bezieht. [*Gesellschaftsvertrag*, 4. Kapitel, 1. Buch, S. 112, meine Hervorhebung]

Dass es einen solchen Gemeinwillen gibt, folgt aus dem bisher Gesagten jedoch nicht. Und wenn es folgen würde, wäre an der ganzen Argumentation etwas faul. Denn einen solchen Willen gibt es nicht.

Dass die Behauptung, dass es einen Gemeinwillen gebe, nicht harmlos ist, sieht man daran, dass es nur ein kleiner Schritt vom Gemeinwillen zu der Behauptung ist, es gebe so etwas wie einen Volkswillen, einen Volksgeist, eine Volksseele (oder, wie heutzutage häufiger zu hören ist, eine »Mentalität«). Von hier aus sind dem Rassismus Tür und Tor geöffnet. Wie nicht anders zu erwarten, neigt Rousseau selbst zu rassistischen Sprüchen: »Die Russen werden niemals wirklich gesittet sein, weil sie es zu früh sein sollten.« (*Gesellschaftsvertrag*, 2. Buch, 8. Kapitel) An anderer Stelle ist von den Unterschieden eines Landstrichs die Rede, »die man in der Gemütsart der Menschen feststellen kann, die es bewohnen« – was selbstverständlich Unsinn ist. Dieser Unsinn gipfelt schließlich in solchen Behauptung wie der, dass die Kriegslust eine Eigenschaft sei, die Völker hätten: »denn allen Völkern ist eine Art Fliehkraft eigen, durch die sie ständig gegeneinander wirken und sich auf Kosten ihrer Nachbarn zu vergrößern suchen« (2. Buch, 9. Kapitel, S. 52).

Rousseau braucht den Gemeinwillen in seiner Argumentation als den wahren Souverän des Staates. Der Souverän stellt die Gesetze auf, die Regierung ist nur sein verlängerter Arm, der diese Gesetze umsetzt. Von repräsentativen Demokratien, wie wir sie heute kennen, hält Rousseau nichts. Denn in seinen Augen sind die Bürger dieser Demokratien nur an der Wahlurne frei und danach für die gesamte Legislaturperiode wieder unfrei. Aber Rousseau stellt sich ohnehin viel kleinere Staaten vor: Er hat Stadtstaaten, wie wir sie aus dem antiken Griechenland kennen, als Muster vor Augen, wenn er von Staaten spricht. Im Unterschied zum antiken Athen sollen sich die Bürger allerdings nicht auf dem Marktplatz treffen, um zu diskutieren. Denn dabei könnte es Parteibildungen geben, es könnten rhetorisch gewandte Leute das einfache Volk dazu überreden, für etwas zu stimmen, das für das Gemeinwohl gar nicht das Beste ist. In der Republik à la Rousseau sitzen die Bürger isoliert herum, denken über das Gemeinwohl nach und entwickeln so kraft des gesunden Menschenverstandes alle dasselbe Gemeininteresse.

Wenn die Bürger keinerlei Verbindung untereinander hätten, würde, wenn das Volk wohlunterrichtet entscheidet, aus der großen Zahl der kleinen Unterschiede immer der Gemeinwille hervorgehen, und die Entscheidung wäre immer gut. [*Gesellschaftsvertrag*, 2. Buch, 3. Kapitel, S. 31]

Wie und durch wen die Bürger des Staates, ohne eine »Verbindung untereinander« zu haben, dennoch »wohlunterrichtet« sein sollen, wird wohl Rousseaus Geheimnis bleiben ...
Auf der Basis vom gemeinsamen Staatsinteresse erlässt der Gemeinwille die Gesetze, denen alle gehorchen, da sie sich im Gesellschaftsvertrag vollständig dem Gemeinwillen unterworfen haben – Rousseau verlangt jedenfalls »die völlige Entäußerung jedes Mitglieds mit allen seinen Rechten an das Gemeinwesen als Ganzes« (*Gesellschaftsvertrag*, 1. Buch, 6. Kapitel, S. 17). Das klingt natürlich nach einem ziemlich üblen, totalitären Staat. Um aber Rousseau gegenüber nicht unfair zu werden, muss man im Hinterkopf behalten, was von der Gemeinschaft, der sich jeder so total unterwerfen soll, gelten soll: Die Bürger sollen rechtlich und materiell möglichst gleichgestellt sein; die Bürger werden nicht von einem Despoten, einer Partei oder irgendjemandem sonst, sondern vom Gemeinwillen geführt:

Bei einer vollkommenen Gesetzgebung muss der Sonderwille oder der des Individuums ausgeschaltet, der der Regierung eigene körperschaftliche Wille sehr untergeordnet und folglich der Gemeinwille oder der souveräne Wille immer herrschend und die einzige Richtschnur aller anderen sein. [*Gesellschaftsvertrag*, 3. Buch, 2. Kapitel, S. 68]

Blöd nur, wenn man nicht so recht weiß, wie man herausfinden soll, was genau dieser Gemeinwille eigentlich will, um das übergeordnete Ziel »Gemeinwohl« zu erreichen. Oder anders gesagt: Diskutieren und abstimmen scheint mir eher praktikabel zu sein, als einsam in der Ecke zu sitzen und sich mit seinem »gesunden« Menschenverstand zu fragen, was wohl der (nicht existente) Gemeinwille will.

Für Touristen

Seinem Leben zwischen Stadt und Land entsprechend hat Rousseau gleich zwei Grabmahle: eines in Ermenonville (50 Kilometer nordöstlich von Paris), wo er starb. Dort wurde er, der Freund des Naturzustands, auf einer kleinen mit Pappeln bepflanzten Insel in einem Park im Jahre 1778 beigesetzt. 1794 haben die Revolutionäre aber beschlossen, dass der Sarg nach Paris gehöre, und ihn in das Panthéon überführt. Rousseau liegt nun nicht nur in einer dunklen Nische mitten in der Stadt (Naturzustand sieht anders aus), sondern auch noch genau gegenüber von Voltaire, mit dem er sich, wie mit so vielen Geistesgrößen seiner Zeit, aufs Heftigste gestritten hatte. In Genf (Grand' Rue 40) findet man heute noch das Geburtshaus von Jean-Jacques Rousseau, das eine Ausstellung über ihn bietet.

Kapitel 9

Die Revolution des Denkens

Immanuel Kant

Immanuel Kants (* 1724 in Königsberg; † 1804 ebd.) philosophisches Werkzeug Nummer eins ist die Kritik. Mit Kritik meint er aber nicht das Bekritteln zum Beispiel eines Textes, sondern die allein auf Prinzipien der Vernunft beruhende Beurteilung eines Problems (darin zurückgehend auf das griechische Wort *krinein*, das unter anderem bedeuten kann: entscheiden, richten, (ver)urteilen). Kant sitzt sozusagen mit seiner Vernunft als Richtschnur in der Hand über die großen philosophischen Probleme zu Gericht. Er hat es mit seinem Hauptwerk, den drei Büchern, die auch die »drei Kritiken« genannt werden (*Kritik der reinen Vernunft, Kritik der praktischen Vernunft, Kritik der Urteilskraft*), weit gebracht: Ebenso wie Platon ist Kant weder aus der Schule noch aus dem Philosophie-Studium wegzudenken. Sein »kategorischer Imperativ« ist ebenso berühmt geworden wie »das Ding an sich« oder die beiden Unterscheidungspaare »a priori/a posteriori« und »analytisch/synthetisch«.

Das Angenehme an Kants Texten ist, dass man sie im Grunde aus sich selbst heraus studieren kann. Alles was man wissen muss, steht irgendwo im Text. Das Unangenehme ist, dass Kant zwar sehr bemüht ist, exakt zu formulieren, dass seine Sätze dadurch aber recht lang und verschachtelt geworden sind. Mit anderen Worten: Kant ist an erster Stelle um Exaktheit bemüht und hat die Lesbarkeit dafür geopfert, sodass der Leser gezwungen ist, sehr langsam zu lesen, um zumindest die grammatische Struktur der kantischen Sätze zu durchschauen.

Kritik der reinen Vernunft

Ich konzentriere mich im Folgenden auf erkenntnistheoretische Fragen, die Kant in der *Kritik der reinen Vernunft* diskutiert. Kant fragt nach den Bedingungen, die erfüllt sein müssen, damit ein Mensch (er spricht allgemeiner von einem Subjekt) überhaupt etwas erkennen kann.

Kant findet zu seiner Zeit folgende Situation in der philosophischen Diskussion vor: Empiristen und Rationalisten verstricken sich in scheinbar unlösbarem Streit über zentrale Fragen der Erkenntnistheorie, was den Skeptikern in die Hände zu spielen scheint. Kant will nun über die strittigen Fragen endgültig entscheiden.

Um die Streitpunkte zu verstehen, muss man sich zunächst die erkenntnistheoretischen Grundprobleme vor Augen führen. Am einfachsten gelingt das durch das folgende Bild der erkenntnistheoretischen Lage, in der wir Menschen uns befinden: Auf der einen (im Bild linken) Seite haben wir die Welt der realen Gegenstände (Häuser, Bäume, Tiere, Menschen, Sterne etc.). Auf der anderen (im Bild rechten) Seite haben wir unser Erkennen (Wissen), unser Wahrnehmen und Denken, Empfinden, Fühlen, Beabsichtigen etc. Man kann die linke Seite des Bildes »Außenwelt« und die rechte Seite »Innenwelt« nennen. Zwischen der Außenwelt und der Innenwelt gibt es nun, darin sind sich Empiristen und Rationalisten einig, eine Kluft, die irgendwie überwunden werden muss. Die Kluft entsteht dadurch, dass die Gegenstände der Außenwelt nicht so, wie sie sind, in die Innenwelt kommen können, um dort erkannt, vorgestellt, empfunden, gedacht etc. zu werden. Wenn ich mir ein Haus vorstelle (Innenwelt), dann habe ich zwar die Vorstellung von einem Haus im Bewusstsein, aber kein echtes Haus, in das ich einziehen kann.

Außenwelt   Kluft   Innenwelt

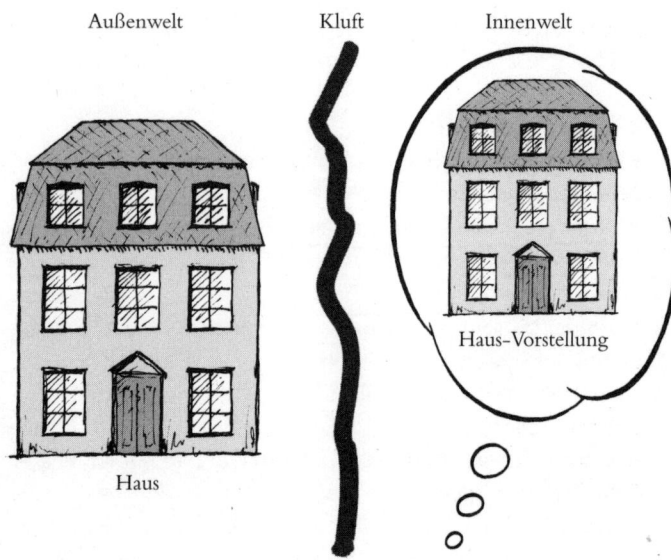

Haus-Vorstellung

Haus

Die große erkenntnistheoretische Frage ist nun, wie man die im Bild dargestellte Kluft überwinden kann; oder anders gesagt: Wie können wir wissen, was wirklich (in der Außenwelt) der Fall ist? Darauf gibt es vor Kant drei Antwortstrategien:

1. *Empiristische Strategie:* Wir können die Kluft, so meinen die Empiristen, dank der Erfahrung überwinden, die auf Sinneswahrnehmung beruht. Die Gegenstände der Außenwelt (das echte Haus, die Stöcke, Steine und Kaninchen) senden Reize aus, die wir mit unseren Sinnen wahrnehmen können. Die Sinnesdaten, die so entstehen, sind Teil der Innenwelt. Wir sortieren in der Innenwelt diese Sinnesdaten, indem wir denken, und gelangen so zu unseren Hypothesen über die Außenwelt, die wir wiederum an den Sinnesdaten testen können.
Den entscheidenden Nachteil dieser Strategie hat schon der Empirist David Hume gesehen: Mit rein empirischen Mitteln

scheint es unmöglich zu sein, so etwas wie Gesetzmäßigkeiten der Außenwelt (z. B. Kausalität) zu begründen (vgl. oben, 7. Kapitel).

2. Rationalistische Strategie: Die Kluft verschwindet, wenn man annimmt, dass es zwischen der Außenwelt und der Innenwelt eine prästabilierte Harmonie gibt (Leibniz, vgl. oben, 6. Kapitel), oder auch wenn man annimmt, dass es einen gütigen Gott gibt, der dafür sorgt, dass unsere Erkenntnisse von der Außenwelt nicht alle völlig falsch sind (Descartes, vgl. oben, 4. Kapitel). Diesen Lösungsansatz verwirft Kant als »dogmatisch«.

3. Skeptizistische Strategie: Der Skeptiker sagt: »Vergesst es, Leute. Die Kluft ist unüberwindbar. Wir wissen gar nicht, ob es wirklich Häuser, Bäume oder andere Menschen gibt.« Diese Antwort will Kant, der fest an die Existenz von Königsberg mitsamt seinen Menschen, Häusern und Klopsen glaubt, unbedingt vermeiden.

Kant meint, dass er zwischen Empirismus und Rationalismus einen dritten Weg gefunden hat, die Kluft zu überbrücken.

Erfahrung ist aller Erkenntnis Anfang
In einem ersten Schritt hält Kant die wichtige Rolle der Erfahrung, die die Empiristen herausgehoben haben, fest:

Dass alle unsere Erkenntnis mit der Erfahrung anfange, daran ist gar kein Zweifel; denn wodurch sollte das Erkenntnisvermögen sonst zur Ausübung erweckt werden, geschähe es nicht durch Gegenstände, die unsere Sinne rühren und teils von selbst Vorstellungen bewirken, teils unsere Verstandestätigkeit in Bewegung bringen, diese zu vergleichen, sie zu verknüpfen oder zu trennen, und so den rohen Stoff sinn-

licher Eindrücke einer Erkenntnis der Gegenständen zu ver-
arbeiten, die Erfahrung heißt? [*Kritik der reinen Vernunft*, B 1]

Empiristen von Locke über Hume bis zu Quine werden nun
applaudieren. Kant sagt hier nicht nur, dass Erfahrung aller Erkenntnis Anfang sei, sondern nennt darüber hinaus noch die
Quelle aller Erfahrung: die Sinneswahrnehmung. Und das
passt wunderbar zur knappen, empiristischen Formel: Nichts
ist im Verstand, was nicht zuvor in den Sinnen war. Aber der
Applaus kommt zu früh, denn das sagt Kant nicht. Er sagt nur,
dass alle Erkenntnis mit Erfahrung »anfange« – und das meint
er tatsächlich *zeitlich*, nicht aber (wie waschechte Empiristen)
auch systematisch. So fährt Kant einschränkend fort:

> Wenn aber gleich alle unsere Erkenntnis *mit* der Erfahrung
> anhebt, so entspringt sie darum doch nicht eben alle *aus* der
> Erfahrung. Denn es könnte wohl sein, dass selbst unsere Er-
> fahrungserkenntnis ein Zusammengesetztes aus dem sei, was
> wir durch Eindrücke empfangen, und dem, was unser eige-
> nes Erkenntnisvermögen (durch sinnliche Eindrücke bloß
> veranlasst) aus sich selbst hergibt, welchen Zusatz wir von
> jenem Grundstoffe nicht eher unterscheiden, als bis lange
> Übung uns darauf aufmerksam und zur Absonderung des-
> selben geschickt gemacht hat. [*Kritik der reinen Vernunft*,
> B 1f.]

Kants Idee zeichnet sich hier schon ab: Es könnte doch sein,
dass für das Zustandekommen einer Sinneswahrnehmung (sagen wir einer Haus-Wahrnehmung) nicht nur notwendig ist,
dass ein bestimmter Gegenstand der Außenwelt (das Haus) auf
unsere Sinne wirkt, sondern dass darüber hinaus etwas aus der
Innenwelt aus sich heraus (also nicht aus einer früheren Erfahrung) nötig ist, um einen Gegenstand wahrzunehmen. Dass je-

de Veränderung eine Ursache hat, ist zum Beispiel ein Prinzip, das wir (wenn Hume Recht hat) nicht nur aus der Erfahrung ableiten können – also muss es, so Kant, eine andere Quelle der Erkenntnis geben.

Erkenntnis ohne Erfahrung?

Daher stellt sich nun für Kant die Frage, ob es »von der Erfahrung und selbst von allen Eindrücken der Sinne unabhängiges Erkenntnis gebe« (*Kritik der reinen Vernunft*, B 2). Hier rufen nun die Rationalisten (wie Descartes oder Leibniz): »Na klar!«, und fangen sofort an, drauflos zu spekulieren, aber das will Kant unterbinden. Denn er will sich nicht länger mit spekulativem »Scheinwissen« zufriedengeben, und er meint, es sei für die Vernunft an der Zeit »einen Gerichtshof einzusetzen, der sie [die Vernunft] bei ihren gerechten Ansprüchen sichere, dagegen aber alle grundlosen Anmaßungen, nicht durch Machtsprüche, sondern nach ihren ewigen und unwandelbaren Gesetzen, abfertigen könne, und dieser ist kein anderer als die *Kritik der reinen Vernunft* selbst.« (*Kritik der reinen Vernunft*, A XIf.) Wobei »rein« bei Kant im Zweifelsfall immer so viel heißt wie »ohne Erfahrung«. Eine reine Vernunfterkenntnis ist eine, die nicht am Prüfstein der Erfahrung gemessen werden kann.

Eine befriedigende, nicht rein spekulative (oder wie Kant sagt: despotische oder dogmatische) Antwort auf die Frage, wie man die Kluft überbrücken kann, ist laut Kant nur dann möglich, wenn es erfahrungsfreie Erkenntnisse gibt. Die Frage, wie die Kluft zwischen Außenwelt und Innenwelt überwunden werden kann, ist keine naturwissenschaftlich-empirische Frage. Denn Naturwissenschaften beschäftigen sich nur mit den Gegenständen der Außenwelt. Sie ist aber auch keine psychologische Frage, denn Psychologie beschäftigt sich mit den Gegenständen der Innenwelt. Die Frage ist eine metaphysische Frage, eine, die über der Physik (und über der Psychologie) steht. (In Bild 1 nehme ich sozusagen eine Vogelperspektive ein, die den Physiker nicht interessiert. Er betrachtet ja nicht sein Schaffen, sondern die Gegenstände. Diese Vogelperspektive ist meta-physisch.) Daher nennt Kant seine Kritik der reinen Vernunft auch eine Metaphysik. Die Frage, ob es erfahrungsfreie Erkenntnis gibt, läuft für Kant somit auf die Frage hinaus: »Wie ist Metaphysik als Wissenschaft möglich?« (*Kritik der reinen Vernunft*, B 22)

Erkenntnis a priori und Erkenntnis a posteriori

Zunächst gibt Kant den zwei Arten von Erkenntnissen eindeutige Namen:

Eine erfahrungsfreie Erkenntnis nennt er Erkenntnis »a priori« (wörtlich lat. »vom Früheren her«; bei Kant aber: »von der Erfahrung und selbst von allen Eindrücken der Sinne unabhängig«, *Kritik der reinen Vernunft*, B 1).

Eine erfahrungsabhängige Erkenntnis nennt er Erkenntnis »a posteriori« (wörtlich lat. »vom Späteren her«, bei Kant aber: »*in der* Erfahrung«, *Kritik der reinen Vernunft*, B 1).

Unstrittig ist nach dieser Terminologie, dass wir Erkenntnisse a posteriori haben (alles Erfahrungswissen, z. B. dass die Straße nass wird, wenn es regnet etc., gehört dazu). Aber es gibt auch einige für Kant klare Fälle von Erkenntnis a priori:

Um den Wahrheitsgehalt eines Satzes der Mathematik wie zum Beispiel »die Wurzel aus 4 ist 2« zu prüfen, laufen wir ja nicht in den Wald und machen Erfahrungen. Wir können (wenn wir es denn können) ausrechnen, dass die Wurzel aus 4 = 2 ist. Das heißt, wir kommen durch nach*denken*, nicht durch nach*gucken* dahinter, dass der mathematische Satz »$\sqrt{4} = 2$« wahr ist. Somit haben wir eine Erkenntnis durch reines Denken, ohne Erfahrung, gewonnen. Mathematik und Logik sind für Kant typische Beispiele für Wissenschaften, die, im Unterschied zur Physik und den anderen Naturwissenschaften, eben nicht empirisch forschen, nicht durch Experimente und Beobachtungen (sprich: aufgrund von Erfahrung) Erkenntnisse gewinnen, sondern allein durch die Vernunft. (Allerdings gibt es auch in der Physik, laut Kant, Erkenntnisse a priori, wie wir gleich sehen werden.)

Analytische und synthetische Urteile

Kant trifft neben der Unterscheidung a priori / a posteriori eine zweite. Wenn ich in den Garten gehe und sehe, dass auf der Wiese ein Pferd steht, dann fälle ich mit dem Satz »Das Pferd steht auf der Wiese« ein Urteil. Dieses Urteil kann wahr oder falsch sein. Kant unterscheidet zwei Arten von Urteilen. Betrachten wir die folgenden beiden Urteile über Pferde (nicht über Pilze):

(1) »Alle Schimmel haben ein sauberes Fell.«
(2) »Alle Schimmel haben ein weißes Fell.«

Die Sätze (1) und (2) sehen sich zwar verflixt ähnlich, aber wenn es darum geht, ihren Wahrheitsgehalt zu prüfen, dann werden gewaltige Unterschiede deutlich. Um herauszufinden, ob mit Satz (1) ein wahres Urteil gefällt wird, muss man eine groß angelegte empirische Feld- (bzw. Koppel-) Studie in Angriff nehmen: Man muss losmarschieren und alle Schimmel betrachten. Wenn alle ein sauberes Fell haben, ist (1) wahr, wenn mindestens einer ein dreckiges Fell hat, ist (1) falsch. Ganz anders aber kann man bei (2) vorgehen: Da muss man sich nur die Definition von Schimmel ins Gedächtnis rufen: »Schimmel = Pferd mit weißem Fell«. Wenn man nun »Pferd mit weißem Fell« in Satz (2) für das Wort »Schimmel« einsetzt, und das dürfen wir, da ja die Definition des Wortes »Schimmel« diese Phrase als seine Bedeutung angibt, dann ergibt sich der Satz:

(2a) Alle Pferde mit weißem Fell haben ein weißes Fell.«

Und von der Wahrheit von Satz (2a) kann man sich ohne Feld-studie leicht überzeugen. Kant sagt nun, dass bei Sätzen wie (2) das Prädikat (»haben ein weißes Fell«) im Satzsubjekt (»Schimmel«) enthalten sei. Und Urteile, bei denen das der Fall ist, nennt er »analytisch«; Urteile hingegen, bei denen das nicht der Fall ist, wie in Satz (1), nennt er »synthetisch«:

> In allen Urteilen, worinnen das Verhältnis eines Subjekts zum Prädikat gedacht wird, […] ist dieses Verhältnis auf zweierlei Art möglich. Entweder das Prädikat B gehört zum Subjekt A als etwas, was in diesem Begriffe A (versteckterweise) enthalten ist; oder B liegt ganz außer dem Begriff A, ob es zwar mit demselben in Verknüpfung steht. Im ersten Fall nenne ich das Urteil analytisch, den dem andern synthetisch. [*Kritik der reinen Vernunft*, B 10]

Analytische Urteile sind wahr-komme-was-da-wolle. Mit anderen Worten: analytische Urteile sind *notwendigerweise* wahr. Als Beweis dafür, dass analytische Urteile notwendig wahr sind, gibt Kant an, dass die Verneinung eines analytischen Urteils selbstwidersprüchlich (und mithin falsch) sei (*Kritik der reinen Vernunft*, B 190). Somit haben wir uns von der Wahrheit analytischer Urteile a priori (vor der Erfahrung) überzeugt. Mithin ist zumindest eins klar: Es ist möglich, dass man auch ohne Erfahrung Erkenntnisse allein aus dem Denken gewinnen kann, nämlich in Gestalt analytischer Urteile. Allerdings lernt Hansi nicht viel Neues, wenn er a priori herausfindet, dass alle Schimmel ein weißes Fell haben, alle Kreise keine Ecken haben und alle Junggesellen unverheiratet sind. Denn analytische Urteile sind zwar notwendigerweise und a priori (vor der Erfahrung) wahr, aber sie sind auch wahnsinnig uninformativ, weil ja das Prädikat bereits im Subjekt enthalten ist.

Kant hat nun die Idee gehabt, beide Unterscheidungen (analytisch/synthetisch und a priori/a posteriori) aufeinander zu beziehen, sodass sich vier Möglichkeiten ergeben:

1. Analytische Urteile, die a priori wahr sind.
Die gibt es laut Kant, wie soeben im Schimmelbeispiel gezeigt.
2. Analytische Urteile, die a posteriori wahr sind.
Die gibt es nicht. Im Gegenteil gilt, dass alle Erkenntnisse, die a posteriori wahr sind, die Form synthetischer Urteile haben müssen: »Erfahrungsurteile, als solche, sind insgesamt synthetisch.« [*Kritik der reinen Vernunft*, B 11]
3. Synthetische Urteile, die a priori wahr sind.
Ob es die gibt, muss noch diskutiert werden.
4. Synthetische Urteile, die a posteriori wahr sind.
Die gibt es. Zu ihnen gehören alle Erfahrungsurteile, zum Beispiel »Das Pferd steht im Garten«, »Hans ist ein Junggeselle« usw.

Die große Frage ist nun, ob es den 3. Fall gibt: Gibt es synthetische Urteile, die a priori, das heißt ohne Erfahrung, wahr sind? Denn nur wenn es diese gibt, ist es möglich, dass wir mit reiner Vernunft, das heißt ohne Erfahrung, Erkenntnisse haben können, die mehr sind als pure Begriffsanalyse. Und solche Erkenntnisse braucht Kant, um die Kluft zwischen Außenwelt und Innenwelt zu überbrücken (*Kritik der reinen Vernunft*, B 23).

Synthetische Urteile a priori

Kant meint, dass es synthetische Urteile, die a priori wahr sind, gibt. Als Beispiele nennt er die Sätze der Logik und Mathematik. In seinen Augen ist ein mathematisches Urteil wie »1 + 1 = 2« nicht analytisch, sondern synthetisch. Ebenso die Schlüsse der Logik. Ob dem aber so ist oder nicht, darüber streiten die Gelehrten. Für den Logiker und Sprachphilosophen Gottlob Frege gilt als ausgemacht, dass die Urteile der Logik und der Arithmetik analytisch sind, die der Geometrie aber synthetisch und a priori wahr (wenn sie denn wahr sind); Rudolf Carnap hingegen ist der Meinung, dass alle mathematischen und logischen Wahrheiten analytisch sind und dass es keine synthetischen Urteile, die a priori wahr sind, gebe, während sein Schüler Quine die Unterscheidung analytisch/synthetisch insgesamt in Frage stellt.*

Laut Kant gibt es auch in den Naturwissenschaften synthetische Urteile a priori, nämlich in Gestalt von Prinzipien (Gesetzmäßigkeiten).

> Naturwissenschaft (physica) enthält synthetische Urteile a priori als Prinzipien in sich. [*Kritik der reinen Vernunft*, B 17f.]

Kant denkt dabei zum Beispiel an so etwas wie das 3. Newtonsche Gesetz, das besagt, dass zu jeder Kraft eine gleich große ihr entgegengerichtete Kraft gehört (actio = reactio). Dieses Prinzip ist, so Kant, nicht allein aus der Analyse der Begriffe »Kraft« oder »Gegenkraft« zu gewinnen und auch nicht allein aus Erfahrung. Dass solche Gesetze nicht allein auf Erfahrung gegründet werden können, hat den Grund, den Hume herausgearbeitet hat: Solange wir »actio = reactio« an der Erfahrung testen, ist es nichts weiter als eine Hypothese, deren *Wahrscheinlichkeit* zwar mit jeder bestätigenden Erfahrung steigt, deren *Wahrheit* aber nicht auf der Basis von Erfahrung nachgewiesen werden kann (denn es könnte ja irgendwann ein Fall auftreten, der die Hypothese widerlegt).

Kant hofft nun, dass er auch in der Metaphysik synthetische Urteile, die a priori wahr sind, nachweisen kann. Dies versucht er zunächst am Beispiel der Sinneswahrnehmung – wobei *en*

---

* Quines Kritik an dieser Unterscheidung betrachte ich im 17. Kapitel.

passant auch endlich deutlich wird, wie Kant die Kluft zwischen Außenwelt und Innenwelt überbrücken will.

Sinnlichkeit und Verstand

Laut Kant brauchen wir zweierlei, um ein Haus wahrzunehmen: die Sinnlichkeit (das Sehvermögen, Hörvermögen, Riechvermögen etc.) und den Verstand.

> Nur so viel scheint zur Einleitung, oder Vorerinnerung, nötig zu sein, dass es zwei Stämme der menschlichen Erkenntnis gebe [...], nämlich *Sinnlichkeit* und *Verstand*, durch deren ersteren uns Gegenstände gegeben, durch den zweiten aber gedacht werden. [*Kritik der reinen Vernunft,* B 29]

Kant nennt das, was die Sinnlichkeit uns in der Innenwelt liefert, eine »Anschauung«. (»Vermittelst der Sinnlichkeit also werden uns Gegenstände *gegeben*, und sie allein liefert uns *Anschauungen*; durch den Verstand aber werden sie gedacht, und von ihm entspringen *Begriffe*.« *Kritik der reinen Vernunft,* A 19 / B 33) Anschauungen sind mithin schon Teil der Innenwelt. Kant differenziert begrifflich sehr genau, wenn er über die Wahrnehmung eines Gegenstandes schreibt:

> Die Wirkung eines Gegenstandes auf die Vorstellungsfähigkeit, sofern wir von demselben affiziert werden, ist *Empfindung*. Diejenige Anschauung, welche sich auf den Gegenstand durch Empfindung bezieht, heißt *empirisch*. Der unbestimmte Gegenstand einer empirischen Anschauung heißt *Erscheinung*. [*Kritik der reinen Vernunft,* A 19 f. / B 34]

Wenn ich zum Beispiel aus dem Fenster sehe, dann habe ich Farbempfindungen (nämlich orange, rotbraune und eine mehr oder weniger weiße). Diese werden vom Gegenstand vor meinem Fenster (dem Dach des gegenüberliegenden Hauses) verursacht. Alle Anschauungen, die mit Empfindungen verbunden sind, nennt Kant »empirisch« – schließlich rühren die Empfindungen ja von den empirisch-wahrnehmbaren Gegenständen der Außenwelt her. Aber was ist dieser Gegenstand? Für mich war er immer ein Gegenstand aus Stein, Ziegeln und einer ganzen Menge Mörtel – für Kant nicht! Für ihn ist der »unbestimmte Gegenstand einer empirischen Anschauung« eine »Erscheinung« (s.o.). Das ist ein gewaltiger Unterschied. Kant war sich dessen voll und ganz bewusst. Seine revolutionäre Idee führt er in der Vorrede zur zweiten Auflage der *Kritik der reinen Vernunft* mit folgenden Worten ein:

> Bisher nahm man an, alle unsere Erkenntnis müsse sich nach den Gegenständen richten; aber alle Versuche, über sie a priori etwas durch Begriffe auszumachen, wodurch unsere Erkenntnis erweitert würde, gingen unter dieser Voraussetzung zunichte. Man versuche es daher einmal, ob wir nicht in den Aufgaben der Metaphysik damit besser fortkommen, dass wir annehmen, die Gegenstände müssen sich nach unserem Erkenntnis richten, welches so schon besser mit der verlangten Möglichkeit einer Erkenntnis derselben a priori zusammenreimt, die über Gegenstände, ehe sie uns gegeben werden, etwas festsetzen soll. [*Kritik der reinen Vernunft,* B XVI]

Wie meint er das? Was soll es heißen, dass sich die Gegenstände nach unseren Erkenntnissen richten müssen? Dem Haus auf der anderen Straßenseite ist es doch völlig egal, wer es wahrnimmt! Oder wie Hegel sagt:

> Der Gegenstand aber *ist,* das Wahre und das Wesen; er *ist,* gleichgültig dagegen, ob er gewusst wird oder nicht; er

bleibt, wenn er auch nicht gewusst wird; das Wissen aber ist nicht, wenn nicht der Gegenstand ist. [*Phänomenologie des Geistes*, S. 84]

Kant hätte das für falsch gehalten. Er führt eine weitere Unterscheidung ein: Die Unterscheidung zwischen der Erscheinung und dem Ding an sich. Die Haus-Erscheinung ist das Haus, auf das sich meine Anschauung bezieht. Sie ist der Gegenstand meiner Erkenntnis. Und diese Erkenntnis wird durch folgende Komponenten ermöglicht:

1. Das Haus, das die Farb-Empfindungen hervorruft.
2. Die Sinnlichkeit, die die Haus-Anschauung in meiner Innenwelt hervorruft.
3. Der Verstand, der diese Anschauung mit dem Begriff »Haus« belegt.

Ich beginne mit den Punkten 2 und 3: Wenn ich das Haus wahrnehme, dann liefert die Sinnlichkeit die Anschauung, die der Verstand unter den Begriff »Haus« einsortiert. Oder wie Kant sagt:

Ohne Sinnlichkeit würde uns kein Gegenstand gegeben, und ohne Verstand keiner gedacht werden. Gedanken ohne Inhalt sind leer, Anschauungen ohne Begriffe sind blind. [*Kritik der reinen Vernunft*, B 75]

Damit ich das Haus als »Haus« erkennen kann, muss ich über den Begriff »Haus« verfügen (das tun die Tauben, die vor meinem Fenster sitzen, nicht, was sie (unter anderem) ja auch so grundlegend von mir unterscheidet) – und diesen Begriff liefert der Verstand. Aber der Verstand allein käme gar nicht auf die Idee, so einen Begriff zu formen, wenn er nicht durch die sinnliche Anschauung dazu gereizt würde. Soweit zur »Innenwelt«-Seite.

Wie aber steht es nun mit Punkt 1: Was ist das Haus und inwiefern formt unsere Erkenntnis diesen Gegenstand?

Kants Überlegung klingt zunächst absurd. Ich schaffe doch kein Haus, indem ich es wahrnehme. Aber in gewissem Sinne tue ich das eben doch: Die Taube, die vor meinem Fenster sitzt, ist auch ein Sinnenwesen – aber sie verfügt (strunz-dumm wie sie ist) nicht über Begriffe. Ich weiß nicht, als was sich das Gebilde auf der anderen Straßenseite der Taube darstellt (vermutlich als möglicher Landeplatz oder Abort), ziemlich sicher aber nicht als Haus. Es ist auch gar nicht abwegig, dass die Taube, wenn ich sie fragen könnte, dort, wo ich das Haus sehe, gar kein Gebilde von derselben Größe und Form sieht. Möglicherweise nimmt sie die ganze Häuserzeile als Landeplatz, Abort oder Hindernis wahr. Das heißt: Die Taube und ich teilen die Materie, die sich unseren Sinnen im Raum-Zeit-Kontinuum darbietet, unterschiedlich ein; und insofern entwerfen die Taube und ich unterschiedliche Gegenstände – oder anders gesagt: das Gebilde auf der anderen Straßenseite *erscheint* mir als ein Haus. Der Taube *erscheint* es vielleicht als Teil eines Landeplatzes, und einem Hund *erscheint* es wieder als etwas anderes. Daher ist es nur folgerichtig, wenn Kant den Gegenstand der Außenwelt als »Erscheinung« bezeichnet. Der Gegenstand, auf den ich mit dem Ausdruck »das Haus gegenüber« Bezug nehme, wird von meinen Begriffen, die ich (im Einklang mit vielen anderen Menschen) auf die Welt projiziere, entscheidend geprägt und richtet sich insofern nach meiner Erkenntnis.

Die Kluft, die sich zwischen Außenwelt und Innenwelt aufgetan hatte, ist somit zugeschüttet. Wir brauchen weder eine prästabilierte Harmonie noch die Existenz eines gütigen Gottes anzunehmen, um sicherzustellen, dass wir etwas über die Dinge der Außenwelt sagen können. Der entscheidende Trick ist, dass die Innenwelt und die Außenwelt in beiden Richtungen miteinander verbunden sind: Die Gegenstände der Außenwelt (die Erscheinungen) werden uns als Anschauungen gegeben. Und als Erscheinungen kreieren wir mit unseren Begriffen die Gegenstände der Außenwelt. Die Brücke über die Kluft wird also in der einen Richtung (von außen nach innen) dadurch gebaut, dass der Gegenstand der Außenwelt unsere Sinne reizt und uns so zu Anschauungen verhilft; und in die andere Richtung (von innen nach außen) dadurch, dass wir die Welt mit unseren Begriffen, Kategorien und Prinzipien (die zum Teil a priori sind) begreifen. Somit ist das Problem des Empirismus (dass Gesetzmäßigkeiten nicht begründbar sind) gelöst (es gibt, so Kant, Prinzipien, die a priori wahr sind, in der Logik, Mathematik, Metaphysik und eben auch in der Physik). Und zugleich ist die Kluft nicht mehr so tief, wie Descartes noch meinte: Dass unsere Sinne uns über den Zustand der Welt *ständig* täuschen, ist für Kant schon deshalb ausgeschlossen, weil wir mit unserem Erkenntnisvermögen einen wesentlichen Teil zu dem beisteuern, was ich oben als »Außenwelt« bezeichnet habe. Oder anders gesagt: Aus Kants Warte ist es egal, ob die Maus in Wahrheit ein Elefant ist. Solange sie uns als »Maus« erscheint, wir uns (intersubjektiv) darüber einig sind, dass sie (im Deutschen) korrekterweise als »Maus« bezeichnet wird, und es einen Gegenstand gibt, der unsere Maus-Empfindung verursacht, ist die Maus eine Maus. Allerdings als eine Erscheinung »für uns«; nicht als ein Ding an sich. Kurz gesagt: Nun gibt es zwar keine Kluft mehr, aber das um den Preis, dass wir nicht mehr auf Gegenstände, sondern auf Erscheinungen Bezug nehmen, wenn wir über die Welt reden.

Doch wo ist der Gegenstand geblieben, an dem wir uns die Nase einrennen können? Hört das Haus auf zu existieren, wenn es niemanden mehr gibt, der es unter den entsprechenden Begriff fasst?

Natürlich zerfällt das Haus nicht sofort zu Staub, wenn die Menschheit ausstirbt. Es verschwindet ja auch nicht nachts, wenn es niemand beobachtet. Aber in gewissem Sinne hört es auf, Haus zu sein: Solange niemand es wahrnimmt, ist es für niemanden ein Haus. Die Steine, der Mörtel, die Dachziegel zerfallen nicht zu Staub, aber sie erscheinen niemandem als solche. Was also ist das unerkannte, nicht wahrgenommene Haus? Oder anders gefragt: Wie steht es um die objektive Realität des Hauses?

Groß, unerkannt und nie erreicht: das Ding an sich

Ziehen wir alles das ab, was wir in die Welt projizieren, damit wir einen Gegenstand wahrnehmen können, bleibt nicht viel: Die Begriffe (um im Beispiel zu bleiben: Dach, Dachziegel, Steine, Mörtel, Putz, Straßenseite, Haus etc.) liefert unser Verstand. Die Begriffe von Raum und Zeit, die man selbst nicht sinnlich wahrnehmen kann, kommen nach Kants Meinung als Anschauungen a priori hinzu, die nicht von der Außenwelt oder als Teil derselben abstrahierbar sind, sondern von uns zum Wahrnehmungsakt beigesteuert werden.

Also kann man vom Haus weder sagen, dass es aus der und der Materie besteht (denn die entsprechenden Begriffe würden vorausgesetzt werden), noch kann man sagen: »Das nicht-wahrgenommene Haus ist der Materieklumpen, der diese Stelle im Raum zu dieser Zeit einnimmt.« Denn die Begriffe Raum und Zeit bringen ja wir mit, sie haften nicht am Haus. Schon die Einteilung der Materie in bestimmte Stücke wird von uns vorgenommen. Was bleibt? Ein transzendentaler Gegenstand. Was heißt »transzendental«?

> Ich nenne alle Erkenntnis transzendental, die sich nicht sowohl mit Gegenständen, sondern mit unserer Erkenntnisart von Gegenständen, insofern diese a priori möglich sein soll, überhaupt beschäftigt. [*Kritik der reinen Vernunft*, B 25]

Transzendental ist der Gegenstand, der dem unerkannten Haus seine materielle Realität verleiht, insofern er unsere Erkenntnis der Erscheinung (des wahrnehmbaren Gegenstandes, den wir »Haus« nennen) ermöglicht. Über diesen transzendentalen Gegenstand können wir so gut wie gar nichts aussagen, außer dass er existieren muss, denn sonst würde das Haus ja zu nichts zerfallen, sobald es niemand mehr wahrnimmt. Diesen transzendentalen Gegenstand nennt Kant im Unterschied zur Erscheinung »Ding an sich«.

> Erscheinungen sind die einzigen Gegenstände, die uns unmittelbar gegeben werden können, und das, was sich darin unmittelbar auf den Gegenstand bezieht, heißt Anschauung. Nun sind aber diese Erscheinungen nicht Dinge an sich selbst, sondern selbst nur Vorstellungen, die wiederum ihren Gegenstand haben, der also von uns nicht mehr angeschaut werden kann, und daher der nicht empirische, d.i. transzendentale Gegenstand = X genannt werden mag.
> Der reine Begriff von diesem transzendentalen Gegenstande (der wirklich bei allen unsern Erkenntnissen immer einerlei = X ist) ist das, was in allen unseren empirischen Begriffen überhaupt Beziehung auf einen Gegenstand, d.i. objektive Realität verschaffen kann. [*Kritik der reinen Vernunft*, A 108f.]

Dass das Ding an sich »bei allen unsern Erkenntnissen immer einerlei = X« sein soll, klingt zunächst wiederum verwirrend. Denn das Haus auf der anderen Straßenseite ist doch etwas ganz anderes, als der Pudding in meinem Kühlschrank – die Materie des Hauses hat doch eine ganz andere Konsistenz! Doch die Unterscheidung »Haus-Materie« vs. »Pudding-Materie« können ja wiederum nur wir mit unseren Begriffen vornehmen. Das Ding an sich ist so wenig bestimmt, dass man noch nicht mal sagen kann, wo es anfängt oder aufhört. Es gibt keine Möglichkeit, von mehreren Dingen an sich zu sprechen, weil man dafür bereits Unterscheidungskriterien bräuchte (z.B. wo das eine aufhört und das nächste anfängt). Und solche Kriterien können, um in Kants Terminologie zu bleiben, nur Erscheinungen erfüllen, nicht aber das Ding an sich. Daher gibt es nur einen einzigen transzendentalen Gegenstand, der allen unseren Erkenntnissen die gegenständliche (objektive) Realität verleiht: das Ding an sich, dem Kant den wunderbar schlichten Namen »X« gibt. Der Rest ist Schweigen – das Ding an sich entzieht sich weiterer Bestimmungen.

Für Touristen, Denker und Genießer

Kant hat sich Zeit seines Lebens geweigert, Königsberg und seine nähere Umgebung zu verlassen. Da sein Wohnhaus bereits 1893 abgerissen wurde, ist es wohl das Gescheiteste, wenn es der gemeine Tourist dem Philosophen gleichtut und zu Hause bleibt.

Überlegenswert ist stattdessen das Königsberger Brückenproblem: Königsberg hatte sieben Brücken (inzwischen sind es nur noch fünf), die über den Pregel führten.

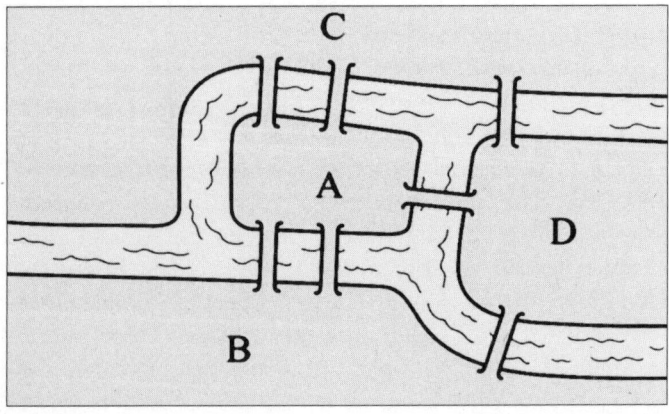

Wäre es Kant auf seinem täglichen Spaziergang möglich gewesen, genau einmal über jede der sieben Brücken zu gehen und dann wieder am Ausgangspunkt, nämlich in einem der Stadtteile A, B, C oder D, anzukommen? Die Frage lässt sich, wie Euler bereits 1736 bewiesen hat, a priori beantworten.

Wem das zu viel der reinen Vernunft und zu wenig des Genusses ist, der kann sich dem Klassiker der Aufklärung auch kulinarisch nähern. Für die berühmten Königsberger Klopse mischt man 1 eingeweichtes, altbackenes Brötchen, 1 klein gehackte Zwiebel, ½ Bund fein gehackte Petersilie, 1 Stück Zitronenschale, 1 EL Zitronensaft, 2 zerdrückte Sardellenfilets, 1 Ei, 2 EL Semmelbrösel, Salz und Pfeffer mit 600 g Hackfleisch (halb und halb). Aus diesem Teig formt man kleine Klöße, die man in einer hellen Sauce (40 g Mehl in 50 g Butter anrösten, dann ca. ¾ Liter Fleischbrühe einrühren, bis eine glatte Sauce entsteht) eine Viertelstunde kocht. Die Sauce wird dann mit Kapern (mindestens 2 EL), Crème fraîche, den Stücken einer halben Zitrone, der anderen Hälfte Petersilie und (wer's mag) noch zwei zerdrückten Sardellenfilets angereichert und mit Pfeffer, Salz und Muskat abgeschmeckt. Dazu passen Pellkartoffeln oder (so machte es meine Großmutter) Reis.

Kapitel 10

Unterwegs zur Wahrheit

Georg Wilhelm Friedrich Hegel

Bertrand Russell und Theodor W. Adorno haben nicht gerade
viele philosophische Gemeinsamkeiten. In einer Frage aber liegen sich die beiden grundverschiedenen Denker sozusagen in
den Armen: Hegel zu lesen, halten sie beide für eine Tortur.
So schreibt Russell kurz und klar:

> Hegels Philosophie ist sehr schwierig – ich möchte behaup-
> ten, er ist von allen großen Philosophen am schwersten zu
> verstehen. [Russell: *Philosophie des Abendlandes*, S. 738]

Derselbe Punkt klingt bei Adorno etwas verschnörkelter – aber
auch pointierter:

> Die Widerstände, welche die großen systematischen Werke
> Hegels, zumal die Wissenschaft der Logik, dem Verständnis
> entgegensetzen, sind qualitativ verschieden von denen, die
> andere verrufene Texte bereiten. Aufgabe ist nicht einfach,
> durch genaue Betrachtung des Wortlauts und durch den-
> kende Anstrengung eines zweifelsfrei vorhandenen Sinnes
> sich zu versichern. Sondern in vielen Partien ist der Sinn
> selbst ungewiss, und keine hermeneutische Kunst hat ihn bis
> heute fraglos etabliert; [...] Im Bereich großer Philosophie
> ist Hegel wohl der einzige, bei dem man buchstäblich zu-
> weilen nicht weiß und nicht bündig entscheiden kann, wo-

von überhaupt geredet wird, und bei dem selbst die Möglichkeit solcher Entscheidung nicht verbrieft ist. [Adorno: *Drei Studien zu Hegel*, S. 326]

Dass Georg Wilhelm Friedrich Hegels Texte zum Verzweifeln sind, hat verschiedene Gründe.

Erstens gehört Hegel (* 1770 in Stuttgart; † 1831 in Berlin) zu den Philosophen, die ein System schaffen wollten, mit dem man möglichst alles erklären kann. Dieses System wirkt auf den Leser als in sich geschlossenes, aber auch *ver*schlossenes Gebilde, in das man nicht leicht eindringen kann. Das liegt vor allem daran, dass das hegelsche System nicht etwa beim Einfachen beginnt und von dort aus Stück für Stück immer komplexer und differenzierter wird. Bei Hegels Texten ist das System in jedem Satz immer schon mitgedacht.

Zweitens hat sich Hegel sehr stark seine eigene Terminologie geschaffen. (Das kann gewaltige Vorteile haben, birgt aber die Gefahr, dass man von anderen nicht mehr verstanden wird, wenn man den individualistischen Wortgebrauch nicht erläutert.) Wenn der Leser heute dann auch noch eine der zahlreichen Einführungen erwischt, die Hegel in hegelscher Terminologie »erklären«, dann wird er sich vermutlich erst die Haare raufen und anschließend die ganze Einführung mitsamt Hegel beherzt in die Ecke pfeffern.

Drittens fand Hegel es einfacher, sich möglichst abstrakt auszudrücken, und er hatte diesbezüglich kein Herz für Schüler. So empfiehlt er dem Oberschulrat Immanuel Niethammer:

Was den Vortrag der Philosophie auf Gymnasien betrifft, so ist erstens die *abstrakte* Form zunächst die Hauptsache. Der Jugend muss zuerst das Sehen und Hören vergehen, sie muss vom konkreten Vorstellen abgezogen, in die innere Nacht der Seele zurückgezogen werden, auf diesem Boden sehen,

Bestimmungen festhalten und unterscheiden lernen. Ferner, *abstrakt lernt man denken* durch abstraktes Denken. [»Über den Vortrag der Philosophie auf Gymnasien (1812)«, S. 413]

Die Abstraktheit macht Hegels Stil so abscheulich. Die Sätze sind lang, die Absätze auch, und mehr als einmal muss man stundenlang darüber brüten, ob ein bestimmter Absatz nun eine Abschweifung ist, oder noch am zentralen Thema herumdoktert. Was genau das zentrale Thema war, muss man sich dann jedes Mal wieder erneut vor Augen führen.

Insofern sei jeder gewarnt, der sich an Hegel wagt: Wer nach zwei Seiten nichts mehr versteht, sollte nicht an seinem Verstand, sondern (wie Adorno) zunächst an Hegels didaktischen und sprachlichen Fähigkeiten zweifeln. Das In-die-Ecke-Pfeffern wird so manchem Leser in diesem Stadium als die gescheitere Alternative erscheinen. – Solche Gefühle gehören bei der Hegel-Lektüre einfach dazu. Man kann sich Hegels Gedanken aber selbstverständlich nur dann nähern, wenn man das Zeug nicht in die Ecke pfeffert, sondern geduldig weiter nach einem Schlüssel sucht, um wenigstens einen Fuß in die Tür zum System zu bekommen.

Dialektik

Mit dem Namen Hegel verbindet sich fast automatisch der Begriff »Dialektik«. Aber was soll das eigentlich sein?

Die hegelsche Dialektik ist so eine Art Denkbewegung, die sich durch einen auf den ersten Blick merkwürdigen Umgang mit einem Widerspruch auszeichnet: In der Dialektik gibt es stets den Widerspruch zwischen einer These und einer Antithese; dieser Widerspruch wird nun nicht etwa, wie es die analytische Philosophie tun würde, beseitigt, indem man sich entweder für eine der beiden Thesen entscheidet oder nach den Prämissen sucht, die zum Widerspruch geführt haben, und dann überlegt, welche von ihnen verworfen werden muss, um den Widerspruch zu beseitigen; nein, bei Hegel wird der Widerspruch zwischen These und Antithese in der Synthese »aufgehoben«. Der Trick soll dabei sein, dass These und Antithese in der Synthese in einem neuen Licht erscheinen und so noch einen Teil ihrer Gültigkeit behalten. Das klingt obskur. Ist es vielleicht auch. Doch die Dialektik ist bei Hegel nicht nur ein Werkzeug, um philosophische Erkenntnisse zu gewinnen:

> Das Dialektische gehörig aufzufassen und zu erkennen ist von größter Wichtigkeit. Es ist dasselbe überhaupt das Prinzip aller Bewegung, alles Lebens und aller Betätigung in der Wirklichkeit. Ebenso ist das Dialektische auch die Seele alles wahrhaft wissenschaftlichen Erkennens. [*Enzyklopädie der philosophischen Wissenschaften I*, § 81, Zusatz 1]

In der *Phänomenologie des Geistes* taucht die Dialektik zum Beispiel in einer auf den ersten Blick ziemlich schrägen Analogie auf. Die Frage, die hier im Hintergrund steht, lautet: Ist ein wissenschaftlicher Fortschritt in der Philosophiegeschichte denkbar? Als einen »wissenschaftlichen Fortschritt« betrachte ich, grob gesprochen, eine Entwicklung innerhalb einer Gemeinschaft von Wissenschaftlern, die nach folgendem Muster abläuft: Erst halten alle Wissenschaftler der Gruppe Theorie A für wahr. Dann taucht Theorie B auf, die Theorie A in einigen Punkten widerspricht. Theorie B erscheint den Wissenschaftlern der Gruppe als die überlegene Theorie, sie verwerfen Theorie A, halten fortan Theorie B für wahr, und Theorie B ist tatsächlich (deshalb Fortschritt) näher an der Wahrheit. Ein historisches Beispiel für einen solchen wissenschaftlichen Fortschritt wäre (aus dem Bereich der Astronomie) etwa der Übergang vom ptolemäischen zum kopernikanischen Weltbild. Beide sind zwar falsch, aber das kopernikanische Weltbild ist näher an der Wahrheit. (Die Erde bewegt sich um sich selbst und um die Sonne, in diesem Punkt hatte Kopernikus Recht. Aber die Erde bewegt sich nicht, wie Kopernikus annahm, auf einer Kreisbahn, sondern, wie Johannes Kepler lehrte, auf einer elliptischen Bahn um die Sonne.)

Hegel betrachtet nun das Beispiel einander widersprechender philosophischer Systeme. Die (in Hegels Augen) naive Betrachterin, der er hier den Namen »die Meinung« gibt, könnte zu der Ansicht gelangen, dass sie, wenn sich zwei philosophische Systeme widersprechen, nur das richtige aussuchen und das falsche verwerfen muss:

> So fest der Meinung der Gegensatz des Wahren und des Falschen wird, so pflegt sie auch entweder Beistimmung oder Widerspruch gegen ein vorhandenes philosophisches System zu erwarten und in einer Erklärung über ein solches nur entweder das eine oder das andere zu sehen. [*Phänomenologie des Geistes*, S. 12]

Das scheint doch eine ganz gescheite Idee zu sein: Kopernikus hat die bessere Theorie aufgestellt, sie widerspricht Ptolemäus, also werfen wir das ptolemäische Weltbild auf die große Müllhalde der gescheiterten (weil falschen) Theorien. Ebenso könnte man mit falschen philosophischen Theorien verfahren. Aber damit würden wir, so Hegel, gerade keinen *Fortschritt* beschreiben, sondern nur einen Wechseln von der einen Theorie zur anderen:

> Sie [die Meinung; d.h. die naive Betrachterin] begreift die Verschiedenheit philosophischer Systeme nicht so sehr als die fortschreitende Entwicklung der Wahrheit, als sie in der Verschiedenheit nur den Widerspruch sieht. [*Phänomenologie des Geistes*, S. 12]

Damit man einen wissenschaftlichen Fortschritt überhaupt erkennen kann, darf man die Theorie A also nicht einfach wegschmeißen – wer nur auf den Widerspruch zwischen Theorie A und B starrt und sich für eine der beiden Alternativen entscheiden will, der sieht den wesentlichen Teil nicht. In Hegels Augen lässt sich der Fortschritt nur formulieren, wenn man die Ausgangsthese mitdenkt. Hier kommt nun endlich die Dialektik zum Einsatz, und zwar mit der angekündigten schrägen Analogie:

> Die Knospe verschwindet in dem Hervorbrechen der Blüte, und man könnte sagen, dass jene von dieser widerlegt wird; ebenso wird durch die Frucht die Blüte für ein falsches Dasein der Pflanze erklärt, und als ihre Wahrheit tritt jene an die Stelle von dieser. Diese Formen unterscheiden sich nicht nur, sondern verdrängen sich auch als unverträglich miteinander. Aber ihre flüssige Natur macht sie zugleich zu Momenten der organischen Einheit, worin sie sich nicht nur nicht widerstreiten, sondern eins so notwendig als das andere ist, und diese gleiche Notwendigkeit macht erst das Leben des Ganzen aus. [*Phänomenologie des Geistes*, S. 12]

Das Problem an dieser Analogie ist, dass man kann eben *nicht* sagen kann, dass die Blüte die Knospe widerlege. Wer nichts behauptet und nichts beweist, der widerlegt auch niemanden. Und die Knospe war doch nur da. Da Hegel aber kein Dummkopf war, müssen wir davon ausgehen, dass ihm diese Schieflage aus irgendeinem triftigen Grund egal war.

Der Grund ist der folgende: Nehmen wir das Bild als Analogon der Theorien von Ptolemäus, Kopernikus und Kepler bezüglich unseres Sonnensystems. Dann entspräche das Ptolemäische Weltbild der Knospe – dass die Sonne sich um die Erde bewegt war die erste (und wenn man die Bewegungen der

Himmelskörper betrachtet auch die naheliegendste) Theorie. Wir müssen hier zwei Aspekte im Auge behalten, um einen wissenschaftlichen Fortschritt beschreiben zu können: Das ptolemäische Weltbild war die historisch erste der drei Theorien. Und im ptolemäischen Weltbild wird ein Phänomen auf denkbar einfache Weise erklärt: Es sieht von der Erde aus betrachtet so aus, als ginge die Sonne im Osten auf, nähme im Süden ihren Lauf und würde im Westen untergehen. Dieses Phänomen kann man mit Ptolemäus erklären: Die Sonne kreist um die Erde. Diese Erklärung ist einfach, naheliegend und falsch.

Nun kommt die Blüte: Kopernikus beschäftigt sich mit den Himmelskörpern und stellt fest, dass Ptolemäus Unrecht hatte. Seine Theorie (die Blüte) widerlegt das ptolemäische Weltbild und verdrängt es; entscheidend ist dabei, dass Kopernikus das Phänomen, dass die Sonne im Osten aufgeht, im Süden ihren Lauf nimmt und im Westen untergeht, ebenfalls (wenn auch nicht ganz so einfach) erklären kann.

Nach der Blüte kommt nun noch die Frucht in Gestalt von Kepler, der feststellte, dass auch Kopernikus nicht völlig richtig lag: Kopernikus glaubte, dass die Erde um die Sonne *kreist*. Dem widerspricht Kepler, der herausfindet, dass die Erde um die Sonne *eiert*.

Um nun eine »fortschreitende Entwicklung« hin zur Wahrheit zu erkennen, kann man nicht nur Kepler nehmen: Man muss, wie Hegel völlig zu Recht sagt, »das Ganze« sehen: von Ptolemäus über Kopernikus bis Kepler.

Wir haben es also, um die Stufen der Dialektik noch einmal zusammenzufassen, mit einer These zu tun (im Beispiel: das ptolemäische Weltbild), die von einer Antithese widerlegt wird (im Beispiel: das kopernikanische Weltbild). Beide aber werden in der Synthese »aufgehoben«, wobei die Synthese nicht etwa Keplers Weltbild ist, sondern die Betrachtung der Wissenschaftsgeschichte. In der Synthese wird die ganze Perspektive geändert. Und aus wissenschaftshistorischer Sicht widersprechen sich zwar Ptolemäus, Kopernikus und Kepler, sind aber Teil der Wissenschaftsgeschichte, Teil des wissenschaftlichen Fortschritts. Die These von Ptolemäus, dass die Sonne um die Erde kreist, ist somit in zweifachem Sinn in der Synthese (der wissenschaftshistorischen Perspektive) »aufgehoben«: 1. Sie hat keine Gültigkeit mehr, ihre Falschheit gilt als erwiesen; 2. Sie wird (als Teil der Wissenschaftsgeschichte) aufbewahrt.

So betrachtet ist die Dialektik nicht besonders geheimnisvoll, nur muss man bei dieser Art von Nachdenkerei natürlich immer genau im Auge behalten, auf welcher Ebene und aus welcher Perspektive man gerade argumentiert, um Widersprüche zu vermeiden. (Denn es ist ja nicht der Fall, dass wir noch immer an das ptolemäische Weltbild glauben – auch wenn dieses Teil der Wissenschaftsgeschichte ist.)

Mein Beispiel allerdings kann eine hegelsche Forderung nicht einlösen: die im Zitat (S. 177) behauptete »Notwendigkeit«. Es war sicherlich nicht *notwendig*, dass der wissenschaftlich interessierte Teil der Menschheit zunächst Ptolemäus, dann Kopernikus und schließlich Kepler Glauben schenkte. Mit etwas (oder ziemlich viel) Glück hätten wir auch gleich bei Kepler anfangen können. Aber auch in der Analogie sehe ich nicht, inwiefern die Knospe *notwendigerweise* der Blüte vorhergeht. Es könnte doch auch sein, dass eine Frucht einfach so aus einem Zweig herauswächst (ohne Knospe, ohne Blüte und ohne Befruchtung) – das ist nicht real, aber es wäre doch denkbar, sprich: *möglich*.

Hegel würde mir in dieser Frage entgegenhalten, dass ich nicht lange genug nachgedacht habe. Denn diese Notwendigkeit ist in seinen Augen für das »auffassende Bewusstsein« schwer zu erkennen; so fährt er an der zitierten Stelle fort:

Aber der Widerspruch gegen ein philosophisches System pflegt teils sich selbst nicht auf diese Weise zu begreifen, teils auch weiß das auffassende Bewusstsein gemeinhin nicht, ihn von seiner Einseitigkeit zu befreien oder frei zu erhalten und in der Gestalt des streitend und sich zuwider Scheinenden gegenseitig notwendige Momente zu erkennen. [*Phänomenologie des Geistes*, S. 12]

Da werde ich an meinem auffassenden Bewusstsein wohl noch arbeiten müssen – denn ich sehe, wie gesagt, einen naturwissenschaftlichen (und in manchen Bereichen der Geschichte der Philosophie sogar einen philosophischen) Fortschritt. Aber die von Hegel behauptete Notwendigkeit sehe ich nicht.

Die Wahrheit und wie wir an sie herankommen

In Hegels Augen gilt, dass sich die Wissenschaft (und dazu gehört für ihn auch eine gescheite (sprich: seine eigene) Philosophie) im Laufe der Wissenschaftsgeschichte immer mehr der Wahrheit annähert. Was ich bisher unterschlagen hatte, war Hegels Wahrheitsbegriff: Wahr sind für Hegel nicht etwa bestimmte Sätze oder deren Inhalt. (Da spricht Hegel nur von »Richtigkeit«.) Wahrheit ist für Hegel etwas, was Objekten zukommt.

Gewöhnlich nennen wir Wahrheit Übereinstimmung eines Gegenstandes mit unserer Vorstellung. Wir haben dabei als Voraussetzung einen Gegenstand, dem unsere Vorstellung von ihm gemäß sein soll. – Im philosophischen Sinn dagegen heißt Wahrheit, überhaupt abstrakt ausgedrückt, Übereinstimmung eines Inhalts mit sich selbst. Dies ist also eine ganz andere Bedeutung von Wahrheit als die vorher erwähnte. Übrigens findet sich die tiefere (philosophische) Bedeutung der Wahrheit zum Teil auch schon im gewöhnlichen Sprachgebrauch. So spricht man zum Beispiel von einem *wahren* Freund und versteht darunter einen solchen, dessen Handlungsweise dem Begriff der Freundschaft gemäß ist; ebenso spricht man von einem *wahren* Kunstwerk. Unwahr heißt dann soviel als schlecht, in sich selbst unangemessen. In diesem Sinne ist ein schlechter Staat ein unwahrer Staat, und das Schlechte und Unwahre überhaupt besteht in dem Widerspruch, der zwischen der Bestimmung oder dem Begriff und der Existenz eines Gegenstandes stattfindet. [*Enzyklopädie der philosophischen Wissenschaften*, Bd. 1, § 24 Zusatz 2, S. 86]

Richtigkeit und Wahrheit werden im gemeinen Leben sehr häufig als gleichbedeutend betrachtet, und demgemäß wird oft von der Wahrheit eines Inhalts gesprochen, wo es sich um die bloße Richtigkeit handelt. Diese betrifft überhaupt nur die formelle Übereinstimmung unserer Vorstellung mit ihrem Inhalt, wie dieser Inhalt auch sonst beschaffen sein mag. Dahingegen besteht die Wahrheit in der Übereinstimmung des Gegenstandes mit sich selbst, d.h. mit seinem Begriff. [*Enzyklopädie der philosophischen Wissenschaften*, Bd. 1, § 172, Zusatz, S. 323]

Dieser Unterschied zwischen Richtigkeit und Wahrheit hat sich, das sei nur nebenbei bemerkt, in der Philosophiegeschichte nicht durchgesetzt – heutzutage ist, Hegel hin oder her, immer noch bei den meisten Philosophen Wahrheit etwas, was Sätzen (oder genauer: den beurteilbaren Inhalten von Aussagesätze) zukommen kann. (Eine ausführliche (und verständliche) Darstellung zum Thema Wahrheit hat Wolfgang Künne in seinem Buch *Conceptions of Truth* geliefert.)
Für Hegel aber gilt, dass Wahrheit dem Objekt zukommt: Ein wahrer Freund ist ein Freund im Vollsinn des Wortes. Ein

»wahrer Staat« ist ein guter Staat, ein Staat, der unserem Begriff von »Staat« voll und ganz entspricht.

Diesen Wahrheitsbegriff vorausgesetzt, heißt wissenschaftlicher Fortschritt, dass wir immer näher an die Dinge herankommen, wie sie wirklich sind – zumindest ist das das Ziel der Wissenschaften. Oder wie Hegel sagt:

> Das *Ziel* aber ist dem Wissen ebenso notwendig als die Reihe des Fortganges gesteckt; es ist da, wo es nicht mehr über sich selbst hinauszugehen nötig hat, wo es sich selbst findet und der Begriff dem Gegenstande, der Gegenstand dem Begriff entspricht. [*Phänomenologie des Geistes*, S. 74]

Das Ziel der Wissenschaften ist mithin, kurz gesagt, dass wir die Wahrheit wissen, was bei Hegel gleichbedeutend damit ist, dass wir die Gegenstände so erkennen, wie sie sind, was wiederum bedeutet, dass die erkannten Gegenstände ihrem Begriff entsprechen und unsere Begriffe den Gegenständen.

Auch Hegel hat mitbekommen, dass wir mitunter gewaltige Fehler in unserem wissenschaftlich-philosophischen Weltbild mit uns herumschleppen. Das ptolemäische Weltbild ist nur eines von vielen Beispielen von Scheinwissen, das Menschen einmal für echtes Wissen gehalten haben. Die große Frage ist nun (insbesondere für die Philosophie, die sich ja nicht an Experimente und Erfahrung halten kann, um ihre Thesen zu stützen): Wie kann man Scheinwissen von echtem Wissen unterscheiden? Wie sollen wir entscheiden, ob eine Theorie uns weiter von der Wahrheit entfernt oder welche von zwei streitenden, zumal philosophischen, Theorien näher an der Wahrheit ist? Oder anders gefragt: Wie funktioniert wissenschaftlicher Fortschritt? Ist es nicht möglich, dass die Wissenschaftsgeschichte Moden unterliegt, das heißt, dass die Gemeinschaft der Wissenschaftler (oder auch der Philosophen) auch mal eine Theorie verwirft, die sie eigentlich der Wahrheit näher gebracht hätte?

Was wir bräuchten, wäre eine Art Maßstab, mit dem wir zwei einander widersprechende Theorien beurteilen können. Bei Hegel klingt derselbe Punkt so:

> Diese Darstellung, als ein *Verhalten* der *Wissenschaft* zu dem *erscheinenden* Wissen und als *Untersuchung* und *Prüfung der Realität des Erkennens* vorgestellt, scheint nicht ohne irgendeine Voraussetzung, die als *Maßstab* zugrunde gelegt wird, stattfinden zu können. Denn die Prüfung besteht in dem Anlegen eines angenommenen Maßstabes, und in der sich ergebenden Gleichheit oder Ungleichheit dessen, was geprüft wird, mit ihm liegt die Entscheidung, ob es richtig oder unrichtig ist; und der Maßstab überhaupt und ebenso die Wissenschaft, wenn sie der Maßstab wäre, ist dabei als das *Wesen* oder als das *Ansich* angenommen. [*Phänomenologie des Geistes*, S. 75]

Jedes Wissen, jede Theorie, hat Voraussetzungen, die nicht selbst von der Theorie bewiesen werden. Vorausgesetzt, dass eine Theorie in sich widerspruchsfrei ist, gilt es, die Richtigkeit der Voraussetzungen der Theorie zu überprüfen. Doch wenn wir die Voraussetzungen einer Theorie hinterfragen, brauchen wir wiederum eine Theorie, auf deren Basis wir diese Fragen stellen. Die Theorie, die wir zur Prüfung einer anderen voraussetzen, betrachten wir unhinterfragt als »richtig«, das heißt, wir gehen davon aus, dass die unhinterfragte Theorie die Dinge darstellt, wie sie sind. Dasselbe meint Hegel, wenn er davon spricht, dass eine solche »Wissenschaft, wenn sie der Maßstab wäre« als das »Wesen« oder »Ansich« (d.h. so wie die Dinge *de facto* sind, nicht so, wie sie *uns* (möglicherweise falsch) erscheinen) angenommen wird.

Aber ein solcher Maßstab birgt Probleme, denn wer sagt uns, dass die Theorie, die wir zur Prüfung anlegen, richtig ist? Oder wie Hegel sagt:

> Aber hier, wo die Wissenschaft erst auftritt, hat weder sie selbst noch was es sei sich als das Wesen oder als das Ansich gerechtfertigt; und ohne ein solches scheint keine Prüfung stattfinden zu können. [*Phänomenologie des Geistes*, S. 75f.]

Was sich hier auftut, ist eine skeptischer Abgrund. Der Skeptiker scheint sich an dieser Stelle ins Fäustchen zu lachen, nach dem Motto: »Ich hab euch doch gleich gesagt, dass ihr die Wahrheit niemals finden werdet! Eure sauberen Wissenschaften und Philosophien könnt ihr vergessen!«

Aber so leicht gibt Hegel nicht auf. Er ist fest davon überzeugt, dass es wissenschaftlichen Fortschritt gibt und dass sich die Wissenschaftsgeschichte sogar nach einer inneren Notwendigkeit (auch wenn sie mir noch nicht recht einleuchtet) auf die Wahrheit zubewegt. Wie ist das angesichts der Schwierigkeiten, einen brauchbaren Wahrheitsmaßstab zu finden, möglich? Hegel will zunächst klären, was Wissen und was Wahrheit genau sein sollen. Beim Wissen kann man vielleicht ganz simpel so ansetzen. Wissen hat immer diese Form: Jemand weiß etwas. Statt »jemand« sagt Hegel »Bewusstsein«. Das Bewusstsein »*unterscheidet* nämlich etwas von sich, worauf es sich zugleich *bezieht*«. Soweit, so einfach: Wenn Peter weiß, dass das da drüben, was so bellt, ein Hund ist, dann unterscheidet Peter damit zugleich sich selbst von dem Hund; aber indem er weiß, dass das da ein Hund ist, bezieht er sich auf den Hund. Insofern kann man auch sagen, dass das Wissen darin besteht, dass das, was da bellt, *für Peter* ein Hund ist. Es ist aber möglich, dass der Kläffer gar kein Hund ist (sondern ein Wolf, ein degenerierter Fuchs, eine Katzen-Mutante oder ein neuer Spielzeugroboter etc.). Das heißt, es gibt einen Unterschied zwischen dem, was das bellende Ding *für Peter* ist, und dem, was das bellende Ding tatsächlich (oder wie Hegel sagt: *an sich*) ist. Wahres Wissen ist nur dann gegeben, wenn das Ding nicht nur *für Peter* ein Hund ist, sondern auch *an sich*. Wahrheit ist für Hegel somit »An-sich-sein«, da ja »Wahrheit« nicht eine Eigenschaft von Aussagen, sondern etwas war, was Gegenständen zukommt, wenn sie so sind, wie sie ihrem Begriff nach sein sollten.

Der Maßstab, den wir suchen, soll dazu dienen, Scheinwissen von wahrem Wissen zu unterscheiden. Hegel macht nun das Wissen selbst zum Untersuchungsobjekt, dem Wahrheit zukommen kann: »Untersuchen wir nun die Wahrheit des Wissens, so scheint es, wir untersuchen, was es *an sich* ist.« (*Phänomenologie des Geistes*, S. 76)

Indem Hegel das Wissen zum Objekt macht, fällt aber sofort ein Unterschied ins Auge: Der Hund war für Peter etwas, was er nicht selbst ist. Peters Wissen hingegen ist etwas, was von Peter deutlich weniger getrennt ist als der Hund! Das Wissen, das wahre Wissen und das Scheinwissen, ist immer auch ein Wissen des Bewusstseins und mithin »für uns«, die wir dieses Wissen haben:

> Untersuchen wir nun die Wahrheit des Wissens, so scheint es, wir untersuchen, was es *an sich* ist. Allein in dieser Untersuchung ist es *unser* Gegenstand, es [das Wissen] ist *für uns*. [*Phänomenologie des Geistes*, S. 76]

Hier möchte man fragen: Was denn nun? Ist das wahre Wissen das Wissen *an sich*? Oder ist es das Wissen *für uns*? Hegel schlägt mit der Dialektik zu und sagt: Beides, nur eben auf einer höheren Stufe.

> Aber die Natur des Gegenstandes, den wir untersuchen [d. i. das Wissen], überhebt dieser Trennung oder dieses Scheins

von Trennung und Voraussetzung. Das Bewusstsein gibt seinen Maßstab an ihm selbst, und die Untersuchung wird dadurch eine Vergleichung seiner mit sich selbst sein. [...] An dem also, was das Bewusstsein innerhalb seiner für das *Ansich* oder das *Wahre* erklärt, haben wir den Maßstab, den es selbst aufstellt, sein Wissen daran zu messen. [*Phänomenologie des Geistes*, S. 76f.]

Diesen argumentativen Trick kann man als »immanente Kritik« bezeichnen. Konkret muss man sich diese immanente Kritik wohl so vorstellen: Es gibt keinen voraussetzungsfreien Maßstab, keine voraussetzungslosen Grundbegriffe, mit denen man jede Theorie auf ihre Richtigkeit abklopfen kann. Um zur Wahrheit, also zu den Dingen, wie sie tatsächlich sind, mittels Wissenschaft vorzudringen, schlägt Hegel vor, dass wir unser Wissen ständig auf der Basis unseres Wissens überprüfen; sprich: Selbstkritik üben. Diese Prüfung kann in zwei Richtungen erfolgen: Wir können uns fragen, ob ein Gegenstand unter einen Begriff fällt, und wir können uns fragen, ob ein Begriff auf einen Gegenstand passt. Erst wenn beides zusammengeht (einander »entspricht«, wie Hegel sagt), haben wir den wahren Begriff und den wahren Gegenstand gefunden.

Nennen wir das *Wissen* den *Begriff*, das Wesen oder das *Wahre* aber das Seiende oder den *Gegenstand*, so besteht die Prüfung darin, zuzusehen, ob der Begriff dem Gegenstande entspricht. Nennen wir aber *das Wesen* oder das Ansich *des Gegenstandes den Begriff* und verstehen dagegen unter dem *Gegenstande* ihn als *Gegenstand*, nämlich wie er *für ein Anderes* ist, so besteht die Prüfung darin, dass wir zusehen, ob der Gegenstand seinem Begriffe entspricht. [*Phänomenologie des Geistes*, S. 77]

Dieses Verfahren hat natürlich nur dann Aussicht auf Erfolg, wenn man erstens davon ausgeht, dass unser wissenschaftlich-philosophisches Weltbild (zumindest zur Zeit Hegels) in sich widersprüchlich und unvollständig ist (d.h. dass die Wissenschaftler neue Gegenstände entdecken und andererseits, dass es innerhalb des Systems hier und da knirscht, weil bestimmte Begriffe oder Vorstellungen von der Welt nicht recht zusammenpassen); zweitens wird vorausgesetzt, dass es ein wissenschaftliches Gesamtsystem gibt (oder geben könnte), in dem die Grundlagen und Erkenntnisse aller Wissenschaften (bei Hegel heißt das stets: inklusive Philosophie) zusammenpassen. Es ist auch Hegel klar, dass die Wissenschaften (zu seiner Zeit) nicht frei von Irrtümern sind. Daher geht auch er davon aus, dass »das Bewusstsein« (heute würde man von der »scientific community«, von der Gemeinschaft der (maßgeblichen) Wissenschaftler sprechen) sein Wissen nach der Prüfung ändern muss:

> Entspricht sich in dieser Vergleichung beides nicht, so scheint das Bewusstsein sein Wissen ändern zu müssen, um es dem Gegenstande gemäß zu machen. [*Phänomenologie des Geistes*, S. 78]

Aber Hegel wäre nicht Hegel, wenn er nicht noch eine Überraschung bereithalten würde. Denn nach seiner Meinung ändert sich nicht nur auf der Seite des Bewusstseins etwas:

> [A]ber in der Veränderung des Wissens ändert sich ihm in der Tat auch der Gegenstand selbst, denn das vorhandene Wissen war wesentlich ein Wissen von dem Gegenstande; mit dem Wissen wird auch er ein anderer, denn er gehörte wesentlich diesem Wissen an. Es wird hiermit dem Bewusstsein, dass dasjenige, was ihm vorher das *Ansich* war, nicht an sich ist oder dass es nur *für es* an sich war. Indem es

[das Bewusstsein] also an seinem Gegenstande sein Wissen diesem nicht entsprechend findet, hält auch der Gegenstand selbst nicht aus. [*Phänomenologie des Geistes*, S. 78]

Ein Beispiel, das etwas weniger abstrakt ist, kann Hegels Behauptung, dass sich der Gegenstand ändert, wenn sich unser Wissen ändert, vielleicht erhellen. Wer keine Ahnung von Kunst hat, sieht in einem gewissen Sinn einen anderen Gegenstand als der Kenner. Wer eine (brauchbare) Führung durch ein Museum schon einmal mitgemacht hat, wird dieses Aha-Erlebnis kennen. Auf den ersten Blick sieht es aus, als habe Joseph Beuys drei alte, zerschnittene Konservendosen auf ein Brett genagelt. Weiß man aber, dass er ein religiöser Mensch war, sieht man plötzlich etwas anderes: die drei Dosen stellen eine Kreuzigungsszene dar. Mit Hegel kann man in einem solchen Fall sagen: Was das Werk zunächst *an sich* zu sein schien (»drei zersägte Dosen auf Brett«), war es doch nur *für den Betrachter*. Als sich das Wissen ändert, findet der Betrachter heraus, was diese drei Dosen *an sich* sind, nämlich die Darstellung der Kreuzigungsszene.

Selbstverständlich ändert sich der Gegenstand dabei nicht so, dass er seine Farbe wechselt oder aus einem Tisch plötzlich ein Stuhl wird. Denn Hegels ganzer Überlegung liegt ja der Gedanke zugrunde, dass es eine Wahrheit gibt, dass es ein Ansich gibt, das wir mit unseren Wissenschaften entdecken können. Diese Wahrheit ist das unumstößliche Ziel, auf das wir uns mit unseren Wissenschaften zubewegen. (Er sagt ja auch nicht, dass sich der Gegenstand, das Ansich, *an sich* verändert hat. Der Gegenstand hat sich nur insofern verändert, als er vom Bewusstsein für ein *Ansich* gehalten wurde, was sich als Fehler herausgestellt hat.)

Da wir unser Wissen nur auf der Basis unseres Wissens überprüfen (d.h. Selbstkritik üben) können, ändert sich, wenn wir das Wissen ändern, zugleich auch der Maßstab, mit dem wir unser Wissen weiter prüfen, oder wie Hegel sagt:

> [D]er Maßstab der Prüfung ändert sich, wenn dasjenige, dessen Maßstab er sein sollte, in der Prüfung nicht besteht; und die Prüfung ist nicht nur eine Prüfung des Wissens, sondern auch ihres Maßstabes. [*Phänomenologie des Geistes*, S. 78]

So werden wir in den Wissenschaften, hofft Hegel, durch Selbstkritik immer besser und nähern uns der Wahrheit immer mehr an. Das Faszinierende ist, dass es bei Hegel keinen theoriefreien Standpunkt gibt, von dem aus man das ganze System der Wissenschaften auf sichere Füße stellen könnte. Und das ist eine Einsicht, die, man sollte es kaum für möglich halten, irgendwie an die logischen Empiristen des Wiener Kreises (eine Gruppe von Wissenschaftlern und Philosophen um Moritz Schlick) erinnert. Und sogar der beinharte Empirist W.V.O. Quine wählt für sein Hauptwerk *Wort und Gegenstand (Word and Object)* das berühmte Zitat von Otto Neurath, Mitglied des Wiener Kreises, als Motto:

> Wie Schiffer sind wir, die ihr Schiff auf offener See umbauen müssen, ohne es jemals in einem Dock zerlegen und aus besten Bestandteilen neu errichten zu können. [Zitiert nach Quine: *Wort und Gegenstand*, S. 5]

Aber, um im Bild zu bleiben: Hegel und der Wiener Kreis stehen deshalb noch lange nicht auf demselben (und sei es noch so desolaten) Dampfer. Sie winken sich hier gleichsam nur einmal kurz zu, ehe beide (jeder auf seinem eigenen maroden Schiff) weiter die kaputten Planken herausreißen und versuchen, ihre Schiffe flott zu kriegen.

Für Touristen

Hegels Geburtshaus steht noch (Stuttgart, Eberhardstraße 53). Darin kann man zwei Ausstellungen besuchen: eine zeigt Stuttgart zu Hegels Zeit; eine zweite beschreibt seinen Lebensweg.

Dieser Lebensweg führte Hegel von Stuttgart über das Tübinger Stift (Klosterberg 2, Tübingen), wo er sich mit Hölderlin und Schelling anfreundete, über Bern und Frankfurt (am Main) an die Universität von Jena, wo man ihm ein Denkmal gesetzt hat. Hegel zog als Herausgeber einer Zeitung nach Bamberg, wo er im »Haus zum Krebs« (Pfahlplätzchen 1), an dem eine Tafel hängt, die an ihn erinnert, gewohnt hat und ging dann als Rektor eines Gymnasiums nach Nürnberg, ehe er endlich Professor in Heidelberg und später in Berlin wurde. Er liegt dort auf dem Dorotheenfriedhof begraben.

Kapitel 11

Geschichte ist aller Gesellschaft Anfang

Karl Marx und Friedrich Engels

Dass Gedanken, Ideen, Theorien oder Analysen die Welt verändern können, hat Karl Marx (* 1818 in Trier; † 1883 in London) nicht für möglich gehalten. In seinen Augen sind die (materiellen) Widersprüche in einer Gesellschaft die Triebfedern der großen gesellschaftlichen Umwälzungen. Entgegen dieser marxschen Grundannahme scheint ausgerechnet das Werk von ihm und seinem Freund Friedrich Engels (* 1820 in Barmen, heute Wuppertal; † 1895 in London) das Gegenteil zu beweisen: Die politische Entwicklung in der Sowjetunion und den anderen Staaten des Warschauer Pakts wäre gewiss eine andere gewesen, hätte es die Arbeiten von Marx und Engels nicht gegeben.

Vor 1989/90 war es keine Frage, ob man Marx lesen sollte. Man sollte. Für die einen war es wichtig zu wissen, wo der (ideologische und politische) Feind stand. Für die anderen war sein Werk die Grundlage aller politisch-historischen und auch wirtschaftlichen Erkenntnis. Nach dem Zusammenbruch des Ostblocks gab es eine Phase, in der es so aussah, als würde Marx gleichsam unter dem Schutt der Berliner Mauer begraben werden. Aber dem war und ist nicht so: Marx wird noch immer (bevorzugt während der immer wiederkehrenden Wirtschaftskrisen) gelesen, und wer seine Texte studiert, wird an vielen Stellen überrascht sein, wie aktuell sie noch immer sind. Dabei ist Marx' ökonomische Arbeit natürlich nicht frei von Irrtümern. So ist zum Beispiel seine (vom englischen Ökonomen David Ricardo übernommene) Arbeitsmengen-Theorie, der gemäß sich der Wert einer Ware aus der Menge an Arbeit, die zu ihrer Herstellung nötig war, ergibt, zumindest für manche Waren falsch. In anderen Fragen lag Marx dagegen richtig und ist nach wie vor lesenswert: So war er zum Beispiel einer der ersten Wissenschaftler, die erkannten, dass der Kapitalismus Konjunkturzyklen unterworfen und daher krisenhaft ist; er hat die Produktions-, Eigentums- und Abhängigkeitsverhältnisse zwischen Arbeitgebern und Arbeitnehmern (oder wie Marx sagen würde: zwischen Kapitalisten und dem Proletariat) in großer Klarheit herausanalysiert; und schließlich war er, im Unterschied zu anderen Ökonomen vor ihm, der Auffassung, dass das kapitalistische System (wie überhaupt alle gesellschaftlichen und politischen Strukturen) nicht wie eine Art Natur-Notwendigkeit vom Himmel gefallen ist, sondern historisch bedingt von Menschen gemacht wurde. Aus dieser Einsicht folgt zweierlei:

1. Man kann jedes System auch ändern. (Diese Erkenntnis verleiht dem marxschen Denken seine revolutionäre Sprengkraft.)
2. Ein Studium der historischen Bedingungen, die zur Entstehung eines Wirtschaftssystems und einer Gesellschaftsstruktur beigetragen haben, kann Klarheit in die gesellschaftlichen, wirtschaftlichen und politischen Verhältnisse der jeweiligen Gegenwart bringen.

Den zweiten Gedanken konsequent verfolgend haben Marx und Engels oft historisch argumentiert. Die Betrachtung der Geschichte wird so zu einer der tragenden Säulen ihres Denkens. Die Geschichtsphilosophie von Marx und Engels, der (von Engels später so genannte) »historische Materialismus«, ist das Fundament dieser Säule, das ich im Folgenden näher betrachten will.

Die materialistische Geschichtsauffassung
(»historischer Materialismus«)

Sowohl Thomas Hobbes als auch Jean-Jacques Rousseau hatten, wie wir oben sahen, anthropologische Voraussetzungen als Basis für ihre Betrachtung der Geschichte der Menschheit gewählt. Bei Rousseau war »der Mensch« von Natur aus (oder »seinem Wesen nach«) mehr oder weniger gut, aber anfällig für Schlechtigkeiten, bei Hobbes war der Mensch »seinem Wesen nach« egoistisch. Von einem solchen, im Grunde unüberprüfbaren (und insofern nicht besonders wissenschaftlichen) Vorgehen halten Marx und Engels nichts. Die Frage, ob es überhaupt ein »Wesen des Menschen« gibt, tritt bei ihnen in den Hintergrund. Sie schlagen eine überprüfbare Basis für die Betrachtung der Geschichte der Menschheit vor:

> Die Voraussetzungen, mit denen wir beginnen, sind keine willkürlichen, keine Dogmen, es sind wirkliche Voraussetzungen, von denen man nur in der Einbildung abstrahieren kann. Es sind die wirklichen Individuen, ihre Aktion und ihre materiellen Lebensbedingungen, sowohl die vorgefundenen wie die durch ihre eigne Aktion erzeugten. Diese Voraussetzungen sind also auf rein empirischem Wege konstatierbar. [*Deutsche Ideologie,* S. 20]

Marx und Engels wollen ihre Betrachtung der Geschichte auf drei Voraussetzungen aufbauen:
1. die wirklichen Individuen
2. die Handlungen dieser Individuen
3. die materiellen Lebensbedingungen dieser Individuen
Den dritten Punkt unterscheiden sie in die
3a. vorgefundenen Lebensbedingungen (die unbearbeitete Natur) und die
3b. von Menschen erzeugten Lebensbedingungen.

Anstelle des Wesens des Menschen oder des Weltgeistes und seiner Entwicklung in der Geschichte (wie bei Hegel), sind für Marx und Engels die Individuen (Peter, Paul, Maria usw.), das heißt die Menschen, die wirklich gelebt haben, die Ausgangspunkte von Geschichte (und ergo von Geschichtsschreibung). Allerdings nicht die Menschen in ihrer puren Existenz: Diese Menschen tun etwas, sie handeln (treiben Ackerbau, jagen, machen Politik, schreiben Bücher), und diese Handlungen werden Teil der Geschichte. Ferner gilt: Die Menschen sind nicht allein. Wir haben eine natürliche und eine soziale Umwelt (beides nennen Marx und Engels die »Lebensbedingungen«). Wer im Nordpolarkreis aufwächst, hat andere Lebensbedingungen, es sind andere Handlungen nötig, um als Mensch überleben zu können, als für jemanden, der in der Sahara wohnt. Das Klima, die Natur, der Boden sind für Marx und Engels »vorgefundene« und nicht von Menschen gemachte Lebensbedingungen. Aber schon Marx und Engels ist klar, dass die Menschen durch ihre Handlungen diese vorgefundene Natur »modifizieren« können (*Deutsche Ideologie*, S. 21). Dabei haben sie sicherlich noch nicht an die Klimakatastrophe oder das Ozonloch gedacht, aber die Möglichkeit, dass die Menschen ihre natürliche Umgebung verändern können, ist ihnen, als Zeitzeugen der industriellen Revolution, selbstverständlich bewusst.

Marx und Engels halten fest:

> Alle Geschichtsschreibung muss von diesen natürlichen Grundlagen und ihrer Modifikation im Lauf der Geschichte durch die Aktion der Menschen ausgehen. [*Deutsche Ideologie*, S. 21]

Im nächsten Schritt fragen Marx und Engels, was die Menschen vom Rest der Natur unterscheidet, schließlich wollen sie keine Naturgeschichte schreiben, sondern die Geschichte der Menschen betrachten. Marx und Engels erwähnen zunächst ein paar ältere Vorschläge, worin sich Mensch und Tier unterscheiden, und kommen dann rasch zu ihrem eigenen:

> Man kann die Menschen durch das Bewusstsein, durch die Religion, durch was man sonst will, von den Tieren unterscheiden. Sie selbst fangen an, sich von den Tieren zu unterscheiden, sobald sie anfangen, ihre Lebensmittel *zu produzieren*, ein Schritt, der durch ihre körperliche Organisation bedingt ist. Indem die Menschen ihre Lebensmittel produzieren, produzieren sie indirekt ihr materielles Leben selbst. [*Deutsche Ideologie*, S. 21]

Leider gönnen sich Marx und Engels hier nicht mehr Zeit, um der Frage, ob und worin sich Menschen grundlegend von Tieren unterscheiden, gründlich nachzugehen. Denn offenbar gibt es mehr als einen grundlegenden Unterschied zwischen Mensch und Tier. Für Aristoteles war der Mensch das vernunftbegabte Sinnenwesen und zeichnete sich dadurch vor den Tieren aus. Marx und Engels erwähnen hier nur Bewusstsein und Religion und tun diese mit der Bemerkung, dass man sich alle möglichen Unterschiede ausdenken könne, einfach ab. Für sie besteht der entscheidende Unterschied zwischen Menschen und Tieren, salopp gesagt, darin, dass Tiere auf der Wiese stehen und zum Frühstück fressen, was ihnen vor die Schnauze kommt, während Menschen sich ein Butterbrot schmieren. Wobei das Schmieren eines Brotes zusammen mit allem, was dafür wiederum Voraussetzung ist (das heißt das Bauen eines Ofens, die Verarbeitung von Milch zu Butter, das Schmieden eines Messers, die Zubereitung des Teiges, das Backen, das Anbauen von Getreide), bei Marx und Engels unter die große Überschrift »Produktion von Lebensmitteln« gehört.

An dieser Stelle fehlt im Text eigentlich ein empirischer Beweis: Marx und Engels müssten, um nachzuweisen, dass die Produktion von Lebensmitteln der, wie sie hier ja suggerieren, entscheidende Unterschied zwischen Tieren und Menschen ist, nachweisen, dass es tatsächlich keine Tierart gibt, die Lebensmittel produziert. *Ein* Gegenbeispiel wäre zum Beispiel die Blattlaus-Herdenhaltung der Ameisen: Um den geliebten Honigtau zu bekommen, den die Ameisen aus den Blattläusen »melken«, beschützen manche Ameisen-Arten Herden von Blattläusen. Während die Blattläuse Pflanzensaft trinken, wehren die Ameisen Feinde ab. Später »melken« die Ameisen die Blattläuse und trinken den Honigtau. Es kommt sogar vor, dass Ameisen ganze Blattlaus-Herden auf eine andere Pflanze tragen. Ich sehe nicht, wie man, als Materialist, hier einen grundsätzlichen Unterschied zur Weideviehhaltung der Menschen nachweisen könnte. Und die Viehhaltung ist für Marx und Engels sicherlich ein Fall von »Produktion von Lebensmitteln«. Aber wie gesagt, diesen Punkt diskutieren Marx und Engels nicht. Für sie gilt fortan als ausgemacht, dass die Produktion von Lebensmitteln der entscheidende Unterschied zwischen Tieren und Menschen ist. Wenn ich oben gesagt habe, dass es bei Marx und Engels *nicht* um das Wesen des Menschen geht, dann erweist sich das hier als Irrtum: durch die Hintertür kommt das Wesen wieder herein – die Produktion von Lebensmitteln macht den Mensch als solchen aus, ist »typisch Mensch«.

Aber stimmt das überhaupt? Ein Einwand liegt nahe: Es gibt ja eine ganze Reihe von Menschen (ich bin einer von ihnen), die ihre Lebensmittel nicht selbst produzieren und dennoch Menschen sind. Ich habe noch nie im Leben auch nur ein einziges Lebensmittel selbst erzeugt, und ich fürchte, ich wäre auch ziemlich aufgeschmissen, wenn ich es müsste. Ich bin gewohnt, Lebensmittel im Kühlregal des Supermarkts zu kaufen. Bin ich deshalb weniger Mensch als ein Selbstversorger auf den Azoren? Die Antwort von Marx und Engels ist ein klares: Nein. Der Einwand trifft sie aus verschiedenen Gründen nicht.

Zunächst darf nicht vergessen werden, dass Marx und Engels im Zitat von oben die Menschen *zu Beginn der menschlichen Geschichte* im Auge haben – und von den ersten Menschen saß garantiert noch keiner am Schreibtisch. Gleichwohl behaupten sie, dass sich *alle* Menschen dadurch von den Tieren unterscheiden, dass sie ihre Lebensmittel selbst produzieren. Und wenn dieser Unterschied zu Beginn der Menschheitsgeschichte als Gattungsmerkmal diente, dann können die Menschen dieses Gattungsmerkmal ja nicht verloren haben, ohne zugleich auch die Zugehörigkeit zur Gattung »Mensch« zu verlieren. Insofern gilt mein Einwand also doch.

Aber auch Marx und Engels sind der Meinung, dass der Stadtmensch, der nie gelernt hat, seine Lebensmittel selbst zu produzieren, ebenso Mensch ist wie der Selbstversorger – denn beide, der Selbstversorger und der Stadtmensch des 21. Jahrhunderts, konsumieren *von Menschen produzierte* Lebensmittel. Dass ich meine Lebensmittel nicht selbst produziere, aber dennoch von anderen Menschen produzierte Lebensmittel konsumiere, liegt an der in unserer Gesellschaft ziemlich fortgeschrittenen Arbeitsteilung: Einige Menschen produzieren (unterstützt von Maschinen) die Lebensmittel, während andere Menschen Maschinen konstruieren und wieder andere Häuser bauen. So gesehen kann man den Menschen, mit Marx und Engels, als das (Lebensmittel) produzierende Wesen verstehen (auch wenn genau genommen dabei nicht mehr das Individuum, sondern eine *Gruppe* von Menschen Ausgangspunkt der Betrachtung ist). Die Geschichte der Produktion (von Lebensmitteln und anderen Waren) spielt daher die zentrale Rolle in der marxistischen Geschichtsschreibung. Marx und Engels sind der Überzeugung, dass »die ›Geschichte der Menschheit‹ stets im Zusammenhange mit der Geschichte der Industrie und des Austausches studiert und bearbeitet werden muss« (*Deutsche Ideologie*, S. 30).

Wie aber entsteht unter diesen Voraussetzungen »Geschichte«? Die erste geschichtliche Tat ist die Befriedigung der Grundbedürfnisse (Essen, Trinken, Wohnen, Schlafen). Aber die Menschen beginnen schon früh in der Geschichte, die Arbeit zu teilen – es gibt Bauern und Jäger, Fischer und bald schon die ersten Händler. Es entstehen neue Bedürfnisse. Zum Beispiel ist es wahnsinnig mühsam, mit einem Holzpflug die Scholle zu brechen. So entsteht das Bedürfnis nach einem besseren Werkzeug; die Erfindung des Pfluges aus Metall macht das Leben in der Landwirtschaft leichter, erzeugt zugleich aber auch eine neue Tätigkeit: irgendjemand muss die Metallpflüge produzieren. In einer arbeitsteiligen Gesellschaft entsteht so mit der neuen Erfindung ein neuer Beruf: der des Schmiedes.

Laut Marx und Engels gingen mit der Arbeitsteilung bestimmte Eigentumsformen einher:

> Die verschiedenen Entwicklungsstufen der Teilung der Arbeit sind ebensoviel verschiedene Formen des Eigentums; d.h. die jedesmalige Stufe der Teilung der Arbeit bestimmt auch die Verhältnisse der Individuen zueinander in Beziehung auf das Material, Instrument und Produkt der Arbeit. [*Deutsche Ideologie*, S. 22]

Dieser Zusammenhang ist am leichtesten am Beispiel der Lohnarbeit nachzuvollziehen. In einer Fabrik wird die Arbeit geteilt: Die Lohnarbeiter stehen an den Maschinen, der Fabrikbesitzer übernimmt die Organisation der Arbeit, den Einkauf der Rohstoffe und den Vertrieb der produzierten Ware. (In großen Fabriken sind diese Teilbereiche heute wiederum arbeitsteilig organisiert.) Dem Lohnarbeiter gehören weder die

Rohstoffe (das Material), noch die Maschinen (die Instrumente oder, wie Marx später sagt, Produktionsmittel) und auch nicht die von ihm (mit-)produzierte Ware (das Produkt der Arbeit). Der Lohnarbeiter bekommt einen Lohn dafür, dass er seine Arbeitskraft dem Fabrikbesitzer für eine festgelegte Arbeitszeit zur Verfügung stellt. Diese Eigentumsstruktur ist typisch für die kapitalistische Gesellschaft mit ihrer Art der Arbeitsteilung.

Marx und Engels fassen verallgemeinernd zusammen:

> Die Tatsache ist also die: bestimmte Individuen, die auf bestimmte Weise produktiv tätig sind, gehen diese bestimmten gesellschaftlichen und politischen Verhältnisse ein. [*Deutsche Ideologie*, S. 25]

Daraus wiederum folgt für die Betrachtung der Geschichte:

> Die empirische Beobachtung muss in jedem einzelnen Fall den Zusammenhang der gesellschaftlichen und politischen Gliederung mit der Produktion empirisch und ohne alle Mystifikation und Spekulation aufweisen. [*Deutsche Ideologie*, S. 25]

Da diese Art der Betrachtung der Geschichte der Menschheit auf anthropologische oder metaphysische Spekulationen verzichtet und sich ganz auf die materialistische Basis der Handlungen von Individuen sowie der (empirisch nachprüfbaren) Beschreibung der natürlichen und sozialen Lebensumstände gründet, wird dieser Blick auf Geschichte als »materialistische Geschichtsauffassung« bezeichnet. Engels selbst gab diesem Ansatz später den Namen »historischer Materialismus«.

Dieser Materialismus schlägt sich bei Marx und Engels auch auf das Verhältnis von (materiellem) Sein und Bewusstsein nieder.

Sein und Bewusstsein

In den Augen von Marx und Engels sind der Selbstversorger auf den Azoren (nennen wir ihn Miguel) und ich zwar beide Menschen, aber Miguel und ich leben sehr verschiedene Leben. Miguel sind andere Dinge wichtig als mir, er sieht die Welt mit anderen Augen oder, um es mit Marx und Engels zu sagen: Miguel hat ein anderes Bewusstsein als ich. Und das, sagen Marx und Engels, hat materielle Gründe.

> Die Weise, in der die Menschen ihre Lebensmittel produzieren, hängt zunächst von der Beschaffenheit der vorgefundenen und zu reproduzierenden Lebensmittel selbst ab. [*Deutsche Ideologie*, 21]

Dieser Punkt ist so klar wie banal: Auf den Azoren wimmelt es im Meer von Fischen. Denkbar einfach ist die Produktion dieses Lebensmittels daher auf den Azoren: Miguel schnappt sich seine Angel oder Harpune und fängt, was er zum Abendessen auf den Grill legen will. (Der Fisch selbst ist freilich nicht produziert, sondern »vorgefunden«; aber Miguel hat die Harpune und die Angel »produziert«.) Wer hingegen im Schwarzwald Fisch essen will, tut gut daran, sich Forellenteiche anzulegen und die Tiere zu züchten (d.h. für ihre Reproduktion zu sorgen) – hier ist mehr Arbeit nötig, um Fisch auf den Tisch zu bekommen. Zwischen dem Fischer auf den Azoren und dem Forellenzüchter im Schwarzwald besteht für Marx und Engels daher ein gewaltiger Unterschied. Dieser Unterschied besteht nicht, insofern Fisch auf den Tisch kommt, beide ernährt und am Leben hält. Laut Marx und Engels gilt:

> Diese Weise der Produktion ist nicht bloß nach der Seite hin zu betrachten, dass sie die Reproduktion der physischen Existenz der Individuen ist. Sie ist vielmehr schon eine be-

stimmte Art der Tätigkeit dieser Individuen, eine bestimmte Art, ihr Leben zu äußern, eine bestimmte *Lebensweise* derselben. Wie die Individuen ihr Leben äußern, so sind sie. Was sie sind, fällt also zusammen mit ihrer Produktion, sowohl damit, *was* sie produzieren, als auch damit, *wie* sie produzieren. Was die Individuen also sind, das hängt ab von den materiellen Bedingungen ihrer Produktion. [*Deutsche Ideologie,* S. 21]

Recht haben Marx und Engels sicherlich insoweit, als sich mein Leben am Schreibtisch, Texte produzierend, in sehr vielen Hinsichten von dem Leben eines Selbstversorgers auf den Azoren unterscheidet. Ein Kind im Wuppertal des 19. Jahrhunderts, das einen 12-Stunden-Arbeitstag in einer Fabrik zu überleben hatte, führte ein ganz anderes Leben, als ein junger Spartaner oder ein kleines Mädchen in der DDR.

Aber ist die Produktion von Waren und Dienstleistungen aller Art tatsächlich eine Art, sein »Leben zu äußern«? Das stimmt nur, insofern die tägliche Arbeit ein Teil unseres Lebens ist. Aber stimmt es, dass die Lebensweise das ausmacht, »was wir sind«? Wäre ich ein anderer, wenn ich ein anderes berufliches Leben führen würde? Hätte ich einen anderen Charakter, eine andere Moral oder Religion, wenn ich nicht Autor, sondern Lehrer geworden wäre? Vermutlich würde ich *manche* Dinge anders sehen, aber kann man deshalb gleich behaupten, dass wir *sind*, was und wie wir produzieren?

Marx und Engels behaupten diesen Punkt immer wieder in unterschiedlichen Formulierungen. In der *Deutschen Ideologie* heißt es wenig später:

Das Bewusstsein kann nie etwas anderes sein als das bewusste Sein, und das Sein der Menschen ist ihr wirklicher Lebensprozess. [*Deutsche Ideologie,* S. 26]

> Nicht das Bewusstsein bestimmt das Leben, sondern das Leben bestimmt das Bewusstsein. [*Deutsche Ideologie,* S. 26]

Noch berühmter ist der Slogan: Das Sein bestimmt das Bewusstsein. Wobei Marx mit »Bewusstsein« vor allem die religiösen, moralischen, philosophischen, theoretischen oder ideologischen Meinungen und Überzeugungen eines Menschen zu meinen scheint. Wie so viele Slogans klingt auch dieser flott und klar. Die Frage ist aber, ob mit ihm etwas Wahres gesagt wird.

Mir scheint, dass Marx und Engels in diesen Formulierungen die Rolle der Produktion von Waren überbewerten. Mag ja sein, dass Arbeit das halbe Leben ist – bleibt immer noch die andere Hälfte. Oder anders gesagt: Wenn ein Mensch das wäre, was und wie er produziert, dann müssten die Menschen eines Berufsstandes zu einer Zeit ununterscheidbar sein. Sind sie aber nicht. Auch die anderen Selbstversorger auf den Azoren sind von Miguel verschieden. Sie haben nicht alle dieselben Meinungen, dieselben moralischen, religiösen und ideologischen Vorstellungen, sprich: Sie haben nicht alle dasselbe Bewusstsein. Oder anders gesagt: Da die »materiellen Bedingungen der Produktion« für zwei Menschen gleich sein können und ihr Charakter, ihre Zufriedenheit mit dem, was sie haben, ihre politischen, philosophischen und sonstigen Meinungen etc. dennoch verschieden, halte ich die Behauptung von oben (»Was die Individuen also sind, das hängt ab von den materiellen Bedingungen ihrer Produktion«) für zu radikal formuliert. Richtig wäre in meinen Augen eine abgeschwächte Formulierung, etwa: »Was die Individuen also sind, das hängt *unter anderem* ab von den materiellen Bedingungen ihrer Produktion.« Ferner gilt auch, dass das Bewusstsein in manchen Fällen das Leben bestimmt: Ein überzeugter Umweltschützer verzichtet auf ein Auto, um den natürlichen Lebensraum zu schonen. Hier bestimmt das Bewusstsein des Menschen einen Teil seines Lebens, des materiellen Seins. Es gibt auch Menschen, die aus religiösen Gründen in der Fastenzeit fasten. Auch hier scheint doch zu gelten, dass das Bewusstsein (der Glaube) das Sein (Nahrungsverweigerung) bestimmt.

Dies scheint auch Marx und Engels aufgefallen zu sein. Es gibt daher, im Gegensatz zum obigen Zitat, auch Stellen, an denen von einer »Wechselwirkung« zwischen Sein und Bewusstsein die Rede ist. Allerdings ist Marx fest davon überzeugt, dass Religion, Moral, Philosophie usw. auf einer materialistischen Basis erklärt werden können und dass Hegel sich irrte, als er suggerierte, dass der »Geist« eine Art Eigenleben führe, das ihn im Laufe der Geschichte quasi automatisch zu immer mehr Wahrheit führe. Im Rahmen der materialistischen Auffassung von Geschichte werden religiöse, metaphysische oder moralische Bewusstseinsinhalte von Marx auf eine bestimmte Lebenspraxis relativiert. Religion oder Philosophie entstehen in seinen Augen aufgrund bestimmter Lebensumstände. Die Germanen haben den Gott Thor mit seinem Hammer zum Beispiel (ziemlich grob gesprochen) auf folgender materieller Basis erfunden: Sie hatten Angst vor dem Gewitter, konnten sich dieses nicht erklären, wollten aber eine Erklärung und haben so den Gott mit dem Hammer erfunden. Wenn man (so wie Marx) die bestehenden Verhältnisse ändern will, dann soll man also nicht mit Moral, Religion oder spekulativer Philosophie argumentieren, sondern schlicht die Produktionsverhältnisse ändern. Moral, Religion und spekulative Philosophie ändern sich, so Marx, dann von allein, wenn sich die Lebensumstände der Menschen ändern. Wer also zum Beispiel moralisch gegen die Ausbeutung der Arbeiter im Kapitalismus argumentiert, der kann nach Marx' Überzeugung am System nichts ändern, da die Moral ja gerade in Abhängigkeit von materiellen Lebensbedingungen entsteht und nicht umgekehrt.

Bei Marx liest sich das so:

> Ganz im Gegensatz zur deutschen Philosophie [gemeint ist
> Hegel], welche vom Himmel auf die Erde herabsteigt, wird
> hier [bei Marx] von der Erde zum Himmel gestiegen. Das
> heißt, es wird nicht ausgegangen von dem, was die Menschen
> sagen, sich einbilden, sich vorstellen, auch nicht von den ge-
> sagten, gedachten, eingebildeten, vorgestellten Menschen,
> um davon aus bei den leibhaftigen Menschen anzukommen;
> es wird von den wirklich tätigen Menschen ausgegangen und
> aus ihrem wirklichen Lebensprozess auch die Entwicklung
> der ideologischen Reflexe und Echos dieses Lebensprozesses
> dargestellt. Auch die Nebelbildungen im Gehirn der Men-
> schen sind notwendige Sublimate ihres materiellen, empi-
> risch konstatierbaren und an materielle Voraussetzunge ge-
> knüpften Lebensprozesses. [*Deutsche Ideologie*, S. 27]

In diesem Sinne sagt Marx also, dass das Sein das Bewusstsein
bestimme: Moral, Religion und spekulative Philosophie und
was sich die Menschen sonst noch ausdenken mögen, werden
auf der Basis der Lebensbedingungen ausgedacht. Das heißt
aber nicht, dass diese Bewusstseinsinhalte, wenn sie einmal in
den Köpfen sind, nicht sehr wohl auf das materielle Sein, das
Leben der Menschen *zurückwirken* können. Sie wirken zurück, und genau das macht sie (in Marx' Augen) so gefährlich.
Diesen zweiten Punkt, dass das Bewusstsein, wenn es einmal
ausgebildet ist, eben auch das Leben, das materielle Sein, beeinflussen kann, macht Marx deutlich, wenn er von der
»Wechselwirkung« zwischen dem Bewusstsein und dem Sein
spricht:

> Diese [die marxsche] Geschichtsauffassung beruht also da-
> rauf, den wirklichen Produktionsprozess, und zwar von der

materiellen Produktion des unmittelbaren Lebens ausgehend, zu entwickeln und die mit dieser Produktionsweise zusammenhängende und von ihr erzeugte Verkehrsform, also die bürgerliche Gesellschaft in ihren verschiedenen Stufen, als Grundlage der ganzen Geschichte aufzufassen und sie sowohl in ihrer Aktion als Staat darzustellen, wie die sämtlichen verschiedenen theoretischen Erzeugnisse und Formen des Bewusstseins, Religion, Philosophie, Moral etc. etc, aus ihr zu erklären und ihren Entstehungsprozess aus ihnen zu verfolgen, wo dann natürlich auch die Sache in ihrer Totalität (und darum auch *die Wechselwirkung dieser verschiednen Seiten aufeinander*) dargestellt werden kann. [*Deutsche Ideologie*, S. 37f., Hervorhebung von mir]

Marx ist der Ansicht, dass man die Entstehung von Religion, Philosophie, Moral usw. auf historisch-materialistischer Basis erklären kann. Wenn Religion oder Moral entstanden sind, gesteht auch Marx den religiösen, philosophischen oder moralischen Bewusstseinsinhalten eine Wirkung auf das Sein (die Lebensbedingungen) zu. Und sei es nur, wie im Fall der Religion, dass sie, laut Marx, das Bewusstsein des Volkes so vernebelt, dass es nicht zu den Waffen greift, um die herrschende Klasse zu stürzen und die Lebensbedingungen zu ändern.

Systematisch primär aber sind die materiellen Lebensbedingungen. Die Moral oder Religion entwickelt sich nicht von selbst. Oder wie Bertolt Brecht sagt:

Erst kommt das Fressen, dann kommt die Moral. [*Die Dreigroschenoper*, Zweites Finale, »Denn wovon lebt der Mensch?«]

Für Touristen

Was Chemnitz mit Karl Marx zu tun haben soll, fragen sich die Bürger der sächsischen Stadt seit 1990 nicht mehr. Die wahre Karl-Marx-Stadt ist hingegen Trier. Denn im dortigen Geburtshaus von Karl Marx kann man als Marx-Tourist ein Museum besuchen. Ein Drittel der Besucher spricht übrigens Chinesisch.

Wenn es nach Marx gegangen wäre, hätten London oder Paris ein Marx-Museum verdient. Denn in diesen Großstädten hat er sich wohlgefühlt. Besonders hervorzuheben ist dabei zweifelsohne die Bibliothek des British Museum. Diese ist als solche schon sehenswert und in dem schönen Rundbau arbeitete auch Marx.

Das Geburtshaus von Friedrich Engels in Wuppertal ist 1943 abgebrannt. Das Geburtshaus seines Vaters, der ebenfalls Friedrich hieß und in Wuppertal wohnte, steht aber noch (»Historisches Zentrum Wuppertal«, Engelsstraße 10/18) und hält eine (etwas in die Jahre gekommene) Ausstellung bereit. Sehenswert ist die Ausstellung im Museum für Frühindustrialisierung (gleich hinter dem Engelshaus), die einen Einblick in die (von Marx im *Kapital*, 3. Abschnitt, 8. Kapitel »Der Arbeitstag«, gegeißelte) Kinderarbeit (am Beispiel der Textilindustrie) vermittelt.

Kapitel 12

Zum Verzweifeln

Sören Kierkegaard

Sören Kierkegaard (* 1813 in Kopenhagen; † 1855 ebd.) gilt als
der Begründer einer Richtung in der Philosophie: des Existenzialismus*. Der Existenzialismus ist keine philosophische
Schule, sondern ein philosophisches Forschungsfeld, in dem es
verschiedene, einander widersprechende Lehren und Meinungen gibt (zum Existenzialismus werden, neben Kierkegaard,
Friedrich Nietzsche, Karl Jaspers, Jean-Paul Sartre, Albert Camus, Martin Heidegger u.a. gerechnet). Gemeinsam ist den
Denkern dieser Richtung, dass sie nicht mehr, wie Hegel, Fragen des Geistes oder des abstrakten Denkens in den Mittelpunkt ihrer Untersuchungen stellen, sondern sich eher an den
Problemen, die der Denkende selbst hat, abarbeiten. Kierkegaard unterscheidet sich von anderen Existenzialisten vor allem
dadurch, dass er sich selbst als religiösen Schriftsteller versteht.
Er hat Theologie studiert und versucht mit seiner Philosophie
nicht nur Fragen des Selbst, Fragen der menschlichen Existenz
zu klären, sondern zugleich auch zu ergründen, was das wahre Christsein ausmacht. Als Philosoph sollte man sich aus der
Beurteilung theologischer Fragen heraushalten. Ich werde daher im Folgenden Kierkegaard nur diesseits der Glaubensfra-
gen lesen.

* Statt von »Existenzialismus« sprechen manche Autoren von »Existenzphilosophie«. Beide Namen werden im deutschsprachigen Raum heute meist synonym verwendet.

Für Kierkegaard ist der Einzelne, das Individuum, der Ausgangspunkt seines Philosophierens. Wer sich mit dem Einzelnen, dem Individuum befasst, hat schnell sich selbst als Standardbeispiel zur Hand, und Kierkegaard bestätigt diese Faustregel: Sein gesamtes Werk ist immer wieder durchzogen von persönlichen (zum Teil ziemlich privaten) Fragen, die sein Leben betreffen. Kierkegaard war nicht der glücklichste Mensch der Welt, und so nimmt es nicht Wunder, dass er in seinem 1849 erschienenen Werk mit dem (nicht besonders positiven) Titel *Die Krankheit zum Tode* den Begriff »Verzweiflung« in den Mittelpunkt der Betrachtung rückt.

Die Krankheit zum Tode

Der Titel »Die Krankheit zum Tode« stammt aus dem Neuen Testament (Joh 11,4), und für Kierkegaard ist sein Werk eine »christlich-psychologische Entwicklung zur Erbauung und Erweckung«. – Wie gesagt, geht es mir nicht um den christlichen Blick auf die menschliche Existenz. Aber zum Glück lassen sich Fragen der Existenz und Fragen des Glaubens bei Kierkegaard recht leicht trennen: Denn die Identitätskrisen, die Probleme der Selbstfindung, die er diskutiert (und die in seinen Augen in einen Abgrund führen, über den man nur mit Hilfe des Glaubens springen kann), kann man auch ohne die christliche Lösung dieser Probleme lesen.

Die erste Überschrift im ersten Teil behauptet: »Verzweiflung ist die Krankheit zum Tode« (*Die Krankheit zum Tode*, S. 31).

Was heißt in diesem Zusammenhang »Krankheit zum Tode«? Ist eine Krankheit genau dann eine Krankheit zum Tode, wenn sie eine tödliche Krankheit ist? Wenn dem so wäre, dann würde Kierkegaard behaupten, dass Verzweiflung eine tödliche Krankheit sei. Das aber stimmt nicht. Zwar mag es Leute geben, die sich aus Verzweiflung (über was auch immer) das Leben nehmen, sodass man sagen könnte, dass in diesen Fällen die

Verzweiflung eine tödliche Krankheit sei, aber nicht alle Menschen, die verzweifelt sind, sterben an ihrer Verzweiflung. Doch so will Kierkegaard den Begriff auch gar nicht verstanden wissen. Die Formel »Krankheit zum Tode« scheint eher zu bedeuten, dass diese Krankheit (die Verzweiflung) mit dem Tod zu tun hat. Aber wie?

> Es ist nämlich weit entfernt davon, dass man, direkt verstanden, an dieser Krankheit stirbt oder dass diese Krankheit mit dem leiblichen Tode endet. Im Gegenteil, die Qual der Verzweiflung ist eben, nicht sterben zu können. Sie hat somit mehr mit dem Zustand des Todkranken zu tun, wenn er daliegt und mit dem Tode ringt und nicht sterben kann. So heißt also krank *zum* Tode sein nicht sterben können, doch nicht so, als wäre noch Hoffnung auf Leben, nein, die Hoffnungslosigkeit ist, dass selbst die letzte Hoffnung, der Tod, nicht besteht. [*Die Krankheit zum Tode*, S. 37]

Der Verzweifelte ist jemand, der den Tod herbeisehnt, insofern er sich danach sehnt, nicht mehr verzweifelt zu sein. Das Leben, das er führt, brachte die Verzweiflung mit sich – und eben daran leidet er, dass er dieses hoffnungslose Leben lebt. Insofern gleicht der verzweifelte Mensch dem Todkranken, der nicht sterben kann, den es nach einem Ende seiner Leiden verlangt und der dieses Ende nur noch im Tod sehen kann (da ihm anderweitig nicht zu helfen ist). Der Verzweifelte wie der Todkranke können nicht sterben: Sie leben, aber sie leben ein Leben ohne eine Hoffnung auf Linderung, Besserung oder gar Heilung. Dabei besteht allerdings in meinen Augen ein Unterschied zwischen dem Todkranken und dem Verzweifelten: Der Todkranke *kann nicht* geheilt werden. Der Verzweifelte hingegen *kann* geheilt werden, nur ist er dann eben kein Verzweifelter mehr. Beide haben die Hoffnung auf Heilung aufgegeben –

der Todkranke, weil es niemanden gibt, der ihm helfen kann, der Verzweifelte, weil verzweifelt sein nichts anderes heißt, als alle Hoffnung auf Besserung aufzugeben.

Über Verzweiflung

»Verzweiflung« und »verzweifeln« sind Wörter, die wir auf verschiedene Weise gebrauchen. Wir sagen zum Beispiel:

1. Die deutsche Rechtschreibung ist zum Verzweifeln. (Otto verzweifelt an der deutschen Rechtschreibung.)

2. Rufus gab, verzweifelt angesichts der Tatsache, dass die Menschheit ihr umweltzerstörendes Verhalten nicht ändern wollte, auf. Greenpeace musste ohne ihn auskommen.

3. Petra saß verzweifelt auf dem Bett: So konnte es mit ihr nicht weitergehen. Sie musste sich ändern.

4. Ute verzweifelte über die Beziehung zu Klaus. Es war aussichtslos. Sie mussten sich trennen.

Im Allgemeinen scheint unser Gebrauch der Wörter »Verzweiflung« und »verzweifeln« dem folgenden Schema zu unterliegen:

Schema 1: Jemand verzweifelt an/über etwas.

Für dieses »etwas« kann man offenbar ganz verschiedene Dinge einsetzen, zum Beispiel die deutsche Rechtschreibung, die Umweltverschmutzung, sich selbst, die Beziehung zum Lebenspartner. Doch Kierkegaard hält Schema 1 für irreführend und meine Beispielliste für oberflächlich.

> Ein Verzweifelnder verzweifelt über *etwas*. So sieht es einen Augenblick aus, aber es ist nur ein Augenblick; im selben Augenblick zeigt sich die wahre Verzweiflung oder die Verzweiflung in ihrer Wahrheit. Indem er über *etwas* verzweifelt, verzweifelt er eigentlich über *sich selbst* und will nun von sich selbst los. [*Die Krankheit zum Tode*, S. 38]

Laut Kierkegaard kann man für das »etwas« in Schema 1 immer nur *eine* Sorte von »Gegenständen« einsetzen, nämlich sich selbst. In seinen Augen gilt also, dass man alle Fälle, in denen man zu Recht von jemandem sagt, dass er oder sie verzweifelt sei, auf das folgende Schema zurückführen kann:

Schema 2: Jemand verzweifelt an/über sich.

Aber stimmt das? Die Beispiele von oben lassen sich tatsächlich so auffassen, dass der Verzweifelte eigentlich an sich selbst verzweifelt. Ganz klar ist das im Fall von Petra, sie verzweifelt an sich, will sich ändern. Ebenso kann man wohl von Ute, die erkennt, dass ihre Beziehung am Ende ist, sagen, dass sie das Leben, das sie lebt, nicht mehr weiterleben will und insofern an sich selbst verzweifelt. Schwieriger wird es mit dem resignierten Umweltschützer Rufus. Vielleicht könnte man sagen, dass er gerne mehr Einfluss auf das Verhalten der Menschen hätte und darüber verzweifelt, dass er diesen Einfluss nicht hat. »Ich kann es nicht ändern«, scheint er ja zu sagen, wenn er aufgibt, und dem wohnt der Wunsch inne, dass er es ändern könnte (er selbst, an dem er verzweifelt). Wie aber steht es mit Otto? Otto hat doch kein Problem mit sich selbst! Er findet sich und sein Leben prima, nur die deutsche Rechtschreibung, die ist einfach zu widersprüchlich und hat zu viele Ausnahmen. Die deutsche Rechtschreibung ist ein hoffnungsloser Fall – nicht Otto! So könnte man meinen. Aber wenn man den Fall genauer betrachtet, muss man zugeben: Wenn Otto (wie und warum auch immer) alle Regeln der deutschen Rechtschreibung beherrschen würde, wäre er nicht verzweifelt. Das heißt: Er verzweifelt eigentlich nicht an der deutschen Rechtschreibung, sondern er ist verzweifelt, weil er die deutsche Rechtschreibung nicht zur Gänze beherrscht. Insofern verzweifelt auch Otto an sich selbst.

Dass Verzweiflung seines Erachtens stets dem Schema 2 unterliegt, bringt Kierkegaard schon im Eingangssatz seines Buches *Die Krankheit zum Tode* zum Ausdruck:

> Verzweiflung ist eine Krankheit im Geist, im Selbst, und kann so ein Dreifaches sein: dass der menschliche Geist in der Verzweiflung sich nicht bewusst ist, ein Selbst zu haben (uneigentliche Verzweiflung); dass er verzweifelt nicht er selbst sein will, dass er verzweifelt er selbst sein will. [*Die Krankheit zum Tode*, S. 31]

Diese Formulierung wirft Fragen auf. Die Frage, die sich mir als erste stellt, ist die nach dem Selbst: Das Selbst, könnte man meinen, ist doch etwas, was jeder Einzelne einfach hat oder ist. Von jedem Menschen kann man doch mit Gewissheit sagen, dass er, egal welche Eigenschaften er sonst noch haben oder nicht haben mag, er selbst ist. Was, so könnte man mit Descartes fragen, kann selbstverständlicher, sicherer, gewisser sein als das eigene Selbst, das »Ich«? Etwas genauer ausgedrückt, scheint zu gelten: Jeder Einzelne ist *notwendigerweise* er selbst.

Doch was Kierkegaard mit »Selbst« meint, geht in eine andere Richtung. Im Zitat sagt er, dass das Selbst etwas ist, von dem man sagen kann: Jemand ist sich dessen bewusst oder nicht bewusst, jemand kann es sein wollen oder nicht sein wollen. Beide Bestimmungen machen angewendet auf das »Ich« à la Descartes keinen Sinn: Es ist (bei Descartes) unmöglich, dass ich nicht weiß, dass ich ich bin; und es macht keinen Sinn, davon zu reden, dass ich nicht ich sein will, sondern ein anderer: Wer, so müsste man fragen, wird denn der andere, wenn ich ein anderer werde, wenn nicht ich? Das ist keine Kritik an Kierkegaard. Hier wird nur deutlich, dass »Ich« bei Descartes etwas anderes meint als »Selbst« bei Kierkegaard.

Was also ist das Selbst, von dem Kierkegaard spricht? Es scheint etwas zu tun zu haben mit »Selbst-sein« im Sinne von: etwas zu sein, das man suchen und finden kann, etwas, worüber man nachdenkt und das man erforscht. »Selbst« ist bei Kierkegaard in dem Sinne zu lesen, in dem wir von »Selbstverwirklichung« oder »Selbstfindung« sprechen.

Was zeichnet dieses Selbst aus? Wie kann man es entdecken? Wir brauchen dazu keine besonderen Werkzeuge oder Fähigkeiten. Das Selbst ist nicht wie andere Gegenstände der Erkenntnis etwas, was irgendwo ist und darauf wartet, erkannt zu werden, wie zum Beispiel Dinge der Außenwelt (ein schlafender Hund) oder auch Gefühle der Innenwelt (eine verborgene Angst).

Das Selbst ist etwas ganz anderes.

> Aber was ist das Selbst? Das Selbst ist ein Verhältnis, das sich zu sich selbst verhält, oder ist das im Verhältnis, dass das Verhältnis sich zu sich selbst verhält; das Selbst ist nicht das Verhältnis, sondern dass das Verhältnis sich zu sich selbst verhält.
> [*Die Krankheit zum Tode*, S. 31]

Das klingt abschreckend redundant, irgendwie lustig und sogar widersprüchlich. (Erst behauptet Kierkegaard: »Das Selbst ist ein Verhältnis ...«, dann sagt er »das Selbst ist nicht das Verhältnis«.)

Das Selbst, sagt Kierkegaard, ist ein Verhältnis. Ein Verhältnis ist eine Beziehung, eine Relation. Liebe, Hass, Links-neben-liegen sind auch Verhältnisse:

»Peter liebt Paula.«

»Paula hasst Ulf.«

»Der Bleistift liegt links neben der Kaffeetasse.«

In allen drei Sätzen werden Verhältnisse ausgedrückt. Dabei stehen jeweils zwei Gegenstände als Subjekte in Relation zueinander. Peter steht in der Relation der Liebe zu Paula. Paula pflegt eine Hass-Beziehung zu Ulf usw. In allen drei Fällen aber gilt, dass die Relation selbst nicht als Subjekt eingesetzt werden kann:

»Die Liebe liebt Paula.«

»Der Hass hasst Ulf.«

»Das Links-liegen liegt links neben der Kaffeetasse.«

Diese drei Sätze klingen schräg, obwohl es sich grammatisch um wohlgeformte Sätze des Deutschen handelt. Die genannten Verhältnisse drücken aus, wie sich Peter zu Paula, Paula zu Ulf und der Bleistift zur Kaffeetasse verhält, aber nicht, wie sich das Verhältnis zu sich selbst verhält.

Betrachten wir nun den Fall von »Selbst«. Das Selbst ist auch ein Verhältnis, sagt Kierkegaard. Aber ein besonderes Verhältnis, nämlich eines, das sich selbst an der Subjektstelle hat:

»Das Selbst verhält sich zu sich selbst.«

Ein Beispiel kann vielleicht erhellen, was Kierkegaard hier meint. Udo steht auf einer langweiligen Party herum, die Leute reden, reden, reden. Udo selbst kennt niemanden, weiß nicht, wohin mit den Händen und versucht irgendjemanden anzuquatschen, um nicht aufzufallen. Leider hat Udo seinen schlechten Tag: Der oder die Angequatschte wendet sich ab, Udo steht allein rum und ist plötzlich ziemlich unsicher: seiner selbst nicht sicher. »Was will ich? Soll ich bleiben, soll ich gehen? Soll ich saufen oder essen?«, fragt sich Udo innerlich. Alles wird Udo plötzlich vollkommen egal. Er gerät in eine grässliche Gleichgültigkeit, in der er sich selbst zu verlieren droht. »Wer bin ich? Was will ich? Was tue ich hier?« Das sind die Fragen, die Udo auf der Party durch den Kopf schießen. Was einsetzt kann man als »Party-Depression« oder Frust oder eben als »Verzweiflung« bezeichnen.

Die Fragen nach Udo selbst (»Wer bin ich? Was will ich? Was mache ich auf dieser verdammten Party?«) sind Fragen, die Udo nicht der Gastgeberin, sondern *sich selbst* stellt. Er tritt damit in ein fragendes Verhältnis zu sich selbst. Und niemand kann ihm Antwort geben, außer ihm selbst. Mir scheint, dass Kierkegaard diese Art von Selbst-Befragung unter das Selbst-Verhältnis fassen würde. Freilich gibt es nicht nur die unsicheren Tage. Es gibt auch Stunden, in denen Udo zufrieden und konzentriert arbeitet, sich seiner Sache und seiner selbst sicher ist. Wenn *Udo selbst* weiß, was *er* will, dann ist das wiederum ein Selbst-Verhältnis. Das Selbst gibt es nur in dieser Art von diesem oder jenem Verhältnis, in dem ich mich zu mir selbst verhalte. Es ist nicht, wie die Liebe, eine Relation, die zwischen zwei Subjekten besteht. Das Selbst ist ein Verhältnis, dass es nur gibt, insofern ich mich zu mir selbst verhalte (z.B. im Wissens-Selbstverhältnis, das man mit dem Satz »Ich weiß, was ich will« ausdrücken kann). Das meint Kierkegaard, wenn er sagt, dass das Selbst kein Verhältnis ist, »sondern, dass das Verhältnis sich zu sich selbst verhält«.

Wie kommt nun die Krankheit in das Selbst?
Kierkegaard nennt drei Arten von Verzweiflung:
1. Man kann verzweifelt nicht wissen, dass man ein Selbst hat.
2. Man kann verzweifelt nicht man selbst sein wollen.
3. Man kann verzweifelt man selbst sein wollen.
Fall 1 unterscheidet sich von den Fällen 2 und 3 darin, dass diejenigen, die nach dem Muster 2 und 3 verzweifeln, offenbar wissen, dass sie ein Selbst haben.
Wer unter 1 leidet, hat es schwer: Jemand, der nicht weiß, dass er ein Selbst hat und verzweifelt ist, der hat verflixt schlechte Karten, aus dieser Verzweiflung herauszukommen. Ein Beispiel: Immer wieder folgt Uschi demselben Verhaltensmuster. Immer wieder tut sie das, was ihre dominante Mutter von ihr erwartet, oder das, von dem sie meint, dass ihre dominante Mutter es von ihr erwarte, und immer wieder ist Uschi total niedergeschlagen, wenn sie nach Hause kommt. Uschi geht zum Psychiater und hat keine Ahnung, was mit ihr los ist. Sie

will Pillen gegen die Niedergeschlagenheit. Der Psychiater will erst einmal wissen, worum es geht. Er hat (aus heutiger Sicht) verschiedene Möglichkeiten, Uschi zu helfen: Er kann Uschi zum Beispiel a) darauf aufmerksam machen, dass sie vielleicht selbst etwas anderes will als das, was sie tut, und dass sie ihren eigenen Willen auch gegen ihre Mutter durchsetzen kann und darf. (Er würde somit Uschi, aus Kierkegaards Sicht, dabei helfen, ihr Selbst zu entdecken. Ihr Selbst kann Uschi freilich nur selbst finden, da das Selbst ja darin besteht, dass Uschi sich zu sich selbst verhält und nicht darin, dass Uschi sich so verhält, wie sie meint, dass ihr Psychiater es für richtig hält.) Der Psychiater kann Uschi aber auch b) ohne ihr das bewusst zu machen, die Verhaltensweisen, die sie in die Unglückszustände treiben, abgewöhnen (indem er die Mutter ins Pflegeheim steckt o.ä.). Und er kann Uschi natürlich auch c) die Pillen verschreiben (dann weiß Uschi vielleicht noch immer nicht, dass sie ein Selbst hat, aber sie leidet nicht mehr darunter, sofern die Psychopharmaka wirken). Die Möglichkeiten b) und c) kannte Kierkegaard noch nicht, aber in unserem Zusammenhang sollte das Beispiel ja ohnehin nur zeigen, dass es möglich ist, dass jemand verzweifelt ist und nicht weiß, dass er oder sie ein Selbst hat.

Den Fällen 2 und 3 gibt Kierkegaard an späterer Stelle die Namen »Verzweiflung der Schwäche« und »Verzweiflung des Trotzes«. Beide Arten von Verzweiflung beginnen mit der Selbsterkenntnis: Jemand weiß, dass er ein Selbst hat und ist mit seinem Leben nicht einverstanden. Der Schwächling ist jemand, der die eigenen Wünsche, den eigenen Willen ständig zu unterdrücken versucht. Ein Beispiel: Ute steht auf Frauen. Sie weiß es, aber Homosexualität ist gesellschaftlich so wenig konform, dass sie (verzweifelt) an ihrer Ehe zu Klaus festhält und die eigene Neigung unterdrückt. Sie versucht verzweifelt, nicht sie selbst sein zu wollen.

Ein typischer Trotzkopf ist hingegen Hans. Hans ist in der vierten Generation Apotheker. Er hasst diesen Beruf. Er will Schreiner sein. Er träumt, obwohl er schon 63 Jahre alt ist, davon, doch noch eine Lehrstelle als Schreiner zu bekommen und hat keinerlei Hoffnung, dass sich das noch realisieren lässt. Hans will verzweifelt er selbst sein.

Diese drei Arten von verzweifelten Menschen sind freilich nur abstrakte Typisierungen, die im wirklichen Leben wohl selten in Reinform auftauchen. Das ist auch Kierkegaard klar:

> Des Lebens Wirklichkeit ist zu mannigfaltig, um nur solche abstrakten Gegensätze auszuweisen wie den zwischen einer Verzweiflung, die vollkommen unbewusst ist, und einer, die sich des Zustandes völlig bewusst ist. Meist freilich befindet sich der Verzweifelte, mit mannigfachen Nuancierungen, in einem Halbdunkel über seinen eigenen Zustand. Er ist sich wohl bis zu einem gewissen Grade darüber im Klaren, dass er verzweifelt ist, er merkt es an sich selbst, wie einer es an sich selbst merkt, dass er mit einer Krankheit im Körper herumläuft; aber er will nicht recht zugestehen, was die Krankheit ist. In einem Augenblick ist ihm ganz klar geworden, das er verzweifelt ist; aber schon in einem andern Augenblick ist ihm doch so, als hätte sein Übelbefinden einen anderen Grund, als läge es in etwas Äußerlichem, in etwas außerhalb von ihm; und wenn dies geändert würde, wäre er nicht verzweifelt. [*Die Krankheit zum Tode*, S. 74]

Kierkegaard benennt hier unsere Fähigkeit, uns selbst etwas vorzumachen und uns eine bestehende Verzweiflung bzw. deren Ursache nicht einzugestehen, indem wir irgendwelche äußeren Umstände für die Verzweiflung verantwortlich machen. Man sollte diese Stelle allerdings nicht so lesen, dass äußerliche Dinge niemals eine Ursache der Verzweiflung sein können. Denn wenn wir zurück an Otto denken, der mit der deutschen Rechtschreibung kämpft, dann gibt es für seine Verzweiflung doch ganz klar äußere Gründe: Würde man die Rechtschreibung wieder abschaffen, hätte Otto keinen Grund zum Verzweifeln. Ebenso steht es mit dem Umweltaktivisten Rufus: Würde sich die Menschheit ändern, wäre er nicht verzweifelt. Viele Arbeitnehmer leiden unter intriganten Chefs. Wenn sie die Arbeitsstelle wechseln und in ein angenehmeres Betriebsklima kommen, verschwindet die Unzufriedenheit, wächst das Selbstvertrauen wieder. Es gibt Menschen, die arbeiten in einem Job, der ihnen einfach nicht liegt – ein neuer Job kann die Verzweiflung beseitigen. Freilich setzt das voraus, dass man sich klar macht, was man will oder nicht will. Doch kommt es in diesen Fällen nicht nur auf das Selbst an. Auch äußere Umstände können die Ursache für Verzweiflung sein. Oder wie Aristoteles mit dem Extrembeispiel der Folter sagt:

> Wenn aber manche Philosophen sagen, der Mensch auf der Folter oder der von schwerem Missgeschick Getroffene sei glücklich, wofern er nur die innere Trefflichkeit habe, so sprechen sie, mit oder ohne Absicht, einfach Unsinn. [*Nikomachische Ethik*, 1153 b]

Kierkegaard trifft dieser Vorwurf nicht, denn er denkt offensichtlich nicht an Menschen, die gefoltert oder sonst von außen gequält werden. Dennoch scheint mir, dass er dazu neigt, die Möglichkeit zu unterschätzen, dass Verzweiflung zu einem großen Teil von außen verschuldet sein kann.

Was ist Selbst und woher eigentlich?

Eine Frage habe ich bisher nicht behandelt: Wie ist es überhaupt möglich, dass ich in solche Krisen falle, wo das Selbst doch gerade darin besteht, dass es sich zu sich selbst verhält? Oder anders gefragt: Warum ist es so verflixt schwer, man selbst zu sein oder nicht man selbst zu sein? Eine Antwort darauf ergibt sich, wenn man der Frage nachgeht, wo das Selbst eigentlich herkommt.

> Ein solches Verhältnis, das sich zu sich selbst verhält, ein Selbst, muss sich entweder selbst gesetzt haben oder durch ein Anderes gesetzt sein. [*Die Krankheit zum Tode*, S. 31]

Für den christlichen Schriftsteller Kierkegaard gilt als ausgemacht, dass Gott derjenige ist, der das Selbst des Menschen setzt. Und der Mensch muss eben sehen, wie er damit klarkommt. Und dass wir damit durchaus Schwierigkeiten haben können, zeigt ja gerade die Krankheit zum Tode, die Verzweiflung.

Aber vielleicht ist Gott gar nicht nötig, um das Selbst als etwas zu bestimmen, was nicht oder nicht ausschließlich von sich selbst gesetzt wird. Denn dass das Zusammenspiel von einerseits natürlichen Anlagen und andererseits Umwelteinflüssen das Selbst ausmacht, ist ziemlich wahrscheinlich. Ferner sollte man im Auge behalten, dass das Selbst nichts Statisches ist, nichts, was einmal »gesetzt« wird, sondern etwas, was sich ein Leben lang verändert oder verändern kann. Diese Möglichkeit ist jedenfalls mit Kierkegaard, der ja das Selbst gerade als ein Sich-zu-sich-selbst-Verhalten versteht, vereinbar. Im obigen Zitat allerdings klingt es ziemlich statisch.

Doch egal ob das Selbst nun von Gott gesetzt wird oder aus einem komplexen Anlage-Umwelt-Prozess entsteht – wenn wir unser Selbst einmal haben, müssen wir damit klarkommen; ansonsten droht die Verzweiflung.

Alle sind verzweifelt

Kierkegaard war kein Optimist. Er ist der Meinung, dass im Grunde jeder Mensch verzweifelt ist, wenn er nur tief genug in sich hineinhorcht oder ehrlich genug zu sich selbst ist.

> Wie der Arzt wohl sagen mag, das vielleicht nicht ein einziger Mensch lebe, der ganz gesund ist, so müsste man, wenn man den Menschen recht kennt, sagen, dass nicht ein einziger Mensch lebe, ohne wenigstens etwas verzweifelt zu sein, ohne doch zuinnerst eine Unruhe zu tragen, einen Unfrieden, eine Disharmonie, eine Angst vor einem unbekannten Etwas oder vor einem Etwas, mit dem er auch nicht einmal Bekanntschaft zu machen wagen darf, eine Angst vor einer Möglichkeit des Daseins oder eine Angst vor sich selbst, so dass er doch, wie der Arzt sagt, dass man mit einer Krankheit im Körper umherlaufe, mit einer Krankheit umhergehe, an einer Krankheit des Geistes trage, die ein einzelner Schritt blitzartig, in und mit dieser ihm selbst unerklärlichen Angst, offenbar macht, dass sie da ist. [*Die Krankheit zum Tode*, S. 42]

Diese Einschätzung teile ich nicht. Es gibt Menschen, die haben keine Depressionen und auch keinen Hang zu depressiven Stimmungen. Sie sind selbstbewusst, glücklich und frei von Abgründen. Auch Kierkegaard gibt diese Möglichkeit zu. Allerdings hält er den durch und durch glücklichen Menschen für eine große Ausnahme:

> Das ist nicht das Seltene, dass einer verzweifelt ist; nein, das Seltene ist, das sehr Seltene, dass einer in Wahrheit es nicht ist. [*Die Krankheit zum Tode*, S. 43]

Diese Behauptung ist statistischer Natur. Kierkegaard muss sich hier zumindest einen Vorwurf gefallen lassen: Solange er keine repräsentative Umfrage oder Untersuchung vorlegen kann, die diese These stützt, lehnt er sich damit zu weit aus dem Fenster. Es ist nicht mehr als eine subjektive Einschätzung, im Grunde nur eine Mutmaßung.

Die Lösung: Glaube

Laut Kierkegaard gibt es nur einen Weg aus der verzweifelten Lage:

> Der Gegensatz aber zur Verzweiflung ist der Glaube, weshalb auch ganz richtig ist, was im Vorangegangenen als Formel vorausgesetzt wurde, die einen Zustand beschreibt, in dem gar keine Verzweiflung ist, was zugleich die Formel für den Glauben ist: im sich-Verhalten-zu-sich-Selbst und im Selbst-sein-Wollen gründet das Selbst durchsichtig in der Macht, die es setzte. [*Die Krankheit zum Tode*, S. 76]

Insofern Verzweiflung die Hoffnungslosigkeit ist, Hoffnung aber bedeutet, dass man an die Möglichkeit der Besserung glaubt, hat Kierkegaard Recht. Für ihn besteht die Möglichkeit einer Lösung aus der Verzweiflung im religiösen Glauben an den Gott, der das Selbst gesetzt hat. Dass man auch ohne diesen Glauben der Verzweiflung entfliehen kann, hat er nicht für möglich gehalten. Diese Möglichkeit diskutiert erst, ohne Kierkegaards Schriften gekannt zu haben, Friedrich Nietzsche.

Für Touristen

Touristisch betrachtet, gibt Kierkegaard nicht viel her, obwohl er neben Hans-Christian Andersen *der* Schriftsteller Dänemarks ist. Sein Geburtshaus in Kopenhagen wurde abgerissen. Besichtigen kann man in Kopenhagen sein Familiengrab auf dem »Assistens Kirkegaard«. Der Friedhof ist übrigens nicht nach ihm benannt – »kirkegaard« ist das dänische Wort für Friedhof. Wäre Kierkegaard Deutscher gewesen, hätte er also auf den (tatsächlich nach »Krankheit zum Tode« klingenden) Namen »Severin Friedhof« gehört.

Kapitel 13

Der Seiltänzer

Friedrich Nietzsche

Folgt man Friedrich Nietzsche (* 1844 in Röcken bei Lützen; † 1900 in Weimar), so ist das Leben als Mensch eine ziemliche Tortur: Dadurch dass wir die Fähigkeit haben, uns an etwas zu erinnern, kommen wir leider nicht um die Erkenntnis herum, dass wir vergänglich sind – alles, was lebt, ist dem Prinzip des Werdens (Wachsens, Gedeihens) und Vergehens (Welkens, Sterbens) unterworfen. Über diesen Gedanken, den ich im Folgenden als das menschliche »Grundproblem« bezeichnen werde, kann man als Mensch schon eine ausgesprochene Krise kriegen. Und wenn man sich gerade so richtig schön im Welt- und Lebensschmerz suhlt, sich fragt, ob es sich überhaupt noch lohnt, mit dem Rauchen aufzuhören (wo wir doch eh sterben müssen), oder ob man sein Zimmer wirklich renovieren soll (erstens werden die Wände sowieso wieder schmutzig, zweitens stirbt man ja vielleicht zwei Tage nach getaner Arbeit) – dann stellt sich unweigerlich die Sinn-Frage: Hat das Leben einen Sinn? Ist es nicht völlig sinnlos, weil es in nichts weiter als ständigem Werden und Vergehen besteht?

Wer sich solche Fragen schon einmal gestellt hat, der hat vielleicht auch schon einmal eine Katze beneidet, die sich am Ofen wohlig den Bauch wärmt und nichts von diesen Ängsten, Sorgen und Krisen weiß. Frei nach dem Motto aus dem Schlager »Ich wollt ich wär ein Huhn«: »Ich müsste nie mehr ins Büro / Ich wäre dämlich, aber froh.« Dieser Neid auf das Tier, das eben nicht um die eigene Vergänglichkeit weiß, ist in Nietzsches Denken ein wichtiger Eckpfeiler. Es klingt allerdings eher nach Schafen als nach Katzen oder Hühnern, wenn Nietzsche schreibt:

> Betrachte die Herde, die an dir vorüberweidet: Sie weiß nicht was Gestern, was Heute ist, springt umher, frisst, ruht, verdaut, springt wieder, und so vom Morgen bis zur Nacht und von Tage zu Tage, kurz angebunden mit ihrer Lust und Unlust, nämlich an den Pflock des Augenblickes und deshalb weder schwermütig noch überdrüssig. Dies zu sehen geht dem Menschen hart ein, weil er seines Menschentums sich vor dem Tiere brüstet und doch nach seinem Glücke eifersüchtig hinblickt. [*Unzeitgemäße Betrachtungen II; Vom Nutzen und Nachteil der Historie für das Leben* 1, S. 248]

In Nietzsches Augen sind die Schafe auf der Weide glücklich: Sie leben im Augenblick und kennen, da sie sich an nichts erinnern, keine Schwermut. Wer sich an nichts erinnern kann, hat auch, so die Überlegung, keinen Grund, Depressionen zu bekommen.

Nun könnte man für Nietzsches Problem, das Leiden an der Vergänglichkeit, die Tatsache, dass wir uns erinnern, dass wir um die eigene Vergänglichkeit wissen, eine ganz simple Lösung vorschlagen: »Vergiss doch alles, lebe im Hier und Jetzt und werde glücklich wie ein Schaf.«

Von diesem Vorschlag hält Nietzsche überhaupt nichts. Nicht, dass er etwas gegen das Vergessen hätte; im Gegenteil ist er einer der wenigen Denker, die dem Vergessen eine positive Seite abgewinnen. So sagt er vom kleinsten und vom größten Glück:

> Bei dem kleinsten aber und bei dem größten Glücke ist es immer Eines, wodurch Glück zum Glücke wird: das Ver-

gessen-können [...]. [*Unzeitgemäße Betrachtungen II; Vom Nutzen und Nachteil der Historie für das Leben* 1, S. 250]

Den Nachweis der Richtigkeit dieser Aussage bringt Nietzsche mit einem negativen Gegenbeispiel. Einer, der nicht vergessen kann, wäre notwendigerweise unglücklich:

> Denkt euch das äußerste Beispiel, einen Menschen, der die Kraft zu vergessen gar nicht besäße, der verurteilt wäre, überall ein Werden zu sehen: ein solcher glaubt nicht mehr an sein eigenes Sein, glaubt nicht mehr an sich, sieht alles in bewegte Punkte auseinanderfließen und verliert sich in diesem Strome des Werdens [...]. [ebd.]

Glücklich kann man nur sein, wenn man sich auf den Moment des Glücks einlässt, indem man den Rest für diesen Moment (egal ob für eine Sekunde, eine Minute oder ein ganzes Leben) vergisst. Die Schafe auf der Weide haben es insofern gut: Sie erinnern sich an nichts und können deshalb ihr Glück voll auskosten (auch wenn dieses Glück nur darin besteht, Gräser zu fressen, die sie gut verdauen können). Wir aber können nicht zurück auf die Bäume, sagt Nietzsche. Und das aus einem ganz simplen Grund: Wir wollen nicht.

> Denn das will er [der Mensch] allein, gleich dem Tiere weder überdrüssig noch unter Schmerzen leben, und will es doch vergebens, weil er es nicht will wie das Tier. [*Unzeitgemäße Betrachtungen II; Vom Nutzen und Nachteil der Historie für das Leben 1*; S. 248]

Wer es schafft, mit dieser Schwierigkeit umzugehen, d. h. mit der Tatsache, dass wir, solange wir leben, im Prozess des Werdens und Vergehens sind und um diese Tatsache wissen, wer einen Weg findet, mit seiner Vergänglichkeit zu leben, ohne in Depressionen zu versinken, für den stellt sich die Sinn-Frage nicht mehr. Und das ist ein Zeichen für Glückseligkeit. Doch wie kann man dieses Ziel, diese Art Leben erreichen? Wie kann man mit der Vergänglichkeit leben, ohne eine Krise nach der nächsten zu durchleiden?

Auf diese Frage sucht Nietzsche eine Antwort.

Ich werde im Folgenden erst darlegen, welche Antworten in Nietzsches Augen nicht befriedigend sind, um mich dann seiner positiven Antwort anzunähern, die unter der Überschrift »der Übermensch« steht.

Was Nietzsche nicht leiden kann: Religion, Sokrates und Reihenhäuser

Nietzsche entstammt einer Pastoren-Familie. Aber die christliche (und man kann getrost sagen: die jüdisch-christlich-islamische) Antwort auf seine Frage gefällt ihm ganz und gar nicht. Denn gemäß diesen Religionen soll der Mensch sich ja gerade damit trösten, dass das Werden und Vergehen ein Ende haben wird – dass ihm, bei guter Führung auf Erden, im Jenseits ein himmlisches ewiges Leben blühe.

Nietzsches Kritik an diesem Vorschlag ist so simpel wie radikal: Er will sich nicht auf ein Jenseits vertrösten lassen. Er will das Leben hier und jetzt, und er will das diesseitige Leben ohne Krise genießen können. In seinem bekanntesten Werk, dem Buch *Also sprach Zarathustra*, lässt Nietzsche Zarathustra, eine Art Prophet, auftreten, der nach einiger Zeit, die er auf den Bergen nachgedacht hat, zu den Menschen geht, um ihnen seine Lösung des menschlichen Grundproblems zu verkünden. Der Stil im *Zarathustra* ist sehr eigen. Manche Sätze sind schön, einige kitschig, vieles wirkt ironisch gegen das Neue Testament gerichtet oder lehnt sich zumindest stilistisch dort an, wendet sich aber inhaltlich in eine andere Richtung.

Ganz in diesem Sinne warnt Zarathustra seine Zuhörer (die übrigens nicht besonders interessiert sind, sich ziemlich bald von seinem Gerede genervt zeigen und lieber einem Seiltänzer zuschauen wollen) vor den Lehren der Religionen:

> Ich beschwöre euch, meine Brüder, *bleibt der Erde treu* und glaubt denen nicht, welche euch von überirdischen Hoffnungen reden! Giftmischer sind es, ob sie es wissen oder nicht.
> Verächter des Lebens sind es, Absterbende und selber Vergiftete, deren die Erde müde ist: so mögen sie dahinfahren! Einst war der Frevel an Gott der größte Frevel, aber Gott starb, und damit starben auch diese Frevelhaften. An der Erde zu freveln ist jetzt das Furchtbarste und die Eingeweide des Unerforschlichen höher zu achten, als den Sinn der Erde! [*Zarathustra* I, Vorrede 3, S. 15]

Seine Kritik an der jüdisch-christlich-islamischen Tradition verdichtet Nietzsche zu dem berühmten Slogan »Gott ist tot« (*Zarathustra* I, Vorrede 2, S. 14; vgl. *Fröhliche Wissenschaft*, S. 480 f.). Die Kritik an Sokrates, dem Weisesten, klingt im *Zarathustra* nicht weniger polemisch. Sokrates, der Lehrer Platons, hat selbst nicht geschrieben und ist uns vor allem als Hauptfigur in zahlreichen platonischen Dialogen bekannt. In Platons Dialog *Phaidon* vertritt Sokrates die von Nietzsche aufs Korn genommene Lehre, dass der Mensch aus Leib und Seele bestehe und die Philosophen sich nicht um den Leib scheren sollten, da allein die Seele für sie wichtig sei (s. 1. Kapitel). Nietzsche glaubt das nicht. Er ist kein zusammengesetzter Zwitter! Er ist mit Leib *und* Seele Mensch!

> Wer aber der Weiseste von euch ist [gemeint ist Sokrates], der ist auch nur ein Zwiespalt und Zwitter von Pflanze und

von Gespenst. Aber heiße ich euch zu Gespenstern oder Pflanzen werden? [*Zarathustra* 1, Vorrede 3, S. 14]

Sokrates sagt im *Phaidon*, dass Philosophen den Tod nicht fürchten, sondern herbeisehnen sollten, da die (unsterbliche) Seele den lästigen Leib dann endlich abstreife und im Himmel nach Herzenslust platonische Ideen schauen könne. Für Nietzsche heißt das, dass Sokrates die Menschen lehrt, dass sie alle Gespenster (Seele ohne Leib) werden sollen. Davon hält er (natürlich) nichts.

Die Leib-Feindlichkeit kritisiert Nietzsche sowohl an Sokrates als auch am Christentum:

Einst blickte die Seele verächtlich auf den Leib: und damals war diese Verachtung das Höchste: – sie wollte ihn mager, grässlich, verhungert. So dachte sie ihm und der Erde zu entschlüpfen.

Oh diese Seele war selbst noch mager, grässlich und verhungert: und Grausamkeit war die Wollust dieser Seele! [*Zarathustra* 1, Vorrede 3, S. 15]

Für Nietzsche, der ja der Meinung ist, dass die Schafe auf der Weide glücklich sind (weil sie keine Probleme mit ihrer Existenz haben), ist weniger der Leib das Problem, sondern eher die Seele: Wüssten wir nichts von der Vergänglichkeit, hätten auch wir, so wie die Schafe, Katzen oder Hühner, keine Abgründe oder Krisen. Insofern ist es doch unfair von Sokrates und den leibfeindlichen Religionen, ausgerechnet den Leib und nicht die Seele zu verdammen, wo doch das Erinnerungsvermögen die Schuld am menschlichen Grundproblem trägt.

Aus dieser Kritik der Leibfeindlichkeit sollte man allerdings nicht folgern, dass Nietzsche die hedonistische Parole »Sex and Drugs and Rock 'n Roll!« als Allheilmittel ausgebe. Im Gegenteil. Wer die Krise einfach ignoriert, der ist in Nietzsches Augen »der letzte Mensch«. Der letzte Mensch, den Nietzsches Zarathustra für überaus verachtenswert hält, hat keine Probleme und kennt keine Krisen und Abgründe mehr – löst aber auch kein einziges Problem. Er ignoriert die Probleme einfach und richtet sich in seiner Ignoranz bequem ein.

> »Wir haben das Glück erfunden« – sagen die letzten Menschen und blinzeln.
> Sie haben die Gegenden verlassen, wo es hart war zu leben: denn man braucht Wärme. Man liebt noch den Nachbar und reibt sich an ihm: denn man braucht Wärme.
> Krankwerden und Misstrauen-haben gilt ihnen sündhaft: man geht achtsam einher. Ein Thor, der noch über Steine oder Menschen stolpert!
> Ein wenig Gift ab und zu: das macht angenehme Träume. Und viel Gift zuletzt, zu einem angenehmen Sterben. [*Zarathustra* I, Vorrede 5, S. 20]

Für so ein Leben hat Nietzsche nichts als Verachtung übrig, und Zarathustra versucht, auch über die verachtenswerte Gestalt des »letzten Menschen« die Menschen, zu denen er spricht, doch noch zu erreichen. Er glaubt, sie bei ihrem Stolz packen zu können. Aber das Gegenteil ist der Fall: »Mache uns zu diesen letzten Menschen!« (*Zarathustra* I, Vorrede 5, S. 20), ruft die Menge und lacht. Sie wollen am liebsten Sex and Drugs, sich in ihren Reihenhäusern einrichten und die Probleme, die man mit dem Werden und Vergehen haben kann, einfach vergessen.

Gegen das Leben des letzten Menschen ist vermeintlich ja auch nichts zu sagen: Wer es schafft, so zu leben, hat es gut. Aber es ist ein oberflächliches Leben. Denn der letzte Mensch lügt sich selbst in die Tasche: Sein Leben kommt dem Versuch gleich, sich wie ein Schaf zu verhalten. Wir können uns jedoch nicht zum Tier machen. Wir können vergessen, was war, und das hält Nietzsche ja auch für eine wichtige Fähigkeit. Was der letzte Mensch hingegen tut, ist Verdrängung, und zwar eine Verdrängung, die so grundsätzlich wird, dass der letzte Mensch sich gegen die Probleme stumpf macht. Verdrängung ist nicht schlecht, solange sie funktioniert. Daran aber, dass man das Wissen um die Vergänglichkeit gründlich und dauerhaft verdrängen kann, glaubt Nietzsche nicht. Er will eine richtige, eine dauerhafte Lösung für sein Grundproblem. Und die geht gerade nicht zurück zum Tier, sondern sozusagen in die entgegengesetzte Richtung.

Der Übermensch

Zarathustra bietet den Menschen auf dem Marktplatz folgende Lösung an:

> Ich lehre euch den Übermenschen. Der Mensch ist etwas, das überwunden werden soll. [*Zarathustra* 1, Vorrede 3, S. 14]

Bei dem Wort »Übermensch« stellen sich allen Lesern der Nach-Nazi-Zeit die Nackenhaare auf – denn »Übermensch« klingt irgendwie nach »Herrenrasse«. Tatsächlich hat insbesondere Nietzsches Schwester, Elisabeth Förster-Nietzsche, eine Antisemitin und Befürworterin der Nazis, einiges dazu beigetragen, dass Nietzsche tatsächlich als ein Freund der Nazis angesehen wurde. Aber Übermensch und Herrenrasse haben nichts miteinander zu tun. Nietzsche spricht sich ausdrücklich gegen den Antisemitismus aus (allerdings ist die Passage, in der er das tut, nicht frei von Rassismus*); gleichwohl hat er, was

---

* Vgl. *Jenseits von Gut und Böse*, § 251, S. 192f. – Auch zu Fragen der Gleichstellung von Mann und Frau sollte man Nietzsche übrigens lieber nicht lesen,

politische Belange angeht, mehr als einen Unfug auf Lager – Krieg findet er zum Beispiel ganz prima (wobei dieser Eindruck zum Teil auch einer arg martialischen Metaphorik geschuldet ist), von Demokratie hält er nichts … Kurz: Nietzsche ist kein Nazi-Vordenker, in politischer Hinsicht aber auch kein geistesgeschichtliches Ruhmesblatt.

Kommen wir zurück zum Übermenschen. Was genau ist ein Übermensch, was tut er den ganzen Tag und wie wird man einer? Über den Übermenschen sagt Nietzsche unter anderem:

> Der Mensch ist ein Seil geknüpft zwischen Tier und Übermensch, – ein Seil über einem Abgrunde. [...]
> Was groß ist am Menschen, das ist, dass er eine Brücke und kein Zweck ist: was geliebt werden kann am Menschen, das ist, dass er ein *Übergang* und ein *Untergang* ist. [*Zarathustra* 1, Vorrede 4, S. 16 f.]

Der Mensch ist, so Nietzsche, ein Übergang vom Tier zum Übermenschen. Der Mensch ist, solange er einfach normaler Mensch ist, eben kein Zweck. Und insofern erscheint das Leben als normaler Mensch auch sinn- und zwecklos. Doch das Suchen nach einem Zweck im normalen Menschen-Leben ist deshalb so aussichtslos, weil der Mensch gar kein Zweck ist, sondern »eine Brücke«, eben eine Brücke zum Übermenschen. Der Abgrund, den der Mensch überbrücken muss, ist das oben beschriebene Grundproblem. Wenn der Mensch diesen Abgrund überbrückt oder überwunden hat, dann hat er den Übergang zum Übermenschen geschafft. Insofern ein Mensch dann Übermensch ist, ist er nicht mehr Mensch – und nur das ist mit »Untergang« gemeint. Der Mensch als Mensch geht unter, sobald er es schafft,

denn man findet bei ihm Sätze wie diesen:»Alles am Weibe ist ein Rätsel, und Alles am Weibe hat eine Lösung: sie heißt Schwangerschaft.« (*Zarathustra* 1, Vom alten und jungen Weiblein, S. 84) als Übermensch zu leben. Und insofern liebt Zarathustra am Menschen den Übergang (nämlich zum Übermenschen) und Untergang (als Mensch, indem er übermenschlich wird).

Bis hierher ist »Übermensch« eigentlich nichts weiter als ein Name, der als Platzhalter für die Lösung des Grundproblems steht. Das Leiden am Werden und Vergehen ist der Abgrund, in den man als Mensch schaut. Der Mensch, verstanden als Seil, das zwischen Tier und Übermensch über diesen Abgrund gespannt ist, hat nun die Aufgabe, sich selbst irgendwie zu überwinden. Aber wie soll man das konkret anstellen?

Die negative Antwort zuerst: Nietzsche ist zu klug, um auf diese Frage Küchenrezepte als Antworten zu verteilen. Was es heißt, sich selbst zu überwinden, muss wohl jeder selbst herausfinden. Aber Nietzsche gibt eine Fülle von Beispielen. Eines ist das Bild vom Seiltänzer. Der Seiltänzer ist eine Art Übermensch: Erstens ist das Seil zwischen zwei Türmen *über* dem Marktplatz gespannt, und somit ist er selbst schon einmal »über« den Menschen. (Dieses Bild klingt nicht nur elitär, es ist auch elitär gemeint.) Aber vor allem überwindet der Seiltänzer die Schwerkraft, und das nicht etwa zitternd, sondern tanzend. Der Gedanke des Tanzes ist hier wichtig: Das Spielerisch-Tänzerische erinnert an Nietzsches Lobgesang auf das dionysisch-rauschhafte Leben, den er in seinem Frühwerk *Die Geburt der Tragödie aus dem Geiste der Musik* anstimmt. Nietzsche hat später manchen Teil dieser Schrift selbst kritisiert (insbesondere distanzierte er sich von Richard Wagner und seiner Musik), aber das rauschhafte Leben des Künstlers und des Kunstbetrachters bleibt für ihn ein Weg, um sich selbst zu überwinden.

In derselben Richtung beschreibt Nietzsche den Übermenschen mit einem Gleichnis von drei Verwandlungen, die der Geist durchmachen muss. Zunächst ist der Geist ein Kamel, das sich fügsam eine Menge Last auflädt. Dann verwandelt sich der Geist in einen Löwen. Der Löwe will Freiheit:

> Seinen letzten Herrn sucht er sich hier: feind will er ihm
> werden und seinem letzten Gotte, um Sieg will er mit dem
> großen Drachen ringen.
> Welches ist der große Drache, den der Geist nicht mehr
> Herr und Gott heißen mag? »Du-sollst« heißt der große
> Drache. Aber der Geist des Löwen sagt »ich will«. [*Zarathus-*
> *tra* 1, Von den drei Verwandlungen, S. 30]

Der Geist muss sich, so Nietzsche in diesem Gleichnis, von den
Moralvorschriften (»Du-sollst«) befreien. Nur so kann ein
Mensch seinen Willen wirklich entfalten. Das klingt ziemlich
anarchistisch und auf den ersten Blick vielleicht wenig erstre-
benswert. Denn wer, so könnte man fragen, will schon in einer Gesellschaft von Löwen leben? – Das Bild des Löwen erinnert sehr an den Wolf, der dem Menschen ein Wolf ist (vgl.
oben Hobbes). Aber Nietzsche ist zu sehr mit sich selbst beschäftigt, um daran zu denken, dass es eine Gemeinschaft, eine
Gesellschaft gibt. Er scheint hier ganz beim Einzelnen zu sein.
Der Einzelne soll die moralischen Vorschriften des »Du-sollst«
abstreifen, nicht um unmoralisch zu werden, sondern um frei
von Moralvorschriften zu leben. Denkt man an die strenge
Moral des 19. Jahrhunderts, die ja auch Sigmund Freud als eine Quelle des Leidens seiner Patientinnen und Patienten ausmacht, dann hat Nietzsche Recht: Von der doppelbödigen
Konventionalität der Sittenwächter sollte man sich wirklich frei
machen, um das Leben (mit Leib *und* Seele) genießen zu können. Aber der Löwe ist in seiner Absage an die Moral noch negativ, oder wie Nietzsche sagt, der Löwe symbolisiert »ein heiliges Nein auch vor der Pflicht« (*Zarathustra* 1, Von den drei
Verwandlungen, S. 30). Das »ich will« ist noch nicht positiv ge-
füllt, es ist reine Freiheit. Die Freiheit, was zu tun?
Hier kommt die dritte Verwandlung des Geistes ins Spiel: Er
wird zum Kind.

Aber sagt, meine Brüder, was vermag noch ein Kind, das auch der Löwe nicht vermochte? Was muss der raubende Löwe auch noch zum Kinde werden?

Unschuld ist das Kind und Vergessen, ein Neubeginnen, ein Spiel, ein aus sich rollendes Rad, eine erste Bewegung, ein heiliges Ja-sagen.

Ja, zum Spiele des Schaffens, meine Brüder, bedarf es eines heiligen Ja-sagens: *seinen* Willen will nun der Geist, *seine* Welt gewinnt sich der Weltverlorene. [*Zarathustra* 1, Von den drei Verwandlungen, S. 31]

Astrid Lindgren dichtete ihrer herrlich freien, spielerisch-anarchischen Pippi Langstrumpf einst die schönen Verse: »Wir machen uns die Welt/wie sie uns gefällt!«

Pippi Langstrumpf ist ein gutes Beispiel für einen Übermenschen: Sie hat übermenschliche Kräfte (sie kann ihr Pferd mit einer Hand tragen), sie kümmert sich nicht um irgendein »Du-sollst« (sie geht nicht zur Schule, gehorcht keinem Polizisten). Aber sie ergeht sich nicht in Destruktion, sondern wird spielerisch kreativ.

Etwas realistischer betrachtet, muss man wohl annehmen, dass man Übermensch nicht von heute auf morgen wird, sondern tagtäglich daran arbeitet, sich selbst zu überwinden (so wie der Seiltänzer). Ferner ist der Übermensch keine neue biologische Art (so wie der Mensch eine andere biologische Art ist als der Affe), sondern aus biologischer Sicht immer noch ein Mensch wie jeder andere. Und es gilt auch: Wenn man es geschafft hat, sich in einer Situation übermenschlich zu verhalten, wenn man sich an einem Tag seine Welt geschaffen hat, dann heißt das nicht, dass man am Ziel ist. Übermensch-Sein ist, darin ähnelt Nietzsche Aristoteles (vgl. 2. Kapitel), kein Zustand, sondern eine Tätigkeit. Nietzsche beschreibt diese Tätigkeit meist mit dem einfachen Wort »schaffen«.

So beschließt Zarathustra, nachdem ihn die Menschen auf dem Marktplatz nicht verstanden und ausgelacht haben, sich Gefährten zu suchen, die ihn verstehen.

> Den Schaffenden, den Erntenden, den Feiernden will ich mich zugesellen: den Regenbogen will ich ihnen zeigen und alle die Treppen des Übermenschen. [*Zarathustra* 1, Vorrede 9, S. 26]

Was jemand konkret schaffen soll und was der Übermensch sein will, kann Nietzsche uns freilich ebenso wenig vorschreiben, wie man einer Pippi Langstrumpf vorschreiben kann, was sie spielen soll. Schließlich macht sich ein Übermensch die Welt, wie sie *ihm* gefällt.

Für Touristen

Für Touristen hat Nietzsche einiges zu bieten: An erster Stelle ist das Nietzsche-Haus in Sils Maria zu nennen. In diesem Haus in der Schweiz hielt sich Nietzsche zwischen 1881 und 1888 immer wieder auf. Zu sehen sind Dauer- und Wechselausstellungen, ferner Nietzsches Zimmer im Originalzustand. Auch Nietzsches Geburtshaus in Röcken steht noch (es war vom Braunkohletagebau bedroht, hat aber überlebt); auch das Nietzsche-Haus in Naumburg, in das die Mutter mit ihren Kindern nach dem Tod des Vaters übersiedelte, gibt es noch (Weingarten 18, Naumburg). Auch hier befindet sich ein Nietzsche-Museum, und ein Nietzsche-Dokumentationszentrum ist in Planung.

Das letzte Nietzsche-Haus ist das »Nietzsche-Archiv« in der Villa Silberblick in Weimar (Humboldtstraße 36), wo Nietzsche starb. Mit Weimar hatte Nietzsche im Grunde nichts zu tun, seine Schwester Elisabeth Förster-Nietzsche hat ihn aber dort zu Tode gepflegt und seinen Nachlass nach Weimar geholt. Im »Nietzsche-Archiv« gibt es ein Museum mit einigen Tafeln. Wer aber im Archiv forschen will, findet im »Nietzsche-Archiv« in der Humboldtstraße nichts – die Bestände sind seit 1956 im Goethe-Schiller-Archiv Weimar untergebracht.

Kapitel 14

Fragen und andere Krankheiten der Philosophie

Ludwig Wittgenstein

Ludwig Wittgenstein (* 1889 in Wien; † 1951 in Cambridge) hat gleich zwei einflussreiche und einander ausschließende Philosophien entwickelt. Zunächst hatte er eine Theorie in einem schmalen Buch mit dem Titel *Tractatus logico-philosophicus* (TLP) aufgestellt, die sozusagen das Jugendwerk des selbstbewussten Wittgenstein ist. Der 29-Jährige meint, die darin behandelten philosophischen Probleme »im Wesentlichen endgültig gelöst zu haben« (TLP, Vorwort, S. 10). Dass dies ein Irrtum war, hat Wittgenstein später selbst gesehen. Die zweite Philosophie wird in einer Reihe von Schriften entwickelt, wobei als Hauptwerk die *Philosophischen Untersuchungen* (postum 1953) gelten können. So verschieden der frühe Wittgenstein vom späten Wittgenstein auch sein mag, (mindestens) ein Gedanke, den der frühe Wittgenstein im Vorwort des *Tractatus* formuliert, liegt beiden Philosophien zugrunde:

Das Buch [gemeint ist der *Tractatus*] behandelt die philosophischen Probleme und zeigt – wie ich glaube –, dass die Fragestellung dieser Probleme auf dem Missverständnis der Logik unserer Sprache beruht. [TLP, Vorwort, S. 9]

Derselbe Gedanke klingt in den *Philosophischen Untersuchungen* (PU) an, wenn Wittgenstein schreibt:

> Der Philosoph behandelt eine Frage; wie eine Krankheit. [PU 255]

Die Strategie, die Wittgenstein zur Lösung philosophischer Probleme verfolgt, besteht darin, dass er versucht, scheinbar unlösbare philosophische Probleme als eine Verwirrung zu entlarven, die nur entstehen konnte, weil die Philosophen die Sprache, in der sie philosophieren, nicht klar genug analysiert haben.

Hier ein Beispiel für einen Irrweg, auf den man geraten kann, wenn man die Sprache, in der man eine Theorie aufstellt, unkritisch benutzt:

(1) Indianer reiten auf Pferden.

(2) Hexen reiten auf Besen.

Die Sätze (1) und (2) sehen sich ziemlich ähnlich. In beiden Sätzen wird von etwas (Indianern bzw. Hexen) etwas ausgesagt (dass sie auf Pferden bzw. Besen reiten). Wer die Sprache unkritisch behandelt, könnte behaupten, dass es in beiden Fällen etwas gibt, von dem etwas ausgesagt wird. Aber das stimmt nicht. Denn zwischen beiden Sätzen besteht ein großer Unterschied: Indianer gibt es, Hexen nicht. Das heißt: im Fall von Satz (2) spielt uns die Sprache, wenn wir nicht aufpassen, einen Streich. Hier wird implizit, aber nicht explizit, die Existenz von Hexen vorausgesetzt. Und da Hexen nicht existieren, kann Satz (2) nicht wahr sein. Wenn nun jemand seine Theorie auf solche leeren Begriffe wie »Hexe« usw. aufbaut, ist es zwar möglich, dass er sein Leben lang raffinierte Lösungen für Teil-Probleme seiner Hexen-Theorie findet, doch die ganze Theorie ist hinfällig, weil sie auf (mindestens) einer falschen Annahme (nämlich der Annahme, dass es Hexen gebe) fußt. Und wenn jemand das herausfindet, dann fällt nicht nur die Theorie, sondern selbstverständlich erübrigen sich auch die Probleme, die sich innerhalb dieser Theorie ergaben. Auf diese Weise kann man mit etwas Glück durch Sprachanalyse Probleme »weganalysieren«.

In diesem Sinne sagt der späte Wittgenstein, dass man eine Frage (als Philosoph) behandelt wie (ein Arzt) eine Krankheit: Nach der Behandlung ist die Frage weg.

Ich werde im Folgenden in einem ersten, knappen Teil den *Tractatus* betrachten, um danach einen Blick auf die *Philosophischen Untersuchungen* zu werfen.

Die Abbildtheorie des Tractatus

Wittgenstein vertritt im *Tractatus* eine sehr schön formulierte Abbildtheorie der Sprache. Eine der Grundthesen dieser Theorie lautet, dass jeder Satz der Sprache als ein Bild eines Ausschnitts der Welt zu betrachten ist. (Er denkt dabei nur an Aussagesätze, wie sie etwa in einer naturwissenschaftlichen Beschreibung der Welt vorkommen. Dass die natürlichen Sprachen nicht nur aus Aussagesätzen bestehen, interessierte den frühen Wittgenstein nicht.) Eines der Grundprobleme dieser Theorie ist, dass die These mit ziemlicher Sicherheit falsch ist. Laut *Tractatus* besteht die Welt aus Konfigurationen von Gegenständen (Wittgenstein nennt sie im *Tractatus* »Tatsachen«, »bestehende Sachverhalte« oder auch »Sachlagen«). Eine Konfiguration von Gegenständen wäre zum Beispiel, dass der Bleistift auf dem Buch liegt und das Buch auf dem Tisch. Eine andere Konfiguration derselben Gegenstände wäre, dass der Bleistift auf dem Tisch liegt und das Buch auf dem Bleistift. Die Abbildtheorie behauptet nun, dass manche Wörter im Satz Namen für die Gegenstände sind.

Der Name vertritt im Satz den Gegenstand. [TLP 3.22]

Die Sätze wiederum bilden die Konfiguration der Gegenstände ab.

> Der Konfiguration der einfachen Zeichen im Satzzeichen entspricht die Konfiguration der Gegenstände in der Sachlage. [TLP 3.21]

Wittgenstein denkt sich das ganz technisch. Der Name »Bleistift« vertritt im Satz den Bleistift. Der Name »Buch« vertritt im Satz das Buch und der Relationsausdruck »… liegt auf …« vertritt die Relation des Aufeinanderliegens. Wer nun wissen will, ob ein Aussagesatz wahr ist, der hat es leicht: Er muss nur die Welt und den Satz vergleichen. Wenn die Konfiguration von Gegenständen in der Welt genau so ist, wie im Satz abgebildet, dann ist der Satz wahr. Dieses Prinzip wendet Wittgenstein auch auf das Verstehen eines Satzes an und behauptet:

> Einen Satz verstehen, heißt, wissen, was der Fall ist, wenn er wahr ist.
> (Man kann ihn also verstehen, ohne zu wissen, ob er wahr ist.) Man versteht ihn, wenn man seine Bestandteile versteht. [TLP 4.024]

Soweit klingt das alles ganz gut. Spätestens jetzt aber beginnen die Probleme. Denn damit eine Abbildung überhaupt erfolgreich geschehen kann, muss es zwischen dem Abzubildenden und dem Abbild eine Gemeinsamkeit geben. Was aber hat der Satz »Der Bleistift liegt auf dem Buch« mit einem Bleistift, der auf einem Buch liegt (den realen Gegenständen) gemeinsam? Wittgensteins Antwort lautet: die logische Form.

> Was jedes Bild, welcher Form immer, mit der Wirklichkeit gemein haben muss, um sie überhaupt – richtig oder falsch –

abbilden zu können, ist die logische Form, das ist die Form der Wirklichkeit. [TLP 2.18]

Das heißt, die Welt und die Sprache, mit der wir die Welt abbilden, müssen dieselbe logische Form haben. Unter der logischen Form eines Satzes kann man seine prädikatenlogische Struktur verstehen. Die logische Struktur eines Satzes ist etwas Ähnliches wie die syntaktische Struktur eines Satzes. Bei der Syntax wird nur auf die syntaktische Rolle der Wörter geachtet (Subjekt, Prädikat usw.), nicht auf ihre Bedeutung. Ähnlich ist dies bei der logischen Struktur. Im Fall des Beispielsatzes »Der Bleistift liegt auf dem Buch« sieht diese folgendermaßen aus:

»Der Bleistift« ist ein Ausdruck, der auf einen Gegenstand verweist. Welcher Gegenstand das ist, ist für die logische Struktur des Satzes unerheblich, daher ersetzen wir ihn durch einen Buchstaben. (Statt »der Bleistift« schreibe ich nun einfach »a«).

»Das Buch« ist ebenfalls ein Ausdruck, der auf einen Gegenstand verweist. Welcher Gegenstand das ist, ist wiederum für die logische Struktur unerheblich, daher ersetzen wir ihn durch einen Buchstaben (da es nicht derselbe Gegenstand ist wie der Bleistift, nehmen wir einen anderen Buchstaben, denn ob Gegenstand 1 mit Gegenstand 2 identisch ist oder nicht, ist logisch relevant. Statt »das Buch« schreibe ich nun einfach »b«). Nun heißt unser Satz aber nicht »Der Bleistift das Buch«. Was fehlt, ist der Relationsausdruck »liegt auf«. In welcher Relation die beiden Gegenstände zueinander stehen, ist wiederum für die logische Struktur nicht erheblich. Daher ersetzen wir auch »liegt auf« durch einen Buchstaben, ich wähle hier den Großbuchstaben R für »Relation«.

Die logische Struktur unseres Satzes ist somit: Rab (lies: »a steht in der Relation R zu b«).

Wittgenstein behauptet nun, dass die Welt und unsere Sprache dieselben logischen Strukturen aufweisen. (Das muss er behaupten, da die logische Struktur ja die Basis der Abbildung sein soll, die Gemeinsamkeit, die die Abbildung überhaupt erst ermöglichte.) Den Beweis, dass dies tatsächlich der Fall ist, bleibt er allerdings schuldig.

Wer die Logik nicht als ein statisches Gebilde, das unserem Denken, unseren Sprachen und der Welt unterliegt, sondern als einen (von Menschen aufgestellten) Kalkül (wie die Mathematik) betrachtet, der wird dieser These kaum zustimmen. Kalküle kann man aufstellen, wie man will. Heutzutage sind, was zu Wittgensteins Zeit noch nicht der Fall war, eine Fülle von Logiken im Umlauf, mit denen man diese oder jene Probleme beschreiben und analysieren kann.

Kurz: Die Abbildtheorie des *Tractatus* funktioniert nur, wenn man davon ausgeht, dass es eine und nur eine Logik gibt, die der Welt und unserer Sprache und unserem Denken zugrunde liegt. Und das ist mit ziemlicher Sicherheit falsch.

Es gibt zahlreiche weitere Probleme mit dem *Tractatus*, und selbst nach längerem Studium kommt man mit manchen Fragen einfach nicht weiter, weil der Text schlicht die Antwort verweigert.

Prägend war der *Tractatus* vor allem für den »Wiener Kreis« um Moritz Schlick und in ihm an erster Stelle für Rudolf Carnap. Carnap wiederum war der Lehrer von Willard Van Orman Quine, der einer der einflussreichsten Philosophen der analytischen Philosophie wurde. Aber wie auch immer die philosophiehistorischen Verflechtungen des *Tractatus* aussehen mögen – überzeugend ist er nicht.

Die Philosophischen Untersuchungen

Die *Philosophischen Untersuchungen* sind in einem anderen Ton geschrieben als der *Tractatus*. Wo die technische Sprache des *Tractatus* und die Nummerierung der Sätze den Leser vielleicht abschrecken, laden die *Philosophischen Untersuchungen* ihn mit ihrer normalen Sprache geradezu zur Lektüre geradezu ein. Das Vertrackte ist nur: Selbst wenn die Sätze Wittgensteins in einer viel einfacheren Sprache geschrieben sind als die von Kant oder gar Hegel – leicht zu verstehen sind seine Gedanken dennoch nicht.

In den *Philosophischen Untersuchungen* befindet sich Wittgenstein in ständiger Auseinandersetzung mit einem Gegenspieler, der immer wieder Einwände gegen seine Gedanken formuliert oder auch einen Vorschlag macht, wie ein bestimmtes sprachphilosophisches Problem zu lösen sei. Die Aussagen dieses Opponenten sind meist (aber leider nicht immer) durch Anführungszeichen markiert.

Wittgenstein hat den Text der *Philosophischen Untersuchungen* nicht in Kapitel unterteilt. Stattdessen hat er kurze Prosa-Einheiten, manche von aphoristischer Schönheit, geschrieben und diese nummeriert. Im ersten Teil der *Philosophischen Untersuchungen* stehen 693 solcher Kurztexte. Sie lassen sich mehr oder weniger gut in Gruppen zu bestimmten Themen zusammenfassen. Manchmal aber springt der Gedankengang plötzlich auf die Metaebene, und Wittgenstein reflektiert sein eigenes Philosophieren, schiebt Bemerkungen allgemeiner Art ein. Diese Textstruktur vermittelt zwar einen Eindruck davon, wie Wittgenstein gearbeitet haben muss, ist aber für das Verständnis (und vor allem für die Suche nach bestimmten Textstellen oder Themen) leider nicht gerade hilfreich.

Inhaltlich spricht Wittgenstein in den *Philosophischen Untersuchungen* unter anderem über Fragen der Bedeutung, des Verstehens, der Regeln und des Befolgens von Regeln, er fragt, was er unter Philosophie versteht, führt zwei neue Begriffe in die Sprachphilosophie ein (»Sprachspiel« und »Familienähnlichkeit«), kritisiert die Abbildtheorie des *Tractatus* und stellt einige Überlegungen zu der Frage an, ob es möglich wäre, dass jemand eine private Sprache (d.h. eine Sprache, die nur er selbst verstehen kann) entwickeln könnte.

Ich greife aus dieser Themenfülle eine zentrale These heraus, die Wittgenstein vertritt. Sie lautet:

> Die Bedeutung eines Wortes ist sein Gebrauch in der Sprache. [PU 43]

Ist die Bedeutung eines Wortes sein Gebrauch?
Den Pfiff der wittgensteinschen These kann man nur verstehen, wenn man sich vor Augen führt, gegen welche Art von Bedeutungstheorie er sie ins Feld führt.

Im *Tractatus* hatte der junge Wittgenstein behauptet:

> Der Name bedeutet den Gegenstand. Der Gegenstand ist seine Bedeutung. [TLP 3.203]

Namen sind Wörter, die bestimmte Eigenschaften haben. Sie verweisen, und diese Tatsache ist es, die der junge Wittgenstein im Auge hatte, auf einzelne Gegenstände. Nicht alle Wörter, die auf einzelne Gegenstände verweisen, sind Namen – bestimmte Beschreibungen können dieselbe Funktion übernehmen. Zum Beispiel verweist die Beschreibung »der Autor des Werther« ebenso wie der Eigenname »Johann Wolfgang Goethe« auf die Person Goethe. Solche Wörter, die nur auf einen Gegenstand verweisen, werden fachsprachlich »singuläre Termini« genannt.

Ob aber die Bedeutung eines solchen Eigennamens wirklich der Gegenstand ist, für den sie stehen, das ist ziemlich fragwürdig. Der späte Wittgenstein meldet hier massive Zweifel an:

> Es ist wichtig festzustellen, dass das Wort »Bedeutung« sprachwidrig gebraucht wird, wenn man damit das Ding be-

zeichnet, das dem Wort ›entspricht‹. Dies heißt, die Bedeutung eines Namens verwechseln mit dem *Träger* des Namens. Wenn Herr N.N. stirbt, so sagt man, es sterbe der Träger des Namens, nicht, es sterbe die Bedeutung des Namens. Und es wäre unsinnig, so zu reden, denn hörte der Name auf, Bedeutung zu haben, so hätte es keinen Sinn, zu sagen »Herr N.N. ist gestorben«. [PU 40]

Die Person Goethe ist mausetot und längst begraben. Die Bedeutung des Namens »Johann Wolfgang Goethe« ist aber nicht mitbegraben worden. Denn sonst würde ja in dem Satz »Goethe ist der Autor des Werther« ein Wort vorkommen, das keine Bedeutung hätte. Und wenn in einem Satz ein Wort gebraucht wird, das keine Bedeutung hat, dann hat der ganze Satz keine Bedeutung. Aber wir reden immer noch in bedeutungsvollen Sätzen von und über Goethe, benutzen den Eigennamen, obwohl der Träger des Namens längst unter der Erde liegt. Also ist die Bedeutung des Namens *nicht* der Gegenstand, auf den der Name verweist. Was aber ist die Bedeutung?
Gottlob Frege, einer der Lehrer Wittgensteins, Erfinder der modernen Logik und einer der Urväter der analytischen Philosophie, ist einer jener Sprachphilosophen, die folgendes Bild vorschlagen, das als »semantisches Dreieck« in die Lehrbücher der Linguistik eingegangen ist:

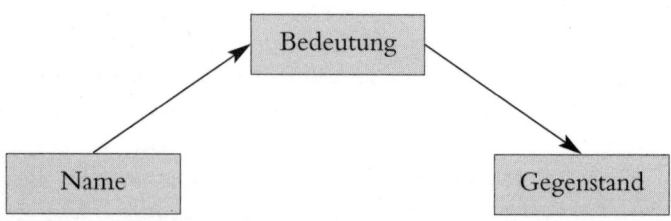

Der Name hat eine Bedeutung, und nur mittels der Bedeutung ist der Name überhaupt dazu in der Lage, auf den Träger des Namens zu verweisen.* Wenn der Träger des Namens stirbt, hat der Name trotzdem noch eine Bedeutung.

Nun fragt sich aber, wo die Bedeutung eigentlich ist. Den Namen, das Wort, die geschriebene Zeichenkette oder gesprochene Lautkette kann man empirisch wahrnehmen. Ebenso den Träger des Namens oder den bezeichneten Gegenstand – aber die Bedeutung? Frege erweist sich in diesem Punkt als Platonist: Er sagt, dass die Bedeutungen in einer Art Ideenhimmel, der allen Sprechern der Sprache zugänglich ist, herumschwirren.

Für alle, denen diese Version nicht schmeckt (weil sie doch ziemlich spekulativ ist), bietet der späte Wittgenstein eine Alternative an.

Hier der entscheidende Paragraph in voller Länge:

> Man kann für ein *große* Klasse von Fällen der Benützung des Wortes »Bedeutung« – wenn auch nicht für *alle* Fälle seiner Benützung – dieses Wort so erklären: Die Bedeutung eines Wortes ist sein Gebrauch in der Sprache.
> Und die *Bedeutung* eines Namens erklärt man manchmal dadurch, dass man auf seinen *Träger* zeigt. [PU 43]

Wie dicht Wittgenstein formuliert, kann man daran sehen, dass er in diesem Paragraphen, in dem er ja sozusagen die Bedeutung des Wortes »Bedeutung« klären will, die These, die er aufstellt, zugleich schon anwendet, da er nicht von der Bedeutung des Wortes »Bedeutung«, sondern von der *Benützung*, sprich: dem Gebrauch des Wortes »Bedeutung« spricht. Dass Witt-

---

* Frege nennt das, was ich die Bedeutung nenne, »Sinn« und den Gegenstand »Bedeutung« – ich habe die Terminologie hier stillschweigend meiner angepasst.

genstein hier einige Fälle, in denen wir das Wort »Bedeutung« in einem anderen Sinn gebrauchen, ausschließen will, trägt meines Erachtens dem Umstand Rechnung, dass wir auch von »bedeutenden Persönlichkeiten« oder »Ereignissen von historischer Bedeutung« sprechen und in diesen Fällen gebrauchen wir das Wort »Bedeutung« in einem hier nicht relevanten Sinn (man kann auch »Wichtigkeit« sagen).

Die Bedeutung des Wortes »Goethe« wäre mithin weder der Träger des Namens (die Person J.W. Goethe) noch ein platonisches Schwebteilchen, wie bei Frege, sondern der wirkliche, wahrnehmbare Gebrauch, den wir im Deutschen von diesem Namen machen. Zu diesem Gebrauch des Namens gehört zum Beispiel, dass wir ihn als Autorennamen einer ganzen Reihe literarischer Werke akzeptieren, dass wir vom Träger des Namens annehmen, dass er eine Reihe von Liebschaften hatte, ehe er seine Frau Christiane heiratete, dass er einen gewissen Einfluss auf die Politik seines Fürsten in Weimar hatte, nach Italien gereist ist und so weiter. (In dem »und so weiter« steckt möglicherweise ein Problem, auf das ich gleich zu sprechen komme.) Wittgenstein rückt somit den Sprecher und den Zuhörer einer Sprache stärker ins Zentrum der Betrachtung als bisher.

Das semantische Dreieck legt folgende Frage nahe: »Welche Bedeutung ist mit diesem Wort in dieser Sprache verbunden?« Wittgenstein passt diese Art zu fragen nicht, weil sie ein Bild von Sprache und Bedeutung vermittelt, das in seinen Augen nicht gerechtfertigt ist.

> Man sagt: es kommt nicht aufs Wort an, sondern auf seine Bedeutung; und denkt dabei an die Bedeutung, wie an eine Sache von der Art des Worts, wenn auch vom Wort verschieden. Hier ist das Wort, hier die Bedeutung. Das Geld und die Kuh, die man dafür kaufen kann. (Andererseits aber: das Geld, und sein Nutzen.) [PU 120]

Wort und Bedeutung werden im semantischen Dreieck als zwei eigenständige Entitäten gehandelt, so lautet der Vorwurf hier. Und dass es Bedeutungen ohne Wörter gibt, deren Bedeutung sie sind, das bezweifelt Wittgenstein. Sein Gegenvorschlag steht in der Klammer: Es kommt auf den Gebrauch, auf die Sprachpraxis an. Wenn man sich fragt, welche Bedeutung ein bestimmtes Wort hat, dann soll man nicht in den Ideenhimmel gucken, sondern den Leuten aufs Maul schauen: Wie wird das Wort im *Sprachspiel* gebraucht?

Unter einem »Sprachspiel« versteht Wittgenstein eine Art Ausschnitt aus der Sprachpraxis der Sprecher einer Sprache. Ein Gehilfe und ein Baumeister spielen zum Beispiel ein Sprachspiel, wenn der Gehilfe auf die Befehle des Baumeisters Baumaterialien reicht (vgl. PU 2). Wenn wir in eine Bäckerei gehen und Brötchen kaufen, dann spielen wir das Brötchen-Sprachspiel – die Rollen in diesem Spiel sind relativ genau festgelegt (der Kunde sagt, was er haben möchte; die Verkäuferin darf die Ware zuerst anfassen, der Kunde erst nach dem Bezahlen; die Verkäuferin sagt den Preis, der Kunde gibt das Geld usw.).

Da Wörter nur im Satzzusammenhang eine Bedeutung haben (»Baum« allein sagt uns noch gar nichts – wir wissen nicht, was gemeint ist: Ein Baum? Und welcher? Und was soll mit dem sein?), folgt aus der These, dass Bedeutung Gebrauch ist, für Wittgenstein, dass man eine ganze Mengen *können* muss, wenn man eine Sprache sprechen und verstehen kann (mithin die Bedeutungen der meisten Wörter dieser Sprache kennt). Bei Wittgenstein liest sich das so:

> Einen Satz verstehen, heißt, eine Sprache verstehen. Eine Sprache verstehen, heißt, eine Technik beherrschen. [PU 199]

Wer eine Sprache verstehen und sprechen kann, der hat, so Wittgensteins Idee, nicht etwa Zugriff auf einen Ideenhimmel voller Bedeutungen, sondern kann sich in einem Sprachspiel richtig verhalten. Und dieses Sich-richtig-verhalten-Können bezeichnet Wittgenstein im Zitat als die Technik, die jemand beherrscht, der einen Sprache verstehen und sprechen kann.

Ich komme nun auf das angekündigte Problem zurück. Wenn die Bedeutung eines Wortes sein Gebrauch in der Sprache ist, dann stellt sich bei manchen Wörtern die Frage, ob es überhaupt jemanden gibt, der ihre Bedeutung kennt – denn manche Wörter werden in mehr als einem Sprachspiel gebraucht. Der englische Philosoph Michael Dummett hat auf dieses Problem hingewiesen. Und Dummett ist der Meinung, dass es tatsächlich Wörter gibt, deren »volle Bedeutung« niemand kennt, einfach weil diese Bedeutung zu vielen Nuancen in diversen Sprachspielen umfassen würde. In seinen Augen sind Ortsnamen typische Beispiele für solche Wörter. Er schreibt in Bezug auf den Eigennamen Rom:

> Jemand, der noch nie vom römischen Imperium oder dem Papsttum gehört hat, kann nicht als jemand gelten, der den Namen »Rom« vollständig versteht, selbst wenn er in Rom gewesen ist, Orte in Rom wiedererkennen und auf einer Landkarte auf Rom zeigen kann. Aber selbst wenn jemand den Eintrag unter »Rom« aus einer Enzyklopädie auswendig lernen würde, wüsste er noch immer nicht alles, was den Gebrauch dieses Namens in der Sprache bestimmt, weil dieser Gebrauch mit dem Funktionieren eines Bereichs sozialer Praxis und Institutionen verwoben ist, zu denen zum Beispiel Reisebüros oder Eisenbahnen gehören. Und die Kenntnis darum, wie diese funktionieren, kann nicht durch irgendetwas, was in einem Buch geschrieben steht, ersetzt werden.
> [*The Logical Basis of Metaphysics*, S. 86, meine Übersetzung]

Dummett versteht unter der »vollständigen« Bedeutung eines Namens offenbar jeden denkbaren, korrekten Gebrauch des Namens, der in der Sprechergemeinschaft einer Sprache üblich ist. Wenn jemand die »vollständige Bedeutung« eines Wortes nicht kennt, dann kennt er vermutlich auch die »vollständige Bedeutung« des Satzes nicht.

Nun muss man die »vollständige Bedeutung« eines Namens nicht kennen, um Sätze, in denen dieser Name vorkommt, zu verstehen. Deshalb fragt sich, wozu Dummett sie überhaupt braucht. Es mag durchaus sein, dass ein Name wie »Rom« sehr viele Bedeutungsnuancen hat. Aber wenn ich zu den unfreundlichen Beamten von der Bahn gehe und sage: »Einmal Rom hin und zurück, bitte!«, dann verstehe ich diesen Satz auch dann vollständig, wenn ich nicht weiß, was es mit dem Papsttum oder Romulus und Remus auf sich hat. Also ist an Dummetts Darstellung etwas faul. Mit Wittgenstein könnte man sagen, dass Wörter wie »Rom« oder »Goethe« in verschiedenen Sprachspielen vorkommen. Und vermutlich würde Wittgenstein auch einwenden, dass Dummett hier gar nicht über Wörter nachdenkt, die in Sätzen gebraucht werden, sondern über die Bedeutung eines Wortes losgelöst vom Satzzusammenhang. Das aber ist, darin sind sich Wittgenstein und Frege einig, ein Fehler. Nach ihrer Überzeugung gilt die Regel, dass Wörter nur in Satzzusammenhängen eine Bedeutung haben.

Es gibt aber auch den Fall, dass jemand die Bedeutung eines Wortes tatsächlich nicht kennt, das Wort aber dennoch »irgendwie richtig« gebraucht. Der Gebrauch steht sozusagen auf tönernen Füßen, und der Sprecher weiß auch darum. Dummett bringt das Beispiel von einer undichten Dichtung seines Autos. Nehmen wir an, es sei die Zylinderkopfdichtung, und nehmen wir ferner an, dass Michael Dummett überhaupt keine Ahnung von der Technik seines Autos hat. Wenn Dummett nun sagt: »Die Zylinderkopfdichtung meines Autos ist hin«, dann sagt er damit möglicherweise etwas Wahres, ohne die wörtliche Bedeutung dieses Satzes »voll« zu verstehen, weil er eben nicht weiß, was eine Zylinderkopfdichtung ist. Wäre Dummett besonders aufrichtig, könnte er stattdessen auch sagen: »Mein Auto ist kaputt. Es steht in der Werkstatt. Der Mechaniker sagt, dass die Zylinderkopfdichtung hin sei. Ich habe, ehrlich gesagt, keine Ahnung, was das heißt, weil ich nicht weiß, was eine Zylinderkopfdichtung ist.« Stellen wir uns dagegen vor, dass Ute, die in Geschichte immer nur geschlafen hat, ihre Freundin Carlotta in Rom besuchen möchte. Ute geht zu den unfreundlichen Beamten der Bahn und möchte ein Zugticket nach Rom kaufen. Dazu äußert sie den Satz: »Ich möchte morgen nach Rom fahren.« Hätte Dummett Recht, dann könnte Ute in diesem Fall, wenn sie besonders ehrlich wäre, ebenso gut sagen: »Ich möchte morgen nach Rom fahren, obwohl ich keine Ahnung habe, was das heißt, ich weiß nämlich nicht, was Rom ist, ich habe in Geschichte immer geschlafen.« – Die unfreundliche Dame vom Fahrkartenschalter würde in einem solchen Fall zu Recht vermuten, dass Ute sie irgendwie auf den Arm nehmen will. Wer ein Ticket nach Rom kauft oder verkauft, muss, mit anderen Worten, in *diesem* semantischen Feld (oder Sprachspiel) nicht auch alle anderen semantischen Felder, in denen das Wort »Rom« vorkommt, kennen, um die Bedeutung von Sätzen (oder Äußerungen) wie »Einmal nach Rom hin und zurück, bitte!« zu verstehen – und zwar *vollständig* zu verstehen. Cäsars Todestag hat, salopp gesagt, mit dem Fahrplan der Bahn nichts zu tun. Aber wie viel muss jemand wissen, um als jemand zu gelten, der das Wort versteht?

Wittgenstein beantwortet diese Frage nicht direkt, da sie sich für ihn gar nicht stellt. Denn in seinen Augen ist der Gebrauch, den wir von Wörtern in den Sätzen einer Sprache machen, etwas, was nach Regeln geschieht. Die Wörter spielen sozusagen eine Rolle im Sprachspiel, ähnlich wie die Schachfiguren eine Rolle im Schachspiel spielen. Wer die Regel kennt, nach der der Springer zieht, der kennt die Bedeutung von »Springer«. Jemand kennt demnach die Bedeutung eines Wortes genau dann, wenn er weiß, wie das Wort in der Sprache gebraucht werden darf, soll oder muss. Und um so eine Regel zu kennen, muss man nicht jede tatsächliche Verwendung des Wortes kennen. Man muss ja auch nicht, um die Regel zu kennen, nach der der Springer im Schach zieht, jeden möglichen Zug (in jeder möglichen Partie) mit dem Springer vollzogen haben. Es ist ja gerade der Witz einer Regel, dass man sie kennen und im Einzelfall befolgen kann, ohne vorher jeden Einzelfall, in dem die Regel greift, durchlaufen haben zu müssen.

Wenn diese Strategie aufgeht, dann kann Wittgenstein eine herrlich bodenständige Philosophie vertreten. Und genau das ist es, was der späte Wittgenstein anstrebt. So schreibt er über die (in seinen Augen in haltloser spekulativer Metaphysik verstrickten) Philosophen der Tradition:

> Wenn die Philosophen ein Wort gebrauchen − »Wissen«, »Sein«, »Gegenstand«, »Ich«, »Satz«, »Name« − und das *Wesen* des Dings zu erfassen trachten, muss man sich immer fragen: Wird denn dieses Wort in der Sprache, in der es seine Heimat hat, je tatsächlich so gebraucht?
> *Wir* führen die Wörter von ihrer metaphysischen, wieder auf ihre alltägliche Verwendung zurück. [PU 116]

So eine bodenständige Philosophie der normalen Sprache ist jedoch nicht weniger komplex als eine hochfliegende Metaphysik. Diese zwei Arten des Philosophierens unterscheiden sich nicht in Fragen der Verständlichkeit, sondern nur in Fragen der Überprüfbarkeit.

Für Touristen

Wittgenstein bietet für jeden etwas:

Städtereisende können sich in Wien (Parkgasse 18) ein Haus ansehen, das er (zusammen mit Paul Engelmann, einem Schüler von Adolf Loos) für seine Schwester gebaut hat – es ist deutlich im Bauhaus-Stil gehalten. Übrigens hat Wittgenstein auch die Tür- und Fenstergriffe selbst entworfen. Im »Haus Wittgenstein«, wie es heute heißt, ist das Bulgarische Kulturinstitut untergebracht. Besichtigungen sind möglich.

Naturliebhaber können zu den Resten von Wittgensteins Hütte am Sognefjord, Norwegen, wandern. Allerdings sollte man nicht zuviel erwarten: Ein Schild weist zwar darauf hin, dass hier die Hütte stand, in der Wittgenstein gearbeitet hat. Die Hütte selbst aber ist nicht mehr da, man kann lediglich die Grundmauern betrachten – oder sich, wie Wittgenstein, am schönen Ausblick erfreuen. Einen Fensterrahmen dieser Hütte findet man kurioserweise im Wittgensteinmuseum im niederösterreichischen Örtchen Kirchberg am Wechsel. Dort kann man auch einen Nachbau einer Wittgenstein-Türklinke aus dem Haus seiner Schwester bewundern. – Sein Bett aus Cambridge (ebenfalls vom Perfektionisten Wittgenstein selbst entworfen) steht ein paar Kilometer weiter, ebenfalls in einem österreichischen Museum, nämlich in Trattenbach, wo Wittgenstein sich als Lehrer versuchte.

Sein Grab wurde (noch) nicht nach Niederösterreich getragen – es befindet sich in Cambridge.

Kapitel 15

Philosophie und Neue Musik

Theodor W. Adorno

Wer sich für Musikästhetik interessiert, kommt über kurz oder lang an Adorno nicht vorbei – zu einfluss- und zahlreich sind die Schriften dieses Philosophen und Kenners der Musikgeschichte. Allerdings ist die Lektüre nicht gerade leicht, denn Verständlichkeit war Adornos Sache nicht. Die Texte sind gespickt mit Fremdwörtern, die sich nicht selten in kompliziert verschachtelten Sätzen verstecken. Wer also ein Buch von Adorno kauft, sollte sich von seinem Buchhändler gleich ein brauchbares Fremdwörterbuch dazu empfehlen lassen.

Theodor Wiesengrund Adorno (* 1903 in Frankfurt am Main; † 1969 in Visp/Schweiz) ist neben Max Horkheimer bekannt als einer der Begründer der »Frankfurter Schule«, einer Gruppe von Sozial- und Kulturwissenschaftlern, zu der auch Herbert Marcuse und Walter Benjamin (und in der jüngeren Generation Jürgen Habermas) gerechnet werden. Die »Frankfurter Schule« ist im Institut für Sozialforschung in Frankfurt am Main zu Hause und betreibt eine Philosophie, die Max Horkheimer als »kritische Theorie« bezeichnet. (Das zentrale Werk der Kritischen Theorie ist die *Dialektik der Aufklärung* von Horkheimer und Adorno.) Die Kritische Theorie will ihren Forschungsgegenstand (die Gesellschaft) nicht nur beschreiben, sondern auch kritisieren und letztlich verändern. So schreibt Max Horkheimer programmatisch:

Die kritische Theorie der Gesellschaft hat [...] die Menschen als die Produzenten ihrer gesamten historischen Lebensformen zum Gegenstand. Die Verhältnisse der Wirklichkeit, von denen die Wissenschaft ausgeht, erscheinen ihr nicht als Gegebenheiten, die bloß festzustellen und nach den Gesetzen der Wahrscheinlichkeit vorauszuberechnen wären. Was jeweils gegeben ist, hängt nicht allein von der Natur ab, sondern auch davon, was der Mensch über sie vermag. Die Gegenstände und die Art der Wahrnehmung, die Fragestellung und der Sinn der Beantwortung zeugen von menschlicher Aktivität und dem Grad ihrer Macht. [»Traditionelle und kritische Theorie«, Nachtrag, S. 217]

Das Ziel der gesellschaftlichen Veränderung, die die kritischen Theoretiker durch ihre aufklärerische Arbeit zu beschleunigen hoffen, fasst Horkheimer bewusst vage als »eine Gesellschaft ohne Unrecht« (ebd., S. 195). Die kritische, im Unterschied zur deskriptiven Ausrichtung der Theorie erinnert nicht zufällig an Marx' elfte »These über Feuerbach«:

Die Philosophen haben die Welt nur verschieden *interpretiert*; es kömmt drauf an, sie zu *verändern*. [»Thesen über Feuerbach«, S. 7]

Neben Marx haben die Arbeiten von Hegel und Freud großen Einfluss auf die kritische Theorie.

Aber Adorno hat nicht nur Hegel, Marx und Freud gelesen, sondern, wie schon eingangs angedeutet, auch Musik gehört, viel über Musik geschrieben und selbst komponiert. (Er hatte bei Alban Berg, einem Schüler Arnold Schönbergs, Kompositionsunterricht.) Adornos Gedanken zur Musikästhetik, die im Kontext der kritischen Theorie zu lesen sind, finden sich in einem relativ schmalen Buch mit dem Titel *Philosophie der neuen*

Musik, das für Musikwissenschaftler wie Philosophen gleichermaßen interessant ist. Wer sich Adornos ästhetischen Schriften nähert, sollte im Auge haben, dass Adorno, wenn er ein Kunstwerk betrachtet, darin nicht so sehr das Werk eines sich ausdrückenden Subjekts (des Künstlers) sieht. Stattdessen gilt für Adorno, der auch diesbezüglich in der Tradition Hegels steht, dass das Verhältnis von Kunst und Wahrheit im Vordergrund steht. Hegel war der Auffassung, dass in der Kunst das Wahre sinnlich erfahrbar würde. Ganz im Sinne der kritischen Theorie nimmt Adorno in seiner Ästhetik zusätzlich das Verhältnis der Kunst zur Gesellschaft in den Blick.

> Kunst ist für Adorno ihrem Grundzuge nach Gesellschaftskritik, und ihre Wahrheit ist die Wahrheit der Utopie. Die schöpferische Kraft der künstlerischen Phantasie ist daher gebunden. Sie verwirklicht sich im Entwurf von Alternativen zur gesellschaftlichen Wirklichkeit. [*Metzler Philosophie Lexikon*, S. 44] •

Diese Vorbemerkungen sollte man im Hinterkopf behalten, wenn man sich Adornos Musikästhetik nähert, um einigermaßen zu verstehen, wohin die Reise gehen soll. Ich werde im Folgenden versuchen, mit Adorno der Frage nachzugehen, warum und inwiefern ein Komponist von heute nicht mehr so komponieren kann wie Bach oder Mozart.

Die wahre Musik

Um ein Missverständnis von vornherein auszuräumen: An den technischen Fähigkeiten liegt es nicht, dass die Komponisten der Neuen Musik nichts mehr schreiben, was nach Mozart klingt. In diesem Sinne *kann* ein Komponist von heute noch so komponieren wie Mozart. Aber wenn wir eine solche Komposition im Konzert hören würden und wüssten, dass sie nicht von Mozart oder einem seiner Zeitgenossen, sondern von einem Komponisten unserer Tage stammt, würden wir uns an der Nase herumgeführt fühlen. Und das zu Recht, wie Adorno sagt, denn es ist den Komponisten von heute verboten, im Mozart-Stil zu komponieren. Dieses Verbot stellt nun nicht Adorno als Musikpapst auf. Dieses Verbot ergibt sich aus der Musikgeschichte selbst. Wie das vonstatten geht, wird (hoffentlich) im Laufe dieses Kapitels deutlich werden.

Formal gliedert sich die *Philosophie der neuen Musik* in drei Teile: Es gibt eine Einleitung, dann einen (positiven) Teil über Arnold Schönberg (1874–1951) und dann einen (negativen) Teil über Igor Strawinsky (1882–1971). Diese beiden Komponisten sind als zwei Extrempunkte von Adorno gewählt, um vorzuführen, was »wahre« (zeitgemäße) und was »falsche« (rückwärtsgewandte, reaktionäre) Musik ist. Adorno verwendet das Wort »wahr« im Sinne von Hegel – das heißt in dem Sinn, in dem wir von einem »wahren Freund«, einem »wahren Fußballspieler« etc. sprechen; der wahre Freund ist der echte Freund, derjenige, der dem Begriff voll und ganz entspricht (er lässt einen zum Beispiel in Notsituationen nicht hängen etc.). Der Gegenbegriff wäre der falsche, der unaufrichtige Freund.

Die *Philosophie der neuen Musik* ist zwischen 1940 und 1948 entstanden, und in dieser Zeit ist Adorno der Meinung, dass die Zwölftontechnik der »Zweiten Wiener Schule« (Arnold Schönberg und seine Schüler Alban Berg und Anton Webern sind deren wichtigste Vertreter) die Schule ist, »welche allein den gegenwärtigen objektiven Möglichkeiten des musikalischen Materials gerecht wird und seinen Schwierigkeiten konzessionslos sich stellt« (*Philosophie der neuen Musik*, S. 10).

In der Zwölftonmusik sind alle zwölf Töne einer Oktave gleichberechtigt – das heißt, es gibt keine tonalen Bindungen mehr, die dem Zuhörer zum Beispiel (im Falle der Tonika) das Gefühl vermitteln, dass im Schlussakkord alles bei einer Art Basis angekommen ist. So eine Basis (die Tonika) gibt es in der Zwölftonmusik nicht mehr. Statt den bisherigen Regeln der Tonalität schreibt der Zwölftonkomponist als Erstes eine Reihe der zwölf Töne auf und zwar so, dass jeder Ton genau einmal vorkommt. Die wichtigste Grundregel der Zwölftonmusik lautet nun schlicht: Komponiere immer so, dass du einen Ton der Reihe erst dann wiederholst, wenn zuvor die elf übrigen Töne erklungen sind.

Adorno war der Ansicht, dass diese Art zu komponieren, das Gebot der Stunde sei, während er Strawinskys Kompositionen dieser Zeit, die nicht zwölftönig, sondern zum Teil noch tonal gebunden sind, strikt ablehnt. Die Stunde sind die 40er Jahre des 20. Jahrhunderts, das heißt, die Zwölftonmusik ist 20–30 Jahre alt (seit 1923 wurde sie von Schönberg und in der Folge auch von seinen Schülern angewandt), und die nachfolgenden Strömungen der ernsten Musik sind noch nicht entwickelt. Ich denke dabei insbesondere an die serielle Musik (vertreten durch Komponisten wie Pierre Boulez und Karlheinz Stockhausen) und den Einfluss der Elektronik (mit der zum Beispiel Komponisten wie Stockhausen oder Luigi Nono gearbeitet haben); all dies entsteht erst ab den 50er Jahren des 20. Jahrhunderts. Im Zitat nennt Adorno auch schon die Quelle, aus der sich das Gebot der Zwölftönigkeit seiner Meinung nach speist: das »musikalische Material«.

Was genau mit diesem Begriff gemeint ist, inwiefern und wodurch sich dieses Material verändert und inwiefern es Forderungen an den Komponisten stellt, gilt es im Folgenden näher zu betrachten.

Unter »musikalischem Material« versteht Adorno weder die Töne (die klingende Materie sozusagen), noch die Einfälle des Komponisten oder das aufgeschriebene Werk, sondern etwas, was er »sedimentierte[n] Geist, ein gesellschaftlich, durchs Bewusstsein von Menschen hindurch Präformiertes« (*Philosophie der neuen Musik*, S. 39) nennt. Um sich Adornos Begriff langsam zu nähern, ist es hilfreich, die folgenden Instanzen von Musik zu unterscheiden:

1. Das sinnlich Wahrnehmbare: die klingende Materie (das tönende Objekt, das Klang-Ereignis, die Schallwellen, die aus den Kehlen und Instrumenten der Musiker dringen).

2. Das Opus (das, was von verschiedenen Orchestern zur Aufführung gebracht und in Partituren aufgeschrieben werden kann und dem wir Namen wie »Beethovens *9. Symphonie*«, »Strawinskys *Sacre du printemps*« oder »Alban Bergs Oper *Lulu*« geben).

3. Die Absichten des Komponisten, die er mit der Komposition des Werkes verfolgt.

4. Das musikalische Material als ein Bereich des »objektiven Geistes« (ebd., S. 28).

Der Begriff *objektiver Geist* ist keine terminologische Schöpfung Adornos, sondern von Hegel übernommen. Was Adorno damit meint, wenn er das musikalische Material als eine objektiv-geistige Instanz von Musik bezeichnet, sagt er (für seine Verhältnisse wunderbar klar) im Anhang der *Philosophie der neuen Musik*:

> Ich habe, in Konsequenz der Philosophie, für die ich einstehe, einen Begriff des objektiven, über die Köpfe der einzelnen Künstler und auch über die Verdienste der einzelnen Werke hinweg sich durchsetzenden Geistes auf die Musik unausdrücklich angewandt. Dieser Begriff ist dem öffentlichen Bewusstsein heute so fremd, wie er meiner geistigen Erfahrung selbstverständlich ist. [*Philosophie der neuen Musik*, Anhang »Missverständnisse«, S. 203]

Das musikalische Material soll etwas sein, was *nicht* sinnlich wahrnehmbar *und* objektiv ist. In Adornos Augen ist es kein

Dogma, das er aufstellt, sondern eine *objektive* Größe. Das musikalische Material hat aber noch eine dritte, wesentliche Eigenschaft: Es ist nicht nur insofern objektiv, als es nicht an die Subjektivität eines Komponisten oder Musikwissenschaftlers gebunden ist, sondern auch insofern es sich nicht in einem einzelnen Werk manifestiert. Das musikalische Material ist etwas, was sozusagen über den Werken und Künstlern steht.

Folgende Analogie kann weiterhelfen, diesen abstrakten Begriff zu erhellen. In den Naturwissenschaften ist manchmal vom »Stand der Forschung« die Rede – damit ist nicht ein einzelnes Forschungsprojekt gemeint, sondern ein ganzes Bündel von Erkenntnissen und Methoden, eine Art Netz von diversen Überzeugungen, zu denen sich die wissenschaftliche Gemeinschaft durchgerungen hat. Analog meint Adorno mit dem musikalischen Material sozusagen den Stand der musikalischen Entwicklung. Das Bemerkenswerte ist nun, dass er diesen Stand der musikalischen Entwicklung nicht wie ein intersubjektives Netz denkt, an dem alle Komponisten durch ihre Werke weiterarbeiten, sondern als etwas Objektives, als eine Entwicklung, die sich aus den vergangenen Kompositionen *notwendigerweise* ergibt und insofern etwas »Präformiertes« ist. Selbstverständlich fällt das musikalische Material nicht vom Himmel und schwebt nicht wie ein Gespenst über den Köpfen, es wird durch die Kompositionen und mithin »durchs Bewusstsein von Menschen hindurch« geformt.

Beethoven geht zum Beispiel, sehr grob gesprochen, wesentlich freier mit den Tönen um als Mozart. Über Wagner und Mahler gelangt die Musikgeschichte schließlich zur frei atonalen Phase, in der es (abgesehen von der negativen Vorschrift, dass man die Tonalität meiden soll) überhaupt keine tonalen Vorschriften mehr gibt. Dabei ist es kein einzelnes Werk, das diese Phasen ausmacht, sondern eine sich durch ein ganzes Bündel von Werken manifestierende Art des Umgangs mit den

Tönen. Das, was sich in einem solchen Werkbündel manifestiert, ist das musikalische Material.

Wichtig ist für Adorno nun der Gedanke, dass Komponisten Neues wagen. Und indem sie Neues wagen, verändern sie zwangsläufig auch das Material. Wer zum Beispiel wie John Cage das Quietschen des Klavierpedals als zum Stück gehörig zulässt, der hat auch für andere Komponisten die Möglichkeit geschaffen, in dieser Richtung weiterzugehen: Man kann als Komponist nach Cage zum Beispiel auch das Husten der Zuhörer, das Schnaufen des Dirigenten usw. als Teil des Opus gelten lassen und mit diesen Geräuschen komponieren. Adorno drückt dies verallgemeinernd so aus:

> Die neuen Mittel der Musik aber sind aus der immanenten Bewegung der alten hervorgegangen, von der sie sich zugleich durch qualitativen Sprung absetzt. [*Philosophie der neuen Musik*, S. 20]

Die Veränderungen geschehen nun nicht einfach so, wie es dem Komponisten gerade einfällt, sondern folgen, laut Adorno, einer inneren Zwangsläufigkeit. So sagt er zum Beispiel von den Regeln der Zwölftontechnik:

> Die Regeln sind nicht willkürlich ausgedacht. Sie sind Konfigurationen des geschichtlichen Zwanges im Material. [*Philosophie der neuen Musik*, S. 65]

Der Zwang, von dem hier die Rede ist, beschreibt die Verbindlichkeit des Standes der musikalischen Technik. Das musikalische Material stellt somit Forderungen an den Komponisten:

> Dass in den Frühzeiten einer Technik deren späte Stufen sich nicht, oder bloß rhapsodisch, vorwegnehmen lassen,

Kapitel 15 · Theodor W. Adorno

versteht sich. Es gilt aber auch das Umgekehrte. Keineswegs stehen dem Komponisten unterschiedslos alle je gebrauchten Tonkombinationen heute zur Verfügung. Die Schäbigkeit und Vernutztheit des verminderten Septimakkords oder gewisser chromatischer Durchgangsnoten in der Salonmusik des neunzehnten Jahrhunderts gewahrt selbst das stumpfere Ohr. Fürs technisch erfahrene setzt solches vage Unbehagen in einen Kanon des Verbotenen sich um. Wenn nicht alles trügt, schließt er heute bereits die Mittel der Tonalität, also die der gesamten traditionellen Musik aus. [*Philosophie der neuen Musik*, S. 40]

Jetzt können wir genauer sagen, warum die Komponisten von heute (oder die aus den 40er Jahren) nicht mehr so komponierten wie Mozart: Wenn die frei-atonale Phase oder die Zwölftontechnik einmal erreicht sind, dann kann man als Komponist hinter diesen Stand des musikalischen Materials nicht mehr zurück. Wer Freejazz spielt, ist dazu verdammt, nicht mit den anderen zusammenzuspielen, keine Melodien mehr zu entwickeln und um Himmels willen keine traditionelle Harmonik einzusetzen.

In Adornos Augen wäre es aber nicht nur veraltet, so zu komponieren wie Mozart, es wäre falsch. (»Nicht bloß, dass jene Klänge veraltet und unzeitgemäß wären. Sie sind falsch. Sie erfüllen ihre Funktion nicht mehr.« *Philosophie der neuen Musik*, S. 40.)

Der Grund für die Falschheit liegt in folgender Überlegung: Da Mozarts Melodien heute in der Werbung und für Handy-Klingeltöne gebraucht werden (missbraucht, wie Adorno sagen würde), schriebe man eine Art Werbe- oder Handy-Musik, wenn man noch im Stil Mozarts komponieren würde. Das aber war seinerzeit nicht die Absicht von Mozart, der ja ganz neue, frische und kühne Klänge in die Musikgeschichte einbrachte.

Wer also heute komponiert, kann nicht einfach machen, was er will, er kann nicht auf den gesamten Vorrat der Klänge aus der Musikgeschichte zurückgreifen und sich dort bedienen. Die Komponisten sind gezwungen, Neues zu wagen, wenn sie »wahre« Musik und keine »falsche« komponieren wollen.

Mit der Unterscheidung in »wahre« und »falsche« Musik erweist sich Adorno als Feind der Beliebigkeit, und er bringt den Gedanken des musikalischen Fortschritts ins Spiel: Wer »falsch« komponiert, komponiert rückschrittlich und wird somit der Gesellschaft, in der er lebt, mit seiner Kunst nicht gerecht. Wer dagegen »wahr« komponiert, komponiert fortschrittlich.

> Der fortgeschrittenste Stand der technischen Verfahrungsweise zeichnet Aufgaben vor, denen gegenüber die traditionellen Klänge als ohnmächtige Clichés sich erweisen. Es gibt moderne Kompositionen, die in ihren Zusammenhang gelegentlich tonale Klänge einstreuen. Kakophonisch sind solche Dreiklänge und nicht die Dissonanzen. Als deren Stellvertreter mögen sie zuweilen sogar gerechtfertigt sein. Verantwortlich für ihre Falschheit ist aber nicht bloß der unreine Stil. Sondern der technische Horizont, aus dem die tonalen Klänge abscheulich hervorstechen, begreift heute alle Musik in sich. Hält ein Zeitgenosse ganz und gar mit den tonalen Klängen haus, wie Sibelius, so tönen sie ebenso falsch wie als Enklaven in atonalem Gebiet. [*Philosophie der neuen Musik*, S. 40]

Der Komponist, die Autonomie der Kunst und die Freiheit

Aus dem Gedanken des Zwangs oder der Forderungen des Materials ergibt sich auch ein neues Bild des Komponisten. Wir stellen uns heutzutage einen Komponisten meist als kreativen Menschen vor, der sich Klänge und Tonfolgen ausdenkt und so anordnet, dass ein Stück entsteht, das seinen Vorstellungen entspricht. Diese kreative Freiheit gibt es in Adornos Augen nicht, wenn der Komponist »richtig« und nicht »falsch« komponieren will.

[Der Komponist] verliert jene Freiheit im Großen, welche die idealistische Ästhetik dem Künstler zuzusprechen gewohnt ist. Er ist kein Schöpfer. Nicht äußerlich schränken Epoche und Gesellschaft ihn ein, sondern im strengen Anspruch der Richtigkeit, den sein Gebilde an ihn stellt. Der Stand der Technik präsentiert sich in jedem Takt, den er zu denken wagt, als Problem: mit jedem Takt verlangt die Technik als ganze von ihm, dass er ihr gerecht werde und die allein richtige Antwort gebe, die sie in jedem Augenblick zulässt. Nichts als solche Antworten, nichts als Auflösung technischer Vexierbilder sind die Kompositionen, und der Komponist ist einzig der, der sie zu lesen vermag und seine eigene Musik versteht. Was er tut, liegt im unendlich Kleinen. Es erfüllt sich in der Vollstreckung dessen, was seine Musik objektiv von ihm verlangt. [*Philosophie der neuen Musik*, S. 42]

Der Künstler ist nicht frei, wenn er »richtige«, »wahre« Kunst schaffen will. Aber diese Unfreiheit, dieser Zwang kommt nicht von außen, von Zuhörern oder Mäzenen. Der Zwang geht vom Material, dem Stand der musikalischen Technik aus. Doch lohnt es sich dann überhaupt noch zu komponieren? Wozu sich die Mühe machen? Oder anders gefragt: Welchen Handlungsspielraum haben Komponisten in Adornos Augen noch?
Adorno ist kein Fatalist: Es ist nicht vorherbestimmt, was komponiert wird. Der Komponist soll den Forderungen des Materials gehorchen. Doch Adorno schreibt einschränkend (und die Freiheit des Komponisten durch diese Hintertür wieder einführend):

Aber zu solchem Gehorsam bedarf der Komponist allen Ungehorsams, aller Selbständigkeit und Spontaneität. [*Philosophie der neuen Musik*, S. 42]

Die Forderungen des Materials geben nicht vor, welche Note auf welche Notenlinie zu setzen sei. Sie geben eher vor, was zu unterlassen ist. So gilt zum Beispiel in der Zwölftonmusik, dass man tonale Bindungen vermeiden soll. Damit ist freilich noch nicht gesagt, *wie* oder *was* man zu komponieren hat. Der Drang nach Neuem, die Forderung, nicht in einer überkommenen Weise zu komponieren, stellt den Komponisten vor die Aufgabe, sich etwas auszudenken, aber eben innerhalb des Rahmens, den das Verbotene vorgibt. Als Schönberg in seiner Zwölftonphase komponierte, sagte der Stand des Materials: »Jetzt schreib nicht wieder so ein Zeug wie (das romantische Streicherstück) *Verklärte Nacht*!«

Gibt es »wahre« Musik wirklich?

In Adornos Augen vollzieht sich Musikgeschichte ziemlich gradlinig. Der Gedanke, dass zwei verschiedene Strömungen (Schönberg auf der einen, Strawinsky auf der anderen Seite) gleichzeitig ihre Berechtigung haben können, ist ihm fremd. Daraus folgt, dass man ein Stück Musik nicht nur danach beurteilen kann, wie es klingt. Diese Konsequenz aber deutet in meinen Augen darauf hin, dass etwas faul ist. Man kann sich, folgt man Adornos Musikästhetik, ein Stück Musik nicht einfach anhören und dann sagen, ob es einem gefällt oder nicht. (Geschmack ist in Adornos Augen ohnehin eine Kategorie, die zur Bewertung von Musik nicht taugt, weil sie subjektiv ist.) Aber kann es im Ernst sein, dass ich die Lebensdaten des Komponisten im Programmheft studieren muss, um beurteilen zu können, ob das, was ich gerade gehört habe, taugt oder nicht? Sind denn die Lebensdaten wichtiger als das Werk? Und was tun wir, wenn uns ein Werk anonym überliefert wird? Können wir es dann gar nicht beurteilen? – Sicherlich nicht in den adornoschen Kategorien wahrer und falscher Musik. Denn um zu beurteilen, ob ein Stück Musik fortschrittlich ist oder nicht, muss man nun einmal seine Entstehungsdaten kennen.

Vielleicht verläuft auch die Musikgeschichte nicht oder nicht mehr so geradlinig, wie Adorno das annahm. Denn es stellt sich die Frage, ob Adorno in der unübersichtlichen Zeit der Musikgeschichte seit den 50er Jahren des 20. Jahrhunderts noch immer einen Stand des musikalischen Materials und eine Tendenz desselben ausmachen konnte. Komponisten wie Boulez und Stockhausen sind bereits schwer unter einen Hut zu bringen – Musiker wie Morton Feldman oder gar Cage gehen ganz und gar andere Wege. Wer könnte sich bei so verschiedenen Arten der Komposition noch anmaßen zu entscheiden, welches der richtige, fortschrittliche Weg, die »wahre« Art zu komponieren ist? (John Cage als dadaistischen Pausenclown der Musikgeschichte abzulehnen ist noch vergleichsweise einfach – aber was würde Adorno mit Feldman machen?) Mit anderen Worten: Wo ist die Tendenz des Materials seit 1950 geblieben? Wenn selbst musikwissenschaftliche Experten eine solche nicht mehr ausmachen können, fällt die ganze »Philosophie der neuen Musik« in sich zusammen.

Für Touristen

Adorno saß gern im Café Laumer (Bockenheimer Landstraße 67) im Frankfurter Westend und hat angeblich eine gewisse Vorliebe für die dortige »Engadiner Nusstorte« entwickelt. (Ältere Damen pflegen in diesem Café den Hut aufzubehalten.) Unweit des Cafés kann man, in der Nähe des Instituts für Sozialforschung (Senckenberganlage 26), das Adorno-Denkmal auf dem Adorno-Platz besichtigen. Begraben liegt Adorno auf dem Frankfurter Hauptfriedhof.

Kapitel 16

Verurteilt zur Freiheit – lebenslänglich

Jean-Paul Sartre

Ein Leben in den Pariser Cafés, eine offene Beziehung (was so viel heißen soll wie: Liebschaften, so viel man will), schwarzer Kaffee und Tabak, politisch links bis extrem links reden und handeln, hin und wieder an der ein oder anderen Droge naschen, wenn man nicht gerade zur Revolution aufruft, und dabei Bücher (philosophische und literarische) schreiben, deren Umschläge in schwarz und rot gehalten werden – wenn dies das Klischee eines Existenzialisten ist, dann war Jean-Paul Sartre (* 1905 in Paris; † 1980 ebd.) dessen Prototyp.

Sartres Hauptwerk *Das Sein und das Nichts* ist im doppelten Sinne schwer: Es ist ausufernd und für Experten geschrieben, und es ist so dick, dass der Lektor (das Buch erschien erstmals 1943 im von Deutschland besetzten Paris) witzelte, dass man es auch als Maß nutzen könne, da es genau ein Kilo wiege. (Diese Angabe bezieht sich auf die französische Originalausgabe; die deutsche Übersetzung wiegt (in der Taschenbuchversion) lediglich 640 Gramm). In diesem Werk begründet Sartre seine philosophische Position in Anlehnung an zentrale Gedanken Edmund Husserls und Martin Heideggers, die ebenfalls nicht zu den philosophischen Leichtgewichten gehören. Doch zum Glück war Sartre so volksnah, dass er seine philosophischen Positionen auch in populären, leichter zugänglichen Schriften dargelegte. Zu diesen gehört der Aufsatz »Der Existentialismus ist ein Humanismus«, in dem Sartre seine Spielart des Existenzialismus vorstellt. Dabei grenzt er zunächst die christlichen Existenzialisten (er nennt Karl Jaspers und Gabriel Marcel, ich würde Sören Kierkegaard hinzufügen) von den atheistischen Existenzialisten, zu denen er neben Martin Heidegger auch sich selbst zählt, ab. Alle Existenzialisten vertreten laut Sartre die These, dass die Existenz der Essenz vorausgehe.* Sartre erklärt am Beispiel eines Brieföffners, was darunter zu verstehen ist:

> Wenn man einen produzierten Gegenstand betrachtet, zum Beispiel ein Buch oder einen Brieföffner, so wurde dieser Gegenstand von einem Handwerker hergestellt, der sich von einem Begriff hat anregen lassen; er hat sich auf den Begriff Brieföffner bezogen und auch auf ein bereits bestehendes Herstellungsverfahren, das Teil des Begriffs ist – im Grunde ein Rezept. […] Wir sagen also, dass beim Brieföffner die Essenz, das Wesen – das heißt die Gesamtheit der Rezepte und der Eigenschaften, die es gestatten, ihn zu produzieren und zu definieren – der Existenz vorausgeht […]. [»Der Existentialismus ist ein Humanismus«, S. 148]

Ebenso könnte man (was laut Sartre freilich ein Fehler wäre) auch für den Menschen annehmen, dass die Essenz der Existenz vorausgeht. Am einfachsten ist diese Position aufzubauen, indem man annimmt, dass es einen Schöpfergott gibt, der Menschen ganz analog zum Werkzeug nach seinen Begriffen (einem

---

* Sartre irrt diesbezüglich. Albert Camus, der landläufig auch zu den Existenzialisten gerechnet wird, wenngleich er selbst nicht so betitelt werden wollte, teilt diese These nicht: »Zwei gewöhnliche Irrtümer: Die Existenz geht der Essenz voraus oder die Essenz der Existenz. Sie gehen und erheben sich beide im gleichen Schritt.« (*Tagebuch März 1951 – Dezember 1959*, S. 95) Annemarie Pieper merkt dazu erläuternd an: »Existenz und Essenz sind für Camus gleichursprünglich; Sein und Wesen lassen sich ebenso wenig voneinander trennen wie Körper und Geist.« (»Existenz«, in: Thurnherr, Hügli (Hgg): *Lexikon Existenzialismus und Existenzphilosophie*, S. 90.)

Plan, einem Rezept, der vor der Schöpfung festgelegten Essenz) schafft. Aber auch ohne diese Annahme kann man an der Position festhalten: Auch wenn von der »Natur des Menschen« die Rede ist, wittert Sartre Vertreter dieser Meinung. Denn die »Natur des Menschen« soll ja ein Bündel von Eigenschaften oder Merkmalen sein, das alle Menschen erfüllen (egal zu welcher Zeit und in welcher Gesellschaft sie geboren wurden); oder, wie Sartre diese Position umreißt: »diese menschliche Natur, die den Begriff vom Menschen ausmacht, findet sich bei allen Menschen wieder. Das bedeutet, jeder Mensch ist ein besonderes Beispiel eines allgemeinen Begriffs.« Wer die Eigenschaften, die der »Natur des Menschen« zugeschrieben werden, nicht hat, wäre gemäß dieser Auffassung kein Mensch.

Während es für einen Brieföffner noch angehen mag, dass die Essenz der Existenz vorausgeht, hält Sartre dies im Fall der Menschen für falsch:

> Der atheistische Existenzialismus, den ich vertrete, ist kohärenter. Er erklärt: wenn Gott nicht existiert, so gibt es zumindest ein Wesen [hier gemeint im Sinne von »Lebewesen«], bei dem die Existenz der Essenz vorausgeht, ein Wesen, das existiert, bevor es durch irgendeinen Begriff definiert werden kann, und dieses Wesen ist der Mensch [...]. [»Der Existentialismus ist ein Humanismus«, S. 149]

Laut Sartre gibt es keine essenziellen Bestimmungen, denen Menschen *vor* ihrer Existenz entsprechen. Jeder einzelne Mensch kommt mit seiner nackten Existenz und ohne begriffliche Vorgaben auf die Welt. Eben das sagt Sartre, wenn er schreibt, dass der Mensch nicht definierbar sei (dann hätten wir eine Essenz vor der Existenz), »weil er zunächst nichts ist« (»Der Existentialismus ist ein Humanismus«, S. 149). Dieses »nichts« meint Sartre begrifflich, denn sonst käme er in einen offensichtlichen Widerspruch. Der nackte, nur existierende Mensch ist insofern »nichts« und nicht definierbar, als er noch keine Handlungen vollzogen, keine Entscheidungen getroffen, noch keinen Charakter, keine Eigenheiten etc. entwickelt hat. All dies kommt erst in einem zweiten Schritt. Und da es, laut Sartre, keinen Gott gibt, kommen alle Bestimmungen des Menschen vom jeweiligen Menschen selbst. Bei Sartre mündet dies in die berühmte Formel:

> »[D]er Mensch ist nichts anderes als das, wozu er sich macht.« [»Der Existentialismus ist ein Humanismus«, S. 149]

Zwei Themen drängen sich hier auf: Das Thema Freiheit und das Thema Verantwortung. Der von Sartre skizzierte Mensch ist einerseits extrem frei, da der Mensch ja nicht ist, wie er ist, wie er in die Welt kam, sondern so, »wie er sich will« (»Der Existentialismus ist ein Humanismus«, S. 149f.). Andererseits gibt es nichts und niemanden mehr, an den wir die Verantwortung für unser Leben abgeben können – weder Vater, Mutter, menschliche Natur, Vererbungen und Anlagen noch ein böser Geist, aber auch keine Prüfung Gottes können als Rechtfertigung oder als Halt dienen, wenn wir mit unserem Leben unzufrieden sind. Wir sind selbst verantwortlich (vgl. »Der Existentialismus ist ein Humanismus«, S. 155).
Beide Gedanken will ich im Folgenden näher betrachten.

Sartre über Freiheit
Freiheit ist in Sartres Augen die Basis des Menschseins.

> Die menschliche Freiheit geht dem Wesen [der Essenz] des Menschen voraus und macht dieses möglich, das Wesen des menschlichen Seins steht in seiner Freiheit aus. Was wir Freiheit nennen, ist also unmöglich *vom Sein* der »menschli-

chen-Realität« zu unterscheiden. Der Mensch ist keineswegs *zunächst*, um *dann* frei zu sein, sondern es gibt keinen Unterschied zwischen dem Sein des Menschen und seinem »Frei-sein«. [*Das Sein und das Nichts*, S. 84]

Was Sartre hier sagt, ist so radikal, dass man sich die Augen reibt: Denn so formuliert sind Freiheit und Menschsein nicht voneinander zu trennen. Aber gibt es nicht Menschen, die in Unfreiheit leben? Ist einer, den man ins Gefängnis wirft, nicht unfrei, aber trotzdem noch Mensch? Das Erstaunliche ist: Sartre meint, dass auch der Mensch im Kerker noch frei sei. Was genau aber versteht Sartre dann unter Freiheit?

Freiheit hat zwei Seiten, die ich als positive und negative bezeichnen will. Die negative Seite der Freiheit ist das Frei-sein-von-irgendetwas (einem Zwang, einer Norm, einem Merkmal). »Straffreiheit« ist ein Beispiel für diese negative Form der Freiheit; auch im Satz »Herr Tielmann ist frei von ansteckenden Krankheiten« drückt sie sich aus. Die positive Seite der Freiheit zeigt sich, wenn jemand frei ist, etwas zu tun (Religionsfreiheit und jede andere Form von Wahlfreiheit (der Regierung, des Lebenspartners, des Berufs) sind Beispiele).

Für Sartre spielen beide Arten der Freiheit eine gleich große Rolle: Wir sind einerseits frei von Zwängen oder Auflagen, die sich ergäben, wenn die Essenz der Existenz vorausginge – darin unterscheiden wir uns (unter anderem) von Brieföffnern. Und wir haben andererseits Wahlfreiheiten. Diese Wahlfreiheit bezeichnet Sartre auch als »Entwurf«: Wir entwerfen uns selbst in die Zukunft, wenn wir wählen, dass wir so oder so sein wollen. In der Möglichkeit, sich in die Zukunft zu entwerfen, zeigen sich sowohl die negative Seite der Freiheit (denn wir sind frei von irgendwelchen Vorschriften) als auch die positive (wir haben die Freiheit uns so zu entwerfen, wie wir wollen).

Wir wollen sagen, dass der Mensch erst existiert, das heißt, dass der Mensch erst das ist, was sich in eine Zukunft wirft und was sich bewusst ist, sich in die Zukunft zu entwerfen. Der Mensch ist zunächst ein sich subjektiv erlebender Entwurf, anstatt Schaum, Fäulnis oder ein Blumenkohl zu sein; nichts existiert vor diesem Entwurf; nichts ist am intelligiblen Himmel, und der Mensch wird zuerst das sein, was er zu sein entworfen haben wird. [»Der Existentialismus ist ein Humanismus«, S. 150]

Der große Unterschied zwischen Blumenkohl und Mensch ist, dass der Mensch sich selbst entwirft, eben das ist, »wozu er sich macht« (s.o.). Aber stimmt das überhaupt? Hier scheint doch der folgende Einwand nahezuliegen: So frei sind wir doch gar nicht! Denn es ist nicht jeder seines Glückes Schmied. Wenn ich mich als Bestsellerautor in die Zukunft entwerfe, dann hat das noch lange keinen Einfluss auf die Verkaufszahlen meiner Bücher! Inwiefern kann man also behaupten, dass ich das bin, wozu ich mich mache?

So einfach kann man Sartre nicht widerlegen. Erstens war hier noch gar nicht von *Verwirklichung* die Rede, sondern von der Freiheit, die im *Entwurf* liegt. Und diese Freiheit ist insofern begrenzt, als es natürliche (und historische) Bedingtheiten gibt, in die hinein wir »geworfen« sind – ich kann mich noch so sehr als Superheld in die Zukunft entwerfen: Ich werde es (auf der Erde) nicht schaffen, aus eigener Kraft und ohne Hilfsmittel zu fliegen. Zweitens ist der Wunsch, Bestsellerautor zu werden, viel konkreter als das, was sich Sartre als Entwurf denkt.

Sartre präzisiert seine Position. Das erste »Entwerfen« seiner Selbst in die Zukunft, scheint eher einem »was-will-ich-für-einer-sein?« zu gleichen als einer konkreten Entscheidung, in dieser oder jener Situation dieses oder jenes zu tun. Daher schreibt er im direkten Anschluss an das letzte Zitat:

Nicht, was er sein will. Denn was wir gewöhnlich unter wollen verstehen ist eine bewusste Entscheidung, die bei den meisten von uns erst später gefällt wird, von demjenigen, zu dem sie sich selbst gemacht haben. Ich kann Mitglied einer Partei werden, ein Buch schreiben, heiraten wollen, das alles ist nur Ausdruck einer ursprünglicheren, spontaneren Wahl als einer, die man willentlich nennt. [»Der Existentialismus ist ein Humanismus«, S. 150]

Negativ gefasst kann man Sartres Punkt vielleicht so benennen: Was oder wie auch immer ich bin, was immer ich tue – ich könnte auch anders. Gerade darin besteht der Unterschied zwischen mir und dem Blumenkohl. Ich bin frei, weil ich auch anders könnte. Der Blumenkohl hingegen ist, was er ist und kann nicht anders.

Unsere Freiheit werden wir ein Leben lang nicht mehr los. Sie ist nichts, was man uns nehmen kann oder was wir uns erkämpfen müssten – wir sind frei, insofern wir Menschen sind. Daher sagt Sartre:

[D]er Mensch ist dazu verurteilt, frei zu sein. Verurteilt, weil er sich nicht selbst erschaffen hat, und dennoch frei, weil er, einmal in die Welt geworfen, für all das verantwortlich ist, was er tut. [»Der Existentialismus ist ein Humanismus«, S. 155; vgl. *Das Sein und das Nichts*, S. 838]

Freiheit im Knast

Die Radikalität von Sartres Position schreit geradezu nach Gegenbeispielen. Ich will hier nur ein solches Beispiel kurz diskutieren. Der Mensch im Gefängnis – inwiefern ist dieser noch frei?

Wer im Gefängnis sitzt, der ist doch seiner Freiheit beraubt, oder nicht? Sartre würde antworten: Nein! Auch der Mensch

im Kerker ist noch frei: Er kann, im Unterschied zum (unfrei-
en) Blumenkohl, Pläne schmieden – er hat die Wahl und kann
einen Ausbruch planen oder ein Gnadengesuch stellen, er kann
sich umbringen oder sich mit seiner Situation abfinden. Das für
Sartre entscheidende Moment ist die Möglichkeit dieser Entwürfe. In ihr besteht die Freiheit des Menschen. Dass es Widerstände gibt, wenn wir versuchen, unsere Entwürfe zu realisieren, das ist auch Sartre klar. Nur sind diese Widerstände für
ihn gerade kein Argument dafür, dass wir weniger frei seien –
im Gegenteil. Diese Widerstände entstehen laut Sartre gerade,
weil wir frei sind:

> Der Mensch begegnet Hindernissen nur auf dem Feld seiner
> Freiheit. Mehr noch: Es ist unmöglich, *a priori* zu entschie-
> den, was beim Hindernischarakter eines einzelnen Existie-
> renden dem rohen Existierenden und was der Freiheit zu-
> kommt. Denn was für mich Hindernis ist, wird es für einen
> andern nicht sein. Es gibt kein absolutes Hindernis, sondern
> das Hindernis enthüllt seinen Widrigkeitskoeffizienten über
> die frei erfundenen und frei erworbenen Techniken; es ent-
> hüllt ihn auch nach dem Wert des durch die Freiheit gesetz-
> ten Zwecks. Dieser Fels wird kein Hindernis sein, wenn ich,
> koste es, was es wolle, zum Gipfel des Berges gelangen will;
> dagegen entmutigt er mich, wenn ich meinem Wunsch, den
> geplanten Aufstieg zu machen, aus freien Stücken Grenzen
> gesetzt habe. So enthüllt mir die Welt durch Widrigkeitsko-
> effizienten die Art, in der ich an den Zwecken festhalte, die
> ich mir setze; sodass ich nie wissen kann, ob sie mir einen
> Aufschluss über mich oder über sich gibt. [*Das Sein und das
> Nichts*, S. 844f.]

Der Mensch im Gefängnis hat die Möglichkeit auszubrechen.
Die Widerstände sind natürlich umso größer, je besser die

Überwachung ist, aber *prinzipiell* ist es, so Sartre im Zitat, nicht entscheidbar, ob es *unmöglich* ist, aus einem Gefängnis auszubrechen, oder ob es bisher nur noch niemand geschafft hat. Und wenn jemand alle seine Ausbruchsversuche als gescheitert ansieht und aufgibt, dann sagt dies nicht nur etwas über die Sicherheit des Gefängnisses, sondern eben auch über den Menschen, der aufgibt.

Diese Position wirkt absurd, wenn die Widerstände extrem groß werden – wie bei einem Menschen unter der Guillotine. Auch von dem muss Sartre ja sagen, dass er noch frei sei, denn solange der Kopf noch dran ist, ist er noch Mensch. Um Sartres Position zu halten, kann man an die hochdramatischen Befreiungsszenen in letzter Sekunde denken, die wir aus Hollywood-Filmen kennen: Sie zeigen, dass es prinzipiell möglich ist, selbst hier noch zu entkommen. Der entscheidende Unterschied zwischen dem (freien) Menschen unter der Guillotine und der (unfreien) Zigarre im Zigarrencutter ist aber, wie gesagt, dass die Zigarre sich nicht in die Zukunft entwerfen kann. Diesen Unterschied führt Sartre in *Das Sein und das Nichts* genauer aus, und diese Ausführung will ich nun betrachten.

Allem Handeln geht ein Wollen voraus. Und Wollen ist, laut Sartre, eine ziemlich negative Angelegenheit: Wer etwas will, der will ja, dass nicht alles so bleibt, wie es ist. Ein Beispiel: Ich habe Hunger und will etwas essen. In Sartres Terminologie hieße das: Ich will etwas, das nicht ist. (Nämlich satt sein.) Dieses »nicht« nimmt Sartre so wörtlich und ernst, dass es zu einem Grundbegriff seiner Philosophie und der Bestimmung des Selbstbewusstseins (und mithin des Menschen) wird.

Der Menschen unterscheidet sich in Sartres Augen (darin folgt er Descartes) vom Rest der Welt darin, dass er Selbstbewusstsein hat. Das Selbstbewusstsein wiederum tut laut Sartre nichts anderes, als sich vom Rest der Welt abzugrenzen. (Ich bin *nicht* dieser Stein, *nicht* der Schreibtisch, *nicht* die Zigarre, *nicht* der

Blumenkohl.) Stöcke, Steine und Hähnchen hingegen können sich nicht abgrenzen. Insofern nur jemand mit Selbstbewusstsein in der Lage ist, sich in dieser Form abzugrenzen, kann Sartre (etwas hochtrabend) sagen, dass das »Nichts« erst mit dem Menschen in die Welt kommt. Denn die übrigen Dinge sind (laut Sartre) einfach, was sie sind. Nun haben Menschen aber auch einen Körper, und dieser Körper unterscheidet sich als solcher nicht fundamental von Stöcken, Steinen oder Kolibris. Aber wir sind eben nicht nur Körper, sondern auch Selbstbewusstsein. In diesem letzten Satz grenzen wir uns sozusagen von uns selbst (genauer: einem Teil von uns, nämlich dem Körper) ab. In *Das Sein und das Nichts* gibt Sartre dem Menschen den Ehrentitel »Für-sich«, während er die Dinge (den Rest der Welt) als »An-sich« bezeichnet. Sartre liebt Formulierungen, die auf den ersten Blick schlicht widersprüchlich klingen, es aber auf den zweiten Blick nicht sind. Diese Vorliebe führt auch zu der Aussage, dass sich das Für-sich definieren lasse als »das seiend, was es nicht ist, und als nicht das seiend, was es ist« (*Das Sein und das Nichts*, S. 42). Ich bin insofern das, was ich nicht bin, als ich nicht der Tisch, der Stuhl oder der Blumenkohl bin. Und ich bin nicht das, was ich bin, insofern das »sein-was-es-ist« eben eine Abkürzung für die Dinge ohne Selbstbewusstsein ist. Nun habe ich zwar einen Körper, der ist was-er-ist; ich bin aber nicht mein Körper (sondern mehr als nur dieser).

Die Freiheit, die Sartre dem Menschen zuschreibt, haben wir dank der Möglichkeit der Abgrenzung (oder, wie Sartre sagt, der »Nichtung«): Ich will *nicht* mehr sein, was ich bin (nämlich hungrig); daher entwerfe ich eine Zukunft, die noch *nicht* ist, aber sein soll (wenn es nach mir geht), in der ich ein Hähnchen (oder einen Blumenkohl) esse.

Sartre über Verantwortung

Wenn wir so frei sind, wie Sartre meint, dann sind wir auch in höchstem Maße für unser Tun (und unsere Unterlassungen) verantwortlich. Das macht Sartre selbst deutlich:

> Wenn jedoch die Existenz wirklich dem Wesen [der Essenz] vorausgeht, ist der Mensch für das, was er ist, verantwortlich. So besteht die erste Absicht des Existenzialismus darin, jeden Menschen in den Besitz seiner selbst zu bringen und ihm die totale Verantwortung für seine Existenz aufzubürden. [»Der Existentialismus ist ein Humanismus«, S. 150]

Befehlsnotstand, Anstand, Ehre, Glaube, Recht und Sitte dienen nicht mehr als Rechtfertigung für unsere Handlungen, denn was wir tun, was wir aus unserem Leben machen, ist einzig und allein unsere Sache.

Diese Meinung erinnert an Hobbes (vgl. 5. Kapitel) und seinen Krieg aller gegen alle. Aber Hobbes hatte gefolgert, dass jeder ein Recht auf alles habe. Das scheint Sartre nicht zu denken. Bei ihm gilt, dass jeder für die gesamte Welt verantwortlich ist. Wer heutzutage über die sich anbahnende Klimakatastrophe oder die aktuelle Finanzkrise jammert, wer dank dieser Krisen sein Haus im Unwetter oder sein Vermögen an der Börse verliert, der hat laut Sartre nichts zu jammern: Wir sind frei, wir haben jederzeit die Wahl, uns umzubringen oder weiterzuleben. Wir haben die Wahl die Klimakatastrophe abzuwenden. Wer vor dieser gewaltigen Aufgabe kapituliert, dem entgegnet Sartre nur: Der »Widrigkeitskoeffizient« sagt nicht nur etwas über die Hindernisse, sondern auch über dich und wie du zu deinen Entwürfen stehst. *Das Sein und das Nichts* ist während des zweiten Weltkriegs erschienen. Und selbst den zwangsrekrutierten Kriegsteilnehmern sagt Sartre, dass sie keinem echten Zwang ausgesetzt waren, sondern dass jeder Kriegsteilnehmer diesen Krieg »verdiene«:

Ich verdiene ihn zunächst, weil ich mich ihm immer durch Selbstmord oder Fahnenflucht entziehen konnte: diese letzten Möglichkeiten müssen uns immer gegenwärtig sein, wenn es darum geht, eine Situation zu beurteilen. Da ich mich ihm nicht entzogen habe, habe ich ihn *gewählt*. [*Das Sein und das Nichts*, S. 951]

Doch selbst dieses Maß an Verantwortung wird noch gesteigert. Da Sartre der Meinung ist, dass man bei allem, was man tut, bei jeder Wahl, sich immer fragen muss: »Was, wenn alle so handeln würden?«, vollziehen wir seines Erachtens jede Handlung zugleich als eine Art Vorbild oder Richtschnur für den Rest der Menschheit. Radikal wie Sartre denkt, behauptet er, dass ich, wenn ich heirate, somit zugleich die Monogamie für alle Menschen als beste und einzig gescheite Lebensform propagiere:

Wenn ich […] mich verheiraten und Kinder haben will, ziehe ich dadurch, selbst wenn diese Heirat einzig von meiner Situation oder meiner Leidenschaft oder meinem Begehren abhängt, nicht nur mich selbst, sondern die gesamte Menschheit auf den Weg zur Monogamie. [»Der Existentialismus ist ein Humanismus«, S. 151]

An dieser Stelle schießt Sartre mit seiner Radikalität über das Ziel hinaus. Denn mit Sicherheit folgt aus meiner Heirat und der Gründung einer Familie zwar eine Menge für *mein* Leben, jedoch *nichts* für das Leben meiner sexuell hyperaktiven Nachbarn – ich habe weder die Absicht, meinen Nachbarn durch mein Familienleben irgendetwas vorzuschreiben, noch schreibe ich ihnen irgendetwas vor. Denn im Unterschied zu den Kirchen, die aller Welt Monogamie vorschreiben wollen und dies auch explizit tun, ist es mir ausgesprochen gleichgültig, wer seine Sexualität wie auslebt, solange die jeweils Beteiligten einverstanden sind. Ein solches Nebeneinander verschiedener Lebensformen scheint für Sartre problematisch zu sein – nur sehe ich den Grund nicht. Ein Argument für diese angeblich vorhandene Vorschriftfunktion meiner privaten Handlungen findet sich im Text jedenfalls nicht.

Freilich gibt es auch individuelle Handlungen, die auf die gesamte Menschheit Auswirkungen haben – Umweltverschmutzung ist ein Problem, das durch individuelle Handlungen von Menschen verursacht wird. Wenn ich ein Atomkraftwerk baue und in Betrieb nehme, trage ich tatsächlich Verantwortung für die ganze Menschheit. Und auch die Vorschriftfunktion, die Sartre allen Handlungen zuschreiben will, gibt es bei manchen Handlungen: Wer mit der Absicht, mit gutem Beispiel voranzugehen, auf das Autofahren verzichtet und sich nur noch zu Fuß und mit dem Fahrrad fortbewegt, der hat möglicherweise die Absicht, damit zugleich der Menschheit zu vermitteln, dass dies der einzig richtige Weg sei, sich fortzubewegen. Ob eine Handlung diese Vorschriftfunktion hat oder nicht, hängt von den *Absichten* ab, mit denen jemand die entsprechenden Handlungen vollzieht. Das scheint Sartre nicht gesehen zu haben.

Die Verantwortung, die wir, folgt man Sartre, zu tragen haben, ist so groß, dass sie kaum auszuhalten ist. Jemandem, der in jeder Handlung nicht nur die Konsequenzen seiner Handlung für sich selbst, sondern auch die Folgen für die ganze Menschheit mitdenken und verantworten muss, kann angst und bange werden. Und das ist, laut Sartre, auch der Fall: Wir leben in einer ängstlichen Grundstimmung.

Der Existenzialist erklärt gern: der Mensch ist Angst. Das bedeutet folgendes: der Mensch, der sich engagiert und sich bewusst wird, dass er nicht nur jener ist, der zu sein er wählt, sondern auch ein Gesetzgeber, der mit sich die gesamte

Menschheit wählt, dieser Mensch kann dem Gefühl seiner totalen und tiefen Verantwortung nicht entrinnen. […] Alle Verantwortlichen kennen diese Angst. Das hindert sie nicht zu handeln, im Gegenteil, es ist die Bedingung ihres Handelns; denn es setzt voraus, das sie eine Vielzahl von Möglichkeiten ins Auge fassen, und wenn sie eine wählen, wird ihnen bewusst, dass diese ihren Wert nur dadurch erhält, dass sie gewählt wurde. [»Der Existentialismus ist ein Humanismus«, S. 151ff.]

Diese Form von Angst ist ein ständiger Begleiter in unserem Leben. (Wer diese Angst nicht kennt, der lügt sich, laut Sartre, selbst etwas in die Tasche.) Das klingt vielleicht neurotisch. Ist es aber nicht. Neurotisch wäre es nur dann, wenn Sartre beim Blick auf die Speisekarte (er soll wählen, was er essen will) angesichts der Verantwortung, die er mit der Wahl des Gerichts zu schultern hat, in Angstschweiß ausbrechen würde. Dass er bei der Wahl seiner Speisen (er scheint, wie Adorno, einen Hang zur Süßspeise gehabt zu haben) absolut cool und unängstlich ist, sagt Sartre in der Diskussion zu »Der Existentialismus ist ein Humanismus«:

Natürlich will ich nicht sagen, wenn ich zwischen einer Napoleonschnitte und einem Mohrenkopf wähle, wähle ich im Zustand der Angst. Die Angst ist konstant in dem Sinn, dass meine Urwahl eine konstante Sache ist. Die Angst ist meiner Ansicht nach das totale Fehlen von Rechtfertigung, verbunden mit der gleichzeitigen Verantwortung gegenüber allen. [Diskussion zu »Der Existentialismus ist ein Humanismus«, S. 177]

Wenn wir Sartre folgen, sind wir einsam und verlassen (kein Gott, keine Moral, keine Menschennatur determiniert uns), aber frei und verantwortlich für unser Leben und das Leben der anderen. Dass für ein gelingendes Leben auf der Erde gerade die anderen mitunter zum Problem werden können, war Sartre klar. So schrieb er in seinem Theaterstück *Geschlossene Gesellschaft* den berühmten Satz:

Ein Rost ist gar nicht nötig, die Hölle, das sind die anderen. [*Geschlossene Gesellschaft*, S. 59]

Für Touristen

Sartre hing viel im 6. Pariser Bezirk, St.-Germain-des-Prés herum. Insbesondere das Café de Flore (Boulevard Saint-Germain Nr. 172) ist als sein Stammlokal in die Geschichte eingegangen. Allerdings ist er in späteren Jahren immer wieder vor den Autogrammjägern in andere Etablissements geflohen.

Begraben liegt Sartre mit seiner Lebensgefährtin Simone de Beauvoir auf dem Friedhof Montparnasse (gleich rechts vom Haupteingang).

Kapitel 17

Ein hoppelnder Meilenstein

W. V. O. Quine

Willard Van Orman Quine (* 1908 in Akron/Ohio; † 2000 in Boston/Massachusetts) hat das Kunststück fertiggebracht, mit einem Kaninchen Philosophiegeschichte zu schreiben. Natürlich ist das Kaninchen nur ein Beispiel und noch dazu ein Beispiel in einem Gedankenexperiment, aber vor allem für den »logischen Empirismus«, wie ihn Rudolf Carnap vertreten hat, stellt dieses Gedankenexperiment eine ernste Herausforderung dar.

So eng der Name »Aristoteles« mit dem seines Lehrers Platon verbunden ist, so eng ist auch der Name »Quine« mit dem seines Lehrers und Freundes Rudolf Carnap (* 1891 in Ronsdorf, heute zu Wuppertal; † 1970 in Santa Monica) verbunden. Und ebenso wie Aristoteles sich kritisch mit dem Werk seines Lehrers Platon auseinandergesetzt hat, haben auch Quine und Carnap mehr als eine These kontrovers diskutiert. Eine gemeinsame Basis haben Carnap und Quine allerdings nie verlassen: den Empirismus. Beide halten an der Annahme fest, dass die Wahrheit eines jeden Satzes einer seriösen Wissenschaft sich nur aufgrund der Logik, Mathematik und Erfahrung nachweisen lassen müsste. Allerdings gibt es einen gewaltigen Unterschied zwischen Carnap und Quine, sobald es darum geht, ob es möglich ist, die Wahrheit *einzelner* Sätze nachzuweisen (was Carnap bejahen würde), oder ob sich die Wahrheit eines Satzes immer nur relativ zu einem komplexen »gesamtwissenschaftlichen Netz«, das sowohl Logik und Mathematik als auch Erfahrungen und Beobachtungen der Gemeinschaft der Wissenschaftler einschließt, nachweisen lässt (wie Quine meint). Letztere Position beinhaltet auch, dass jeder von der Gemeinschaft der Wissenschaftler als »wahr« anerkannte Satz sich im Laufe der wissenschaftlichen Entwicklung als falsch herausstellen kann. Oder wie Quine sagt:

> Innerhalb unserer unaufhörlich in Entwicklung begriffenen Gesamttheorie urteilen wir über Wahrheit so ernsthaft und absolut, wie es nur immer möglich ist. Dass dabei immer noch ein Spielraum für Korrekturen bleibt, versteht sich von selbst. [*Wort und Gegenstand*, S. 58]

Dieser Spielraum ist allerdings recht groß. Denn nach Quines Überzeugung gilt, dass *keine* Aussage gegen Revisionen immun ist (so Quine in: »Two dogmas of empiricism«, S. 43: »no statement is immune to revision«). Ich komme am Ende dieses Kapitels noch einmal auf diesen Punkt zurück.

Die in diesem Kapitel zu verhandelnde Frage, die Quine aufgeworfen hat, lautet: Kann man mit empirischen Mitteln nachweisen, dass zwei Ausdrücke (Wörter oder Sätze) einer natürlichen Sprache dieselbe Bedeutung haben? Anders gesagt: kann man die Bedeutungsgleichheit (Synonymie) von zwei Ausdrücken natürlicher Sprachen mit empirischen Mitteln nachweisen? Zu den empirischen Mitteln, die geeignet wären, diesen Nachweis zu erbringen, gehören für Quine (und auch in diesem Punkt ist er sich mit Carnap einig) das nicht-sprachliche und das sprachliche Verhalten (engl. *behaviour*) der Sprecher der entsprechenden Sprachen.

Quines Antwort auf die gestellte Frage ist ein klares »Nein«. Dieses Nein hat, wenn es sich als berechtigt erweisen sollte, für Carnaps Philosophie verheerende Folgen. Ich bezeichne dieses

Nein als »Quines negative These«. Sie lässt sich folgendermaßen formulieren:

Quines negative These: Es ist mit empirisch-behavioralen Mitteln nicht möglich, die Bedeutungsgleichheit (Synonymie) von
zwei Ausdrücken (Sätzen oder Wörtern) natürlicher Sprachen
nachzuweisen.

Quine begründet diese These mit einem Gedankenexperiment. In Gedankenexperimenten stellen sich Philosophen
meistens Situationen vor, die, so wie sie beschrieben werden,
nicht real sind, es aber sein könnten. Das Gedankenexperiment, das Quine benutzt, um seine negative These zu begründen, nennt er »radikale Übersetzung«.

Radikale Übersetzung

Es ist besonders einfach, Beispiele für Bedeutungsgleichheit
von zwei Ausdrücken anzuführen, wenn man nicht innerhalb
einer Sprache nach Synonymen sucht, sondern *zwei* Sprachen
wählt: Das englische Wort »car« hat zum Beispiel dieselbe Be-
deutung wie das französische Wort »voiture«; das englische
Wort »rabbit« hat dieselbe Bedeutung wie das französische
Wort »lapin«.
Quines erster Schritt im Gedankenexperiment ist daher, dass er
von »Übersetzung« spricht. Denn es gilt: Bei einer korrekten
Übersetzung eines Satzes der Sprache, aus der übersetzt werden
soll, in die Sprache, in die übersetzt werden soll, sollten beide
Sätze dieselbe Bedeutung haben. Soweit so unproblematisch.
»Radikal« wird die Übersetzung nun durch folgende von
Quine vorgestellte Situation. Wir wollen herausfinden, ob es
allein mit empirisch-behavioralen Mitteln möglich ist, die Bedeutungsgleichheit von zwei Ausdrücken nachzuweisen. Damit wir nicht Gefahr laufen, unlautere Mittel (z. B. unser Vor-

wissen, weil wir beide Sprachen verstehen, etablierte Wörterbücher o.ä.) zu gebrauchen, sorgen wir durch den Zuschnitt des Gedankenexperiments dafür, dass solche Mittel gar nicht erst zum Einsatz kommen können. Quine sagt:

> Für unsere Zwecke eher relevant ist die *radikale* Übersetzung, d.h. die Übersetzung der Sprache eines bisher unberührten Volkes. [*Wort und Gegenstand*, S. 63]

Wir nehmen also an, dass ein Sprachforscher der Universität Freiburg, nennen wir ihn Rudi, in eine entlegene Region eines Dschungels reist, in der ein Volk lebt, das bisher überhaupt keinen Kontakt zur Außenwelt hatte. Rudi will die Sprache dieser Eingeborenen ins Deutsche übersetzen, er will zu diesem Zweck ein Übersetzungshandbuch schreiben. Da das Dschungel-Volk überhaupt keinen Kontakt zur Außenwelt hatte, stehen Rudi bei der Erforschung der Sprache der Eingeborenen keinerlei Hilfsmittel wie Herleitungen aus anderen Sprachen, Wörterbücher oder gar ein Dolmetscher zur Verfügung. Er ist ganz und gar auf das Verhalten (inklusive Sprachverhalten) der Eingeborenen angewiesen, um herauszufinden, welche Ausdrücke der Dschungelsprache dieselbe Bedeutung haben wie Ausdrücke seiner Muttersprache (sagen wir: Deutsch). Im Gedankenexperiment stellen wir uns weiter vor, dass Rudi, ausgestattet mit einem Notizbuch, mit einem eingeborenen Gewährsmann (ich nenne ihn Tarzan) durch den Dschungel streift und versucht, Tarzans Sprache zu erforschen. Dabei könnte es zu folgender (inzwischen ziemlich berühmt gewordener) Situation kommen:

> Ein Kaninchen huscht vorbei, der Eingeborene sagt »Gavagai«, und der Sprachforscher notiert den Satz »Kaninchen« (oder »Sieh da, ein Kaninchen«) als vorläufige, in weiteren

Fällen zu erprobende Übersetzung. [*Wort und Gegenstand*, S. 63]

Nach und nach, so nimmt Quine an, wird Rudi immer mehr von Tarzans Äußerungen aufschreiben. Er wird dabei stets genau beobachten, was in der Umgebung von ihm selbst und von Tarzan geschieht, sodass er immer mehr vorläufige Übersetzungshypothesen formuliert. Rudi wird mit der Zeit lernen, Zustimmung und Ablehnung in Tarzans Sprachverhalten zu unterscheiden (oder genauer gesagt: Er wird Hypothesen darüber aufstellen, welche Äußerungen (und welches Verhalten) Zustimmung und welche Ablehnung bedeuten). Auf diesem Weg wird Rudi in die Lage kommen, dass er dank zahlreicher Beobachtungen die folgende These durch das beobachtbare Sprachverhalten und sonstige Verhalten Tarzans bestätigen kann:

Reiz-These 1: Immer wenn ich »Sieh an, ein Kaninchen!« sagen würde, sagt Tarzan »Gavagai!«.
Belege für diese These wären: Immer wenn man Tarzan einem Kaninchen-Reiz aussetzt (z.B. wenn ein Kaninchen vorbeihoppelt oder wenn man ihm das Bild eines Kaninchens vor die Nase hält), dann gilt: Entweder sagt Tarzan »Gavagai!«, oder er stimmt der Frage »Gavagai?« bei gleichzeitigem Zeigen auf das Kaninchen zu. Die Reiz-These 1 hält Quine mithin für eine These, deren Wahrheit man mit empirisch-behavioralen Mitteln nachweisen kann.
Hier sei noch eingeschoben, dass Quine davon ausgeht, dass Tarzans Äußerung »Gavagai!« im Angesicht des Kaninchens ein Satz ist. Es ist ein Satz, auch wenn dieser vielleicht nur aus einem Wort besteht. Was ein Wort ist und was nicht, oder genauer: wie man Sätze in Wörter zerlegt, ist ohnehin die Arbeit von Linguisten. Sprich: Es ist Rudis Aufgabe, Sätze der

Dschungelsprache in Bestandteile (Wörter) zu zerlegen, aus denen sich neue Sätze der Dschungelsprache bilden lassen. Denn es ist in natürlichen Sprachen möglich, aus endlich vielen Wörtern unendlich viele Sätze zu bilden. Damit Rudi also mit seiner Arbeit eines Tages auch fertig werden kann (und zurück nach Freiburg fliegen darf), muss er sich darum bemühen, Sätze in Wörter zu zerlegen. (Um den Ein-Wort-Satz »Gavagai!« vom Wort »gavagai« unterscheiden zu können, schreibe ich den Satz »Gavagai!« stets mit dem Großbuchstaben und einem Satzzeichen, während ich das Wort »gavagai« klein und ohne Satzzeichen schreibe.)

Die Frage, die sich nun stellt: Haben wir mit der Reiz-These 1 schon die Bedeutungsgleichheit der Sätze »Gavagai!« und »Sieh da, ein Kaninchen!« oder gar der Wörter »gavagai« und »Kaninchen« nachgewiesen? Kann man von der Reiz-These 1 übergehen zu der folgenden These:

Bedeutungsgleichheits-These: Der Einwort-Satz »Gavagai!« der Dschungelsprache bedeutet im Deutschen: »Sieh da, ein Kaninchen!«

Wenn dem so wäre, könnte Rudi, nach weiteren Studien, in seinem Notizbuch als einen Eintrag seines Übersetzungshandbuchs festhalten:

Eintrag 1: Das Wort ›gavagai‹ bedeutet im Deutschen ›Kaninchen‹.

Dummerweise ist Quine fest davon überzeugt, dass wir von der Reiz-These 1 nicht zur Bedeutungsgleichheits-These übergehen können und ergo kaum Aussicht darauf haben, Eintrag 1 des Übersetzungshandbuchs jemals empirisch zu begründen. Die empirisch-behavioralen Belege reichen dafür nicht aus. Um dies zu verdeutlichen, nehmen wir an, dass auch die Universität Marburg einen Sprachforscher, Paul, losschickt. Paul ist in derselben Situation wie Rudi, und wir wollen annehmen, dass Paul und Rudi einander im Dschungel nicht kennenlernen. (Sagen wir: Rudi ist für einige Wochen mit ein paar Eingeborenen zur Jagd unterwegs, während Paul im Dschungel eintrifft.) Ferner hat, damit auch Paul in einer Situation der *radikalen* Übersetzung ist, Rudi den Eingeborenen kein Wort Deutsch beigebracht.

Nun läuft also auch Paul mit Tarzan durch den Wald. Und Tarzan zeigt auch ihm die Karnickel und sagt wieder »Gavagai!«. Paul aber ist nicht nur Sprachforscher, sondern auch begeisterter Hobby-Koch. Wenn Paul ein Kaninchen sieht, dann denkt er direkt an Olivenöl und Knoblauch, und er vermutet, dass Tarzan Kaninchen ebenso gern isst, wie er selbst. Paul sieht daher, wenn er ein Kaninchen sieht, nicht so sehr das Kaninchen als Ganzes, sondern die (leckeren) Teile des Kaninchens. Paul stellt nun die folgende Hypothese auf:

Reiz-These 2: Immer wenn ich »Sieh an, ein nicht abgetrennter Teil eines Kaninchens!« sagen würde, sagt Tarzan »Gavagai!«.

Reiz-These 2 lässt sich mit empirisch-behavioralen Mitteln begründen – genauso wie Reiz-These 1, denn Tarzan kann ja nun mal nicht anders: Wenn er auf ein Kaninchen zeigt, dann zeigt er *auch* auf irgendeinen (nicht abgetrennten) Teil des Tieres. Wenn nun Paul und Rudi eines Tages ihre Übersetzungshandbücher fertig hätten und sie (zurück in Deutschland auf einem stinklangweiligen Linguisten-Kongress) nebeneinanderlegten, würden sie überrascht feststellen, dass in Rudis Übersetzungshandbuch der folgende Eintrag steht:

Eintrag 1 gavagai, Kaninchen

287

Während in Pauls Handbuch steht:

Eintrag 2 gavagai, nicht abgetrennter Teil eines Kaninchens

Offensichtlich aber bedeuten »Kaninchen« und »nicht abgetrennter Teil eines Kaninchens« nicht dasselbe. Sprich: Wir haben hier zwei Übersetzungshandbücher, die einander widersprechen, obwohl sie auf derselben empirisch-behavioralen
Basis getestet wurden. Und es kommt noch schlimmer: Die
beiden Übersetzungshandbücher widersprechen sich nicht nur
im Eintrag »gavagai«. Denn Rudi und Paul können ja, da sie die
Dschungelsprache immer besser zu verstehen glauben, auch für
Ausdrücke, die sich nicht auf beobachtbare Gegenstände wie
Kaninchen (oder nicht-abgetrennte Kaninchenteile) beziehen,
Übersetzungshypothesen aufstellen. So wird Rudi vielleicht
eines Tages den Verdacht haben, dass ein bestimmter Ausdruck, sagen wir »ukmok«, auf Deutsch »ist identisch mit« bedeutet. Dann könnte er, mit dieser Hypothese im Rücken,
versuchen, seine Übersetzung von »gavagai« als die richtige
nachzuweisen. Er zeigt nämlich erst auf das Ohr, dann auf die
Hinterläufe und fragt dabei in der Dschungelsprache, ob dieser
gavagai mit jenem *gavagai* identisch sei. Nehmen wir an, dass
diese Frage in der Dschungelsprache folgendermaßen ausgedrückt würde:
»Gavagai ukmok gavagai?« (Begleitet von der erwähnten Zei-
gegeste.)
Wenn Tarzan diese Frage bejaht, dann wäre das ein Beleg
(wenn auch noch kein Beweis) dafür, dass er mit »gavagai« das
ganze Kaninchen und nicht die Teile meint.
Nun kann aber Paul dummerweise mit denselben Belegen, das
heißt mit derselben Frage und derselben Reaktion von Tarzan
auch seine Übersetzungshypothese bestätigen, der gemäß *gavagai* »nicht-abgetrennter Teil eines Kaninchen« bedeutet. Denn

es kann sein, dass Paul »ukmok« nicht mit »ist identisch mit«, sondern mit »gehört zu« übersetzt. Und wenn nun Paul auf die zwei Teile des Kaninchens (erst das Ohr, dann das leckere Hinterbein) zeigt und ebenfalls die Frage »Gavagai ukmok gavagai?« stellt, dann hieße das nach seinem Übersetzungshandbuch: »Gehört dieser gavagai zu diesem gavagai?« Wenn Tarzan die Frage bejaht, würde das Pauls Übersetzungshypothese erhärten. Wenn Tarzan hingegen mit einem Stirnrunzeln reagiert, dann würde das eher für Rudis Übersetzungshypothese sprechen.

Quine zieht daraus den Schluss: Es ist möglich, dass es zwei einander widersprechende Übersetzungshandbücher einer natürlichen Sprache gibt, und es ist mit empirisch-behavioralen Mitteln nicht möglich zu entscheiden, welches von beiden das richtige ist. Quine sagt daher, dass die Verhaltensbelege nicht ausreichen, um die radikale Übersetzung zu bestimmen:

> Die Unbestimmtheit [...] besteht darin, dass rivalisierende Systeme analytischer Hypothesen [gemeint ist damit das, was ein vollständiges Übersetzungshandbuch bieten müsste] mit allen Rededispositionen innerhalb jeder der betreffenden Sprachen in Einklang stehen und in zahllosen Fällen dennoch völlig disparate Übersetzungen erfordern können, und zwar nicht nur wechselseitige Paraphrasen, sondern Übersetzungen, von denen jede durch das andere Übersetzungssystem ausgeschlossen würde. [*Wort und Gegenstand*, S. 138]

Wir hatten oben gesagt, dass zwei Ausdrücke genau dann dieselbe Bedeutung haben, wenn man den einen als korrekte Übersetzung des anderen betrachten kann. Quine zeigt mit dem Gedankenexperiment der radikalen Übersetzung, dass man mit empirisch-behavioralen Mitteln nicht nachweisen kann, dass eine Übersetzung korrekt ist.

Und da die radikale Übersetzung nur dazu diente, zu zeigen, wie weit man mit empirisch-behavioralen Mitteln kommt, kann Quine verallgemeinernd sagen, dass sich Bedeutungsgleichheit (Synonymie) mit empirisch-behavioralen Mitteln nicht festnageln lässt. Das gilt nicht nur für Übersetzungen aus der Dschungelsprache, sondern für jede Form von Bedeutungsgleichheit, oder wie Quine sagt:

> On deeper reflection, radical translation begins at home.
> (Wenn man genauer darüber nachdenkt, fängt radikale Übersetzung schon bei uns selbst an.) [»Ontological relativity«, S. 46; meine Übersetzung]

Mithin lässt sich (um Quines Lieblingsbeispiel zu nennen) mit empirisch-behavioralen Mitteln nicht nachweisen, dass »Junggeselle« und »unverheirateter Mann« synonym sind.
Dies hat, wie wir unten sehen werden, vor allem für Carnaps Philosophie fatale Folgen.

Was aus dem Gedankenexperiment nicht folgt

Wir müssen kein deutsch-französisches Wörterbuch wegschmeißen, weil sowieso alles falsch sein könnte, was darin steht. Das tut auch Quine nicht. Aber im Prinzip gilt natürlich auch für diese Wörterbücher, dass sie empirisch nicht ausreichend belegt sind – man könnte ein alternatives Wörterbuch entwickeln, das den gängigen in einigen Punkten widerspräche. Allerdings wäre der Arbeitsaufwand gigantisch, daher ist es einfach praktischer, auf die Wörterbücher zurückzugreifen, die wir schon haben und die ja ›funktionieren‹. (Wobei für ein »funktionierendes Wörterbuch« gilt: Die mit einem solchen Wörterbuch erstellten Übersetzungen werden durch das verbale und nonverbale Verhalten der Muttersprachler der Sprache, aus der übersetzt wurde, bestätigt.)

Carnaps Ruinen

Wenn Quine Recht hat, wäre dies für Carnaps Philosophie verheerend. Denn laut Carnaps logischem Empirismus gilt, dass sich jede wahre Aussage einer seriösen Wissenschaft auf Logik, Mathematik oder Erfahrungen zurückführen lässt. Carnap unterscheidet dabei (wie schon Kant) zwei Arten von wahren Sätzen: analytisch-wahre und synthetisch-wahre Sätze. Zu den ersten Sätzen gehören alle Sätze, die allein kraft der Bedeutung der in ihnen vorkommenden Bestandteile (Wörter) wahr sind, wie zum Beispiel: »Wenn Paul ein Junggeselle ist, dann ist er unverheiratet.«

Carnap benutzt die Unterscheidung in analytisch- und synthetisch-wahre Sätze, um schlechte Metaphysik als haltlose Spekulation zu verwerfen. Denn in ihr kommen Sätze vor, die wahr sein sollen, obwohl sie weder analytisch sind, noch sich an der Erfahrung überprüfen lassen wie die synthetischen Sätze. (Laut Carnap gibt es, kontra Kant, keine synthetischen Sätze, die a priori wahr sind. Das heißt, wenn ein Satz synthetisch und wahr ist, dann lässt sich seine Wahrheit empirisch überprüfen.)

Quine verwirft in seinem wohl berühmtesten Aufsatz »Zwei Dogmen des Empirismus« (»Two dogmas of empiricism«) die ganze Unterscheidung in analytisch-wahre und synthetisch-wahre Sätze als ein ungerechtfertigtes »Dogma« des Empirismus. Denn da Synonymie sich (wenn Quine Recht hat) nicht mit empirischen Mitteln nachweisen lässt und sich der gewünschte Begriff von Analytizität nur auf der Basis von Synonymie definieren lässt, fällt, wenn wir Synonymie verwerfen, weil wir sie als gute Empiristen leider nicht mit empirischen Mitteln nachweisen können, auch die Analytizität.

Holismus

Die radikale Übersetzung hat gezeigt, dass es mit empirisch-behavioralen Mitteln nicht möglich ist, die Bedeutungsgleichheit von »gavagai« und »Kaninchen« nachzuweisen. Daraus folgt, dass es für Rudi nicht möglich ist zu entscheiden, ob Tarzan, wenn er von einem »gavagai« spricht, von einem Kaninchen oder von nicht abgetrennten Teilen eines Kaninchens spricht. Quine ist als Empirist ein Freund der Naturwissenschaften, doch wie ist deren Erkenntniskraft noch zu retten, wenn man noch nicht einmal entscheiden kann, ob jemand über Kaninchen oder Kaninchenteile redet?

Quines Antwort lautet: »Holismus.« Rudi kann Tarzans Sprache übersetzen – eben mit einem von mehreren möglichen Übersetzungssystemen. *Innerhalb* eines Übersetzungssystems ist entschieden, dass sich Tarzan mit dem Wort »gavagai« auf Kaninchen (und nicht auf Kaninchenteile) bezieht. Aber die Aussage »Tarzan bezieht sich mit dem Wort ›gavagai‹ auf Kaninchen« ist eben nur relativ zu Rudis Übersetzungshandbuch wahr, nicht absolut wahr. Absolute Wahrheit gibt es laut Quine nicht. Er vergleicht unser Wissen mit einem Netz:

> Die Gesamtheit unseres sogenannten Wissens oder Glaubens, angefangen bei den alltäglichsten Fragen der Geographie oder der Geschichte bis hin zu den grundlegendsten Gesetzen der Atomphysik oder sogar der reinen Mathematik und Logik, ist ein von Menschen geflochtenes Netz, das nur an seinen Rändern mit der Erfahrung in Berührung steht. [»Zwei Dogmen des Empirismus«, S. 47]

Wenn wir eine Beobachtung machen, die dem bisherigen System zuwiderläuft, so haben wir die Wahl: Wir können einige Sätze revidieren, die sich auf den beobachteten Gegenstand bezogen haben; wir können aber auch an diesen Beobachtungssätzen festhalten und unsere Logik ändern. Natürlich ist Letzteres nicht recht zweckmäßig, weil es unökonomisch wäre, aber vom erkenntnistheoretischen Standpunkt aus wäre es im Prinzip auch möglich, betont Quine. Denn das gesamte Feld unseres Wissens (inklusive Mathematik und Logik) muss sich an der Erfahrung messen lassen. Aber die Erfahrung, die empirischen Belege reichen, wie wir im Gedankenexperiment der radikalen Übersetzung gesehen haben, laut Quine, einfach nicht aus, um unsere wissenschaftliche Gesamttheorie (bestehend aus den Einzelwissenschaften, Logik und Mathematik) als wahr in einem absoluten Sinn auszuweisen.

Doch das gesamte Feld ist so sehr durch seine Randbedingungen, durch die Erfahrung unterdeterminiert, dass wir eine breite Auswahl haben, welche Aussagen wir angesichts einer beliebigen individuellen dem System zuwiderlaufenden Erfahrung neu bewerten wollen. Keinerlei bestimmte Erfahrungen sind mit irgendwelchen bestimmten Aussagen im Inneren des Feldes auf andere Weise verbunden als indirekt durch Erwägungen des Gleichgewichts für das Gesamtfeld. [»Zwei Dogmen des Empirismus«, S. 47]

In diesem Sinne gilt, dass wirklich *keine* Aussage immun gegen Revisionen ist. Selbst einer Aussage wie »Es regnet und es regnet nicht« oder auch »3 × 3 = 6« können wir den Wahrheitswert »wahr« zuordnen – das aber würde bedeuten, dass wir unsere Logik und Mathematik neu aufstellen müssten. Der Grund dafür, warum wir das nicht ohne Weiteres tun, ist laut Quine simpel: Die Logik erstreckt sich auf alle Wissenschaften; wenn sich ein beobachtetes Phänomen, das unserer bisherigen wissenschaftlichen Gesamttheorie zuwiderläuft, mit weniger Aufwand, das heißt mit weniger Veränderungen am Gesamtsystem erklären lässt, dann bevorzugen wir diese »Lösung«.

So gesehen ist die Tatsache, dass sich Logik und Mathematik einer ziemlichen Stabilität erfreuen, nicht ihrer Wahrheit, sondern unserer Faulheit geschuldet.

Für Städteplaner

Quines Lehrer Rudolf Carnap musste, wie so viele Intellektuelle, vor den Nazis fliehen. Im Unterschied zu Adorno und Horkheimer ist er aber nach dem Krieg nicht zurück nach Europa gekommen, sondern in den USA geblieben. In Deutschland scheint man ihn ziemlich vergessen zu haben. In seinem Geburtsort Wuppertal kennt man zwar noch seinen Großvater, den Lehrer Friedrich Wilhelm Dörpfeld, nach dem ein Gymnasium benannt ist, aber auf den Enkel weist kein Schild, Straßenname oder Platz hin. Carnaps Nachlass ist auch nicht an der Universität Wuppertal, sondern in Pittsburgh und (in Kopie) in Konstanz beheimatet. Nicht besser sieht es in Freiburg oder Jena aus, wo Carnap studiert hat. Wer also in Jena, Freiburg oder Wuppertal nach einem schönen Namen für einen (möglichst logisch aufgebauten) Platz sucht, der könnte sich an Quines wichtigsten Lehrer erinnern.

Quine selbst ist noch nicht lange genug tot, um all die Denkmäler und Museen zu haben, die ihm gebühren.

Kapitel 18

Revolution und Fortschritt in den Naturwissenschaften

Thomas S. Kuhn

Thomas Samuel Kuhn (* 1922 in Cincinnati (Ohio), † 1996 in Cambridge/Massachusetts) hat eines der am häufigsten diskutierten Bücher der Wissenschaftsphilosophie geschrieben. Thema dieses Buches ist die historische Entwicklung der Naturwissenschaften*. Dank der interessanten Thesen von Thomas Kuhn stellt sich auch die Frage, wie und ob wissenschaftlicher Fortschritt möglich ist, neu.

Wissenschaftlicher Fortschritt ist etwas, das man nur im Rückblick auf die historische Entwicklung der Wissenschaften erkennen kann, denn der Fortschritt besteht ja gerade darin, dass man von einer früheren (falschen) Theorie zu einer späteren (richtigen) Theorie übergeht. Ein Beispiel: Früher (zu Homers Zeit) glaubten die meisten Wissenschaftler, dass die Erde eine Scheibe sei und dass die Sonne um diese Scheibe kreise. Später (zu Ptolemäus' Zeit) glaubte eine entscheidende Gruppe von Wissenschaftlern, dass die Erde eine Kugel sei und dass die Sonne um diese Kugel kreise. Diese Meinung wurde von Wissenschaftlern wie Kopernikus und Galilei verworfen: Sie ver-

---

* Wenn Kuhn von »Wissenschaften« spricht, dann meint er die Naturwissenschaften; die Geistes- und Sozialwissenschaften sind bei ihm nur am Rande und in Abgrenzung von den Naturwissenschaften Thema.

traten die Theorie, dass die Erde eine Kugel sei und sich auf einer Kreisbahn um die Sonne und um sich selbst drehe. Diese Meinung wiederum wurde von Kepler revidiert, der die elliptische Umlaufbahn der Erde entdeckte. In dieser Entwicklung kann man den wissenschaftlichen Fortschritt sehr schön als ein Plus in Richtung Wahrheit erkennen.

Betrachtet man Wissenschaftsgeschichte so, drängt sich folgendes Bild auf: Wir sind mit unseren Naturwissenschaften unterwegs zur Wahrheit und kommen dieser Schritt für Schritt immer näher. Der Weg dieser Entwicklung ist ziemlich gradlinig, und die Theorien werden Schritt für Schritt immer richtiger. Der Fortschritt in den Wissenschaften vollzieht sich in der ständig wachsenden Anhäufung von gesicherten Erkenntnissen. Denn die Richtigkeit der Theorien lässt sich empirisch überprüfen. (Keplers Theorie hat den Test bestanden, die Freunde der Scheibe zu Homers Zeit, Ptolemäus und Kopernikus sind durchgefallen.) Thomas Kuhn skizziert dieses Bild mit den Worten:

Wissenschaftliche Entwicklung ist demnach der schrittweise sich vollziehende Prozess, durch den solche Einzelheiten [Fakten, Theorien und Methoden], isoliert oder kombiniert, zu einem immerwährend wachsenden Bestand zusammengefügt worden sind, der die wissenschaftliche Methode und Erkenntnis bildet. Und die Geschichte der Wissenschaft wird zu der Disziplin, die sowohl diesen allmählichen Zuwachs wie auch die Hindernisse, die sich der Ansammlung entgegenstellen, chronologisch aufzeichnet. [*Die Struktur wissenschaftlicher Revolutionen*, S. 16]

Dieses Bild der Entwicklung der Naturwissenschaften und der Entstehung des wissenschaftlichen Fortschritts (dem Kuhn den Namen »Entwicklung durch Anhäufung« gibt) hält Kuhn für naiv und historisch falsch.

Kuhns Kritik am naiven Bild

In den letzten Jahren [...] fanden es einige Historiker der Wissenschaft immer schwieriger, die ihnen durch den Begriff der »Entwicklung durch Anhäufung« übertragenen Aufgaben auszuführen. [*Die Struktur wissenschaftlicher Revolutionen*, S. 16]

Kuhn nennt zwei Gründe für diese Schwierigkeit. Zum einen fällt es Wissenschaftshistorikern schwer, manche Fragen, die sich schlüssig aus dem naiven Bild der Entwicklung der Wissenschaften ergeben (z.B.: »Wann wurde der Sauerstoff entdeckt? Wer kam zuerst auf die Energieerhaltung?« *Die Struktur wissenschaftlicher Revolutionen*, S. 16), zu beantworten – und das nicht, weil sie zuwenig wissen. Im Gegenteil stellen diese Wissenschaftshistoriker fest, »dass zusätzliche Forschung es schwerer, nicht leichter macht« (ebd.), diese Fragen zu beantworten. Möglicherweise stimmt etwas mit der Art zu fragen nicht – vielleicht vollzieht sich die wissenschaftliche Entwicklung ja gar nicht als ein Anhäufen von Fakten, Theorien und Methoden. Der zweite Grund ist, dass es manchen Wissenschaftshistorikern schwerfällt, ein Unterscheidungskriterium dafür anzugeben, was als »wissenschaftliche Methode« und was als »Aberglaube der Vorzeit« zu gelten hat.

Gleichzeitig sehen sich dieselben Historiker wachsenden Schwierigkeiten gegenüber, wenn sie zwischen dem »wissenschaftlichen« Bestandteil vergangener Beobachtungen und Anschauungen und dem, was ihre Vorgänger so schnell mit »Irrtum« und »Aberglaube« bezeichnet hatten, unterscheiden sollen. Je sorgfältiger sie, sagen wir, aristotelische Dynamik, Phlogistonchemie oder Wärmestoff-Thermodynamik studieren, desto sicherer sind sie, dass jene einmal gültigen Anschauungen über die Natur, als Ganzes gesehen, nicht weniger wissenschaftlich oder mehr das Produkt menschlicher Subjektivität waren als die heutigen. [*Die Struktur wissenschaftlicher Revolutionen*, S. 16]

Gemäß dem naiven Bild der naturwissenschaftlichen Entwicklung, entwickeln sich die Naturwissenschaften durch ein Weniger an Aberglaube (»Die Erde ist eine Scheibe« ist ein Aberglaube) hin zu einem Mehr an wissenschaftlich fundiertem Wissen (»Die Erde ist eine an den Polen abgeflachte Kugel« ist eine wissenschaftlich gesicherte, wahre Aussage). Wenn es nun schwierig wird, zwischen Aberglaube und Wissenschaft eine klare Trennungslinie zu ziehen, dann droht das Bild der »Entwicklung durch Anhäufung« ins Wanken zu geraten.

Denn entweder gilt, dass das ausrangierte Wissen aus Mythen und Aberglaube besteht, die aber nicht von echtem, wissenschaftlich gesichertem Wissen zu unterscheiden sind, da sie aus Gründen geglaubt wurden, aus denen wir heute wissenschaftlich fundiertes Wissen für solches halten. (Dass die Erde sich auf einer elliptischen Bahn um die Sonne bewegt und eine an den Polen abgeflachte Kugel ist, könnte sich demnach in Zukunft als Aberglaube herausstellen, und das nicht etwa, weil sich die Erde und das Sonnensystem verändert hätten, sondern weil Wissenschaftler eine bessere Theorie aufgestellt hätten, die das keplersche Modell verdrängen würde.)

Oder es gilt die folgende Alternative zu diesem (wenig erfreulichen) Schluss: Die Wissenschaftshistoriker können die ausrangierten Theorien als wissenschaftlich einstufen, geben aber zu, »dass die Wissenschaft Glaubenselemente eingeschlossen [hat], die mit den heute vertretenen völlig unvereinbar sind« (ebd., S. 17). Hier ein vereinfachtes Beispiel für diese Alternative: Laut Ptolemäus geht die Sonne im Osten auf. Nach Kopernikus kann man das eigentlich nicht mehr behaupten, denn die Sonne »geht« gar nicht, die Erde ist es, die sich bewegt. Aber beide, sowohl Kopernikus als auch Ptolemäus können richtige Vorhersagen darüber treffen, wann die Dämmerung kommen wird und der Tag anbricht. Die Phänomene, die sie beobachten und vorhersagen, sind dieselben. Nehmen wir um des Beispiels willen an, dass es Ptolemäus möglich war, den Sonnenaufgang und den Verlauf der Sonnenbahn im Jahr richtig vorherzusagen. Dann kommen Kopernikus und Ptolemäus zu denselben Vorhersagen, jedoch auf der Basis von Theorien, die miteinander unvereinbar sind: Im einen Fall geht die Theorie davon aus, dass die Sonne um die (stillstehende) Erde kreist, im anderen kreist die Erde um die Sonne.

Wenn man nun aber sagt, dass auch die Theorie von Ptolemäus wissenschaftlich war (und kein Aberglaube), dann kann man nicht mehr behaupten, dass sich die wissenschaftliche Entwicklung als eine Anhäufung von Erkenntnissen vollzieht. Denn die alte Theorie ist ja gar nicht als unwissenschaftlich widerlegt worden. Mithin lautet der Schluss:

> Veraltete Theorien sind nicht prinzipiell unwissenschaftlich, nur weil sie ausrangiert wurden. Diese Wahl macht es aber schwer, die wissenschaftliche Entwicklung als Wachstumsprozess zu betrachten. [*Die Struktur wissenschaftlicher Revolutionen*, S. 17]

Aber die Erde steht nicht still. Seit wir ins All geflogen sind, können wir uns da auch sicher sein. (Und vermutlich würde auch Ptolemäus zugeben, in diesem Punkt geirrt zu haben.) Wie entwickelt sich laut Kuhn Wissenschaft historisch betrachtet? Und vor allem: ist diese Entwicklung noch eine, die man als »fortschrittlich« bezeichnen kann?

Die Entwicklung der Naturwissenschaften
à la Thomas Kuhn

Kuhn unterscheidet zunächst zwei Phasen in der Entwicklung der Naturwissenschaften: Es gibt eine Phase, in der eine wissenschaftliche Disziplin oder ein Forschungsfeld noch jung und unbearbeitet ist (ich nenne sie »Pionierphase«). Und es gibt, nachdem die Pionierarbeit geleistet ist, eine Phase, in der diese Theorie verbessert, in ihren Grundfesten aber nicht verändert wird, indem sie ständig durch weitere Experimente (also durch Erfahrung und Beobachtung) gestützt wird. Diese zweite Phase nennt Kuhn »normale Wissenschaft«, treffender ist meines Erachtens der Ausdruck »Ausbauphase«.

Kuhn betont zunächst, dass die einzelnen Wissenschaftler in der Pionierphase nicht unvoreingenommen zu Werke gehen, wenn sie forschen, sondern dass eine Prise Willkür immer mit im Spiel ist. Der Wissenschaftler, der ein neues Forschungsfeld betritt, muss sich ja fragen, welche Experimente er auswählt und welche Phänomene, die er in diesen Experimenten beobachtet, er für relevant hält (*Die Struktur wissenschaftlicher Revolutionen*, S. 18). Dies, sagt Kuhn, ist der Platz, den die Willkür beim einzelnen Forscher und auch bei einer Forschergemeinschaft einnehmen kann.

Diese auf Willkür gegründeten Entscheidungen schlagen aber auch auf die Ausbauphase durch. Denn in dieser werden die grundlegenden Ansätze der wissenschaftlichen Theorie nicht mehr hinterfragt. Es wird auf der Basis einer Theorie (oder eines ganzen Bündels von Theorien) geforscht, und die (als richtig geltende) Theorie wird an den Universitäten gelehrt, sodass sie von einer neuen Generation von Wissenschaftlern als Ausgangspunkt für den weiteren Ausbau der entsprechenden Disziplin benutzt werden kann. In Kuhns Augen bedeutet dies, dass die Wissenschaftler in der Ausbauphase einer Disziplin »die Natur in die von der Fachausbildung gelieferten Begriffsschubladen hineinzuzwängen« (ebd., S. 19) versuchen. Die grundlegenden Theorien, Begriffe, Standardbeispiele und Standardlösungen für Standardprobleme eines wissenschaftlichen Forschungsbereichs, die in der Ausbauphase nicht hinterfragt werden, subsumiert Kuhn unter dem Begriff »Paradigma«. Brauchbare Paradigmen leisten laut Kuhn zweierlei: Sie sind einerseits »neuartig genug, um eine beständige Gruppe von Anhängern anzuziehen, die ihre Wissenschaft bisher auf andere Art betrieben hatte« und andererseits »offen genug, um einer neuen Gruppe von Fachleuten alle möglichen ungelösten Probleme zu stellen« (ebd., S. 25).

Ein Beispiel für ein Paradigma ist etwa das ptolemäische Bild der Erde. Ein anderes Paradigma wäre das kopernikanische und ein drittes das keplersche Bild der Erde.

In der Ausbauphase werden die Paradigmen des Fachs nur angewandt, nicht hinterfragt. So war zum Beispiel das ptolemäische Weltbild durch das ganze Mittelalter hindurch maßgebend für die Astronomie und wurde nicht grundsätzlich in Zweifel gezogen. Was uns stutzig machen sollte, ist die Tatsache, dass man Ptolemäus nicht vorwerfen kann, dass er unwissenschaftlich vorgegangen sei: Er hat beobachtet, dass die Sonne im Osten aufgeht, er hat die Kugelgestalt der Erde erschlossen und daraus den falschen Schluss gezogen, dass die Sonne um die Erde kreist. Dieses Ergebnis wurde jeden Morgen und jeden Abend durch Beobachtung gestützt. Allerdings war die These, dass die Erde der Mittelpunkt der Welt sei, eine willkürliche Festsetzung.

Kuhn will diese Art von Willkür und ihren Einfluss auf die wissenschaftliche Entwicklung sichtbar machen. Und er ist der Meinung, dass die Willkür für die Art und Weise, wie sich die Wissenschaften historisch real entwickeln, eine viel größere Rolle spielt, als das naive Bild von oben uns glauben lässt.

Kuhn bringt neben der Pionier- und der Ausbauphase noch eine dritte Phase in der wissenschaftlichen Entwicklung ins Spiel: Die Phase, in der der Ausbau einer Wissenschaft ins Stocken gerät, weil Phänomene auftreten, die auf der Basis der bislang anerkannten Theorie nicht vorhersehbar und nicht erklärbar sind. Nehmen wir zum Beispiel an, dass Horst ein Wissenschaftler wäre, der noch immer gemäß dem homerschen Weltbild glaubt, dass die Erde eine Scheibe sei. Dann weist dieses Weltbild (spätestens) seit der Erdumseglung durch Magellan und Elcano (Magellans Flotte kam unter dem Kommando von Elcano wieder nach Spanien, er selbst wurde auf den Philippinen ermordet) im 16. Jahrhundert eine seltsame Anomalie auf: Wie soll man eine Scheibe umsegeln? Oder anders gesagt: Wie soll man mit dem Scheiben-Weltbild erklären, dass Magellans Flotte, obwohl sie ständig westwärts segelte, nicht vom Tellerrand stürzte, sondern auf diesem Weg zurück nach Spanien kam? Freilich *kann* man auch das homersche Weltbild so um- und ausbauen, dass die (dann eben »scheinbare«) Erdumseglung durch Magellans Flotte erklärbar wird: Jeder Punkt der Erdkugel lässt sich (wenngleich nicht eineindeutig) auf einen Punkt einer Kreisfläche abbilden. Nun muss man die Geographie nur noch so anordnen, dass Magellan im Kreis gefahren ist. Ferner muss man noch die Funktion des Kompasses so erläutern, dass die Kompassnadel auf den Nordpol zeigt und diesen Pol muss man eben als den Punkt wählen, um den herum Magellan im Kreis gefahren ist. Mit anderen Worten: Horst könnte weiter am homerschen Weltbild festhalten, nur müsste er eine Reihe neuer Hypothesen aufstellen (und diese durch neue Experimente stützen). Die Alternative, die sich Horst und allen anderen Wissenschaftlern bietet, ist die radikale Abkehr von der Tradition, die besagte, dass die Erde eine Scheibe sei – wer diese Alternative verfolgt, der fragt, ob vielleicht nur das Paradigma Schuld daran hat, dass das beobachtete Phänomen (die Tatsache, dass derjenige, der von Spanien aus immer nach Westen

segelt, zurück nach Spanien kommen kann) als Anomalie eingestuft werden muss. Kurz: Anomalien können einen etablierten Wissenszweig in seinen Grundfesten erschüttern.

Die normale Wissenschaft [in der Ausbauphase] unterdrückt
zum Beispiel oft fundamentale Neuerungen, weil diese notwendigerweise ihre Grundpositionen erschüttern. Und
trotzdem, solange diese noch ein Element der Willkür enthalten, bietet gerade das Wesen der normalen Forschung die
Gewähr dafür, dass das Neue nicht sehr lange unterdrückt
wird. Manchmal widersteht ein normales Problem, welches
durch bekannte Regeln und Verfahren lösbar sein sollte,
dem wiederholten Ansturm der fähigsten Mitglieder des
Kreises, in dessen Zuständigkeit es fällt. Bei anderen Gele-
genheiten arbeitet ein für die normale Forschung entwi-
ckeltes Ausrüstungsstück nicht in der erwarteten Weise und
lässt eine Anomalie erkennen, die sich trotz wiederholter
Bemühungen nicht mit der professionellen Erwartung in
Einklang bringen lässt. [*Die Struktur wissenschaftlicher Revolutionen*, S. 20]

Dass Letzteres häufiger vorkommt, als man vielleicht vermutet,
ist mittlerweile durch negative Beispiele, die durch die Presse
gingen, bekannt: In den letzten Jahren hat es in der Genetik immer wieder Fälschungsversuche gegeben (wir wissen freilich nur
von den *gescheiterten* Fälschungsversuchen einiger Biologen; da
die Versuchsanordnungen aber in wissenschaftlichen Publikatio-
nen erscheinen, werden solche Fälle immer wieder aufgedeckt).
Die Fälschungsversuche beweisen, dass es erwartete Ergebnisse
gibt, da einige Wissenschaftler ihre Experimente darauf »trim-
men«, dass sie die gewünschten Ergebnisse liefern – und manchmal eben behaupten, dass sie das erwartete Ergebnis im Experiment beobachtet hätten, obwohl dies nicht der Fall war.

Irgendwann während der Ausbauphase eines wissenschaftlichen Forschungsfelds, so Kuhn, nehmen die Anomalien überhand oder treten ins Zentrum der Aufmerksamkeit. Was dann eintritt, ist eine Episode, in der alles ungewiss wird.

[D]ann beginnen die außerordentlichen Untersuchungen, durch welche die Fachwissenschaft schließlich zu einer neuen Reihe von Positionen, einer neuen Grundlage für die Ausübung der Wissenschaft geführt wird. [*Die Struktur wissenschaftlicher Revolutionen*, S. 20]

Diese Episoden, in denen an den Paradigmen, den Grundfesten der bisherigen Theorie gerüttelt wird, bis diese schließlich einstürzen, indem sie durch neue Paradigmen ersetzt werden, nennt Kuhn »wissenschaftliche Revolutionen«: »Sie sind die traditionszerstörenden Ergänzungen zur traditionsgebundenen Betätigung der normalen Wissenschaft.« (ebd., S. 20)
Nehmen wir noch einmal das (fiktive) Beispiel von Horst, dem Scheiben-Theoretiker. Schuld daran, dass die magellansche Erdumseglung als Anomalie eingestuft werden musste, war nicht Magellan. Schuld daran war das Paradigma: Wer glaubt, dass die Erde keine Scheibe, sondern eine Kugel ist, für den stellt Magellans Erdumseglung überhaupt kein Problem dar. Umgekehrt kann man sagen, dass das Paradigma, dass die Erde eine Scheibe sei, das Problem, die Anomalie, erst erzeugt hat. In diesem Sinne schreibt Kuhn:

Die Existenz des Paradigmas stellt das zu lösende Problem. [*Die Struktur wissenschaftlicher Revolutionen*, S. 41]

Kuhn ist nun der festen Überzeugung, dass sich eine wissenschaftliche Revolution folgendermaßen vollzieht: Dank der Hartnäckigkeit einiger Anomalien, mit der die traditionelle wissenschaftliche Theorie nicht klarkam, und dank der Tatsache, dass eine neue Theorie (als neues Paradigma) bereitsteht, die das Auftreten der Anomalien erklären kann (und die entsprechenden Phänomene mithin nicht mehr als Anomalien einstuft), *glaubt* eine entscheidende Menge von Wissenschaftlern, die als Experten auf ihrem Gebiet gelten, nicht mehr an die alte Theorie und schwenkt über zur neuen. Das heißt aber nicht, dass das alte Paradigma verworfen und durch nichts ersetzt wird – an seine Stelle tritt ein neues Paradigma, neue Grundannahmen, neue Standardbeispiele, neue Experimente und Standardlösungen. Im Fall von Horst kann man sagen, dass sich eine ganze Menge ändert, wenn er die Anomalie der Erdumseglung »wegerklärt«, indem er seine bisherige Theorie (die Erde ist eine Scheibe) verwirft und die neue Theorie (die Erde ist eine Kugel) vertritt: Horst ändert in diesem Fall sein Weltbild. Das aber hat eine Menge neuer Probleme zur Folge: Horst muss sich zum Beispiel plötzlich Gedanken über die Erdanziehungskraft machen. Denn das neue Paradigma beantwortet nicht alle Fragen, es stellen sich nach dem Paradigmenwechsel neue. Denn auch für das neue Paradigma gilt: Das Paradigma stellt die Probleme. Warum fallen wir nicht runter, wenn die Erde Kopf steht? Warum fließt das Meer nicht ins Weltall? Diese Fragen stellen sich nicht (oder zumindest nicht so offensichtlich), wenn man annimmt, dass die Erde eine Scheibe sei.

Hier zeichnet sich zweierlei ab:

Der Paradigmenwechsel ist (erstens) keine Kleinigkeit – es ändert sich (ggf.) nicht nur ein kleiner Teil innerhalb einer Theorie, sondern ein ganzes Weltbild kann ins Wanken geraten. Und danach gibt es (zweitens) nicht unbedingt weniger Probleme als vorher.

Ich betrachte zunächst den zweiten, dann den ersten Punkt etwas genauer.

Insbesondere der zweite Punkt wirft die Frage auf, wie man wissenschaftlichen Fortschritt dann eigentlich noch erkennen soll. Denn wenn wir die Wahrheit schon nicht direkt erkennen können, stellt sich doch die Frage, anhand welcher Methoden oder Kriterien wir den Wahrheitsgehalt einer Theorie ermitteln oder wie wir sonst die Überlegenheit der späteren Theorie gegenüber der früheren Theorie rechtfertigen können. Dass die spätere Theorie mit einfacheren Mitteln mehr Phänomene erklären kann und weniger Anomalien produziert, wäre ein gutes Kriterium dafür, diese Theorie als die richtige anzusehen. Doch dass die neuen Theorien dieses Kriterium erfüllen, ist, wissenschaftshistorisch betrachtet, nach einem Paradigmenwechsel nicht unbedingt zu erwarten. Es kann durchaus sein, dass sich mehr Probleme stellen, die zudem schwieriger zu lösen sind, eben weil sich die entsprechende Disziplin nach dem Wechsel wieder in einer Pionier- und anschließend in einer Ausbauphase befindet und noch keine Standardlösungen für Probleme bereithält.

Nun könnte man auf die Idee kommen, dass sich die Situation für die Naturwissenschaftler entscheidend verbessert, wenn sie Francis Bacon, dem Urvater der Wissenschaftstheorie, folgen würden, der sagt, dass man vorurteilsfrei an Wissenschaft herangehen sollte:

> Der Geist muss von ihnen [den Vorurteilen] gänzlich befreit und gereinigt werden, sodass kein anderer Zugang zum Reich des Menschen besteht, welches auf den Wissenschaften gegründet ist, als zum Himmelreich, in welches man nur eintreten kann wie ein von Voraussetzungen unbelastetes Kind. [*Neues Organon I*, § 68]

»Vorurteilsfrei« und »von Voraussetzungen unbelastet« würde in Kuhns Terminologie bedeuten, dass man Grundlagenforschung *ohne* Paradigmen betreibt. Aber das ist unmöglich. Denn irgendetwas muss man ja annehmen: Entweder ist die Erde eine Scheibe oder eine Kugel oder sie hat eine andere oder eine wechselnde Form und Gestalt. Aber irgendeine Form *muss* sie ja haben. Wie sollte man hier also auf ein Paradigma verzichten? Freilich kann man das Paradigma selbst in Frage stellen, aber auch diese Frage stellt man nicht voraussetzungslos. (Im Gegenteil: Wissenschaftler, die an einem Paradigma rütteln, sollten (als *Voraussetzung* für ihr Tun) verflixt gute Gründe vorweisen können, um im Kreis ihrer Kollegen nicht als Scharlatane abgestempelt zu werden.)

Den ersten Punkt (Paradigmenwechseln bedeuten oftmals nicht nur eine kleine Veränderung) beschreibt Kuhn als eine Änderung des Weltbildes.

Unter der Führung eines neuen Paradigmas verwenden die Wissenschaftler neue Apparate und sehen sich nach neuen Dingen um. Und was noch wichtiger ist, während der Revolutionen sehen die Wissenschaftler neue und andere Dinge, wenn sie mit bekannten Apparaten sich an Stellen umsehen, die sie vorher schon einmal untersucht hatten. Es ist fast, als wäre die Fachgemeinschaft plötzlich auf einen anderen Planeten versetzt worden, wo vertraute Gegenstände in einem neuen Licht erscheinen und auch unbekannte sich hinzugesellen. [*Die Struktur wissenschaftlicher Revolutionen*, S. 123]

Man konnte, nachdem das Mikroskop entwickelt worden war, die Struktur von Diamanten genauer beschreiben. Man kann aber mit demselben Werkzeug auch Blut untersuchen und plötzlich rote und weiße Blutkörperchen erkennen – nur die guten und die schlechten Körpersäfte (von denen in der jahrhundertealten Viersäftelehre die Rede war), die sieht man selbst mit dem besten Mikroskop nicht. Das Bild, das sich die Medizin vom Menschen macht, verändert sich auf diese Weise.

Fasst man die Veränderung des Weltbildes etwas weiter, kann man auch Galileis Fall als ein Beispiel für Kuhns Behauptung lesen. Was die Kirche so in Rage brachte, war nicht nur die Tatsache, dass Galilei in ihren Augen eine abstruse und nicht besonders gut begründete Theorie vertrat. Seine Behauptung, dass die Erde sich um die Sonne bewege, beinhaltete ein neues Weltbild. Denn wir sind seit der kopernikanischen Wende nicht mehr der Nabel der Welt; das passt nicht so recht zum Bild vom Menschen als Krone der Schöpfung. Somit geriet nicht nur eine wissenschaftliche These, sondern ein theologisches Dogma, ein Weltbild ins Wanken.

Wissenschaftliche Revolutionen und wissenschaftlicher Fortschritt

Wenn sich, wie Kuhn sagt, die Entwicklung der Naturwissenschaften nicht als lineare Anhäufung immer »wahrerer«, genauer formulierter Theorien, die immer feiner entwickelt werden, beschreiben lässt, sondern eine Abfolge von Pionier-, Ausbau- und Revolutionsphasen ist, dann stellt sich des Weiteren die Frage, woran man die Überlegenheit der späteren Theorie über die frühere erkennen kann. Denn wir hatten gesagt, dass mit der neuen Theorie auch neue Probleme entstehen; dass das neue Paradigma gegebenenfalls sogar mehr Probleme mit sich bringt. Wenn dem so ist, warum wendet sich dann eine Gemeinschaft von Wissenschaftlern von einem etablierten Paradigma ab und einem neuen zu?

Nur wenn wir auf diese Frage eine brauchbare Antwort erhalten, können wir entscheiden, ob wissenschaftlicher Fortschritt überhaupt messbar ist. Andernfalls wäre wissenschaftliche Entwicklung keine fortschrittliche (hin zu mehr Wahrheit), sondern eine modische (öfter mal was Neues).

Die Situation wird noch dadurch verschärft, dass Kuhn ebenso wie sein Kollege Paul Feyerabend* der Überzeugung ist, dass die Paradigmen nicht nur miteinander konkurrieren, sondern, indem sie Weltbild-Veränderungen nach sich ziehen, unvergleichbar (inkommensurabel) werden.

Die Unvergleichbarkeit (Inkommensurabilität)

Neue Weltbilder wirken sich auch auf das Verständnis von Begriffen aus – und das bringt uns zu der Frage, ob zwei verschiedene Theorien, die unterschiedlichen Paradigmen geschuldet sind, überhaupt miteinander verglichen werden können, oder ob sie miteinander unvereinbar (inkommensurabel) sind.

Ein Beispiel für Inkommensurabilität sind die traditionelle chinesische Medizin (mit Akupunkturpunkten usw.) und die in der westlichen Wissenschaft unterrichtete Schulmedizin. Die Wirkung der Akupunktur ist statistisch messbar, lässt sich innerhalb des Gedankengebäudes der chinesischen Medizin auch erklären, ist aber mit den Mitteln der westlichen Schulmedizin bisher nicht bewiesen worden und vermutlich nicht beweisbar. Freilich gibt es eine ganze Reihe von Behandlungen, deren Wirksamkeit die Schulmedizin zwar konstatieren, aber bislang nicht erklären kann. Kein Mensch weiß zum Beispiel (bislang), warum Paracetamol wirkt. Die medizinische Forschung ist eben noch nicht abgeschlossen. Aber im Fall der Akupunktur haben wir eine Theorie, mit der man ihre Wirkung erklären und begründen kann, nämlich die traditionelle chinesische Medizin. Nur ist diese Theorie mit der Schulmedizin unvereinbar, weil sie ein anderes Menschenbild zugrun-

* Paul Feyerabend vertritt in seinem Buch *Wider den Methodenzwang* eine etwas schwächere These. Er ist der Meinung, dass es vorkommen kann, dass zwei konkurrierende theoretische Systeme inkommensurabel sein können. Vgl. ebd., S. 34 und 172. In seinen Augen bringt nicht jeder Paradigmenwechsel automatisch Inkommensurabilität mit sich.

de legt. Kuhn nennt dies die Inkommensurabilität der Theorien.*

Eben diese Inkommensurabilität macht es laut Kuhn so schwer, einen Paradigmenwechsel so linear vorzunehmen, wie es die Lehrbücher im Nachhinein darstellen. *De facto* ist die spätere Theorie nie offensichtlich überlegen.

> Gäbe es nur eine einzige Menge wissenschaftlicher Probleme, nur eine Welt, in der man daran arbeitete, und nur ein System von Normen für ihre Lösung, dann könnte der Wettstreit der Paradigmata mehr oder weniger routinemäßig durch irgendeine Prozedur, zum Beispiel das Auszählen der von jedem gelösten Probleme, erledigt werden. Aber in Wirklichkeit sind diese Bedingungen niemals voll gegeben. Die Befürworter konkurrierender Paradigmata bewegen sich immer in gewissem Grade auf verschiedenen Ebenen. Keine Seite will alle die nichtempirischen Vorraussetzungen, welche die andere für die Vertretung ihres Standpunktes braucht, zubilligen. [...]
>
> Wenn auch jeder hoffen mag, den anderen dazu zu bringen, die betreffende Wissenschaft und ihre Probleme mit seinen Augen zu sehen, so kann doch keiner hoffen, seinen Standpunkt als den richtigen zu beweisen. Der Wettstreit zwischen Paradigmata kann nicht durch Beweise entschieden werden. [*Die Struktur wissenschaftlicher Revolutionen,* S. 159]

Der Paradigmenwechsel vollzieht sich daher, so Kuhn, als Revolution: Die etablierte Theorie stirbt mit ihren Vertretern, und die neue Theorie ist erst dann richtig im Amt, wenn sie

* Die These, dass es miteinander unvergleichbare Theorien geben kann, ist nicht unumstritten. Vgl. dazu Kuhn selbst im Postskriptum seines Buches *Die Struktur wissenschaftlicher Revolutionen,* S. 209–216.

jungen Wissenschaftlern an den Universitäten als gültig verkauft wird.

Vor diesem Hintergrund stellt sich die Frage umso dringlicher, inwiefern wissenschaftlicher Fortschritt überhaupt möglich ist.

Gibt es wissenschaftlichen Fortschritt?

Inwiefern ist Fortschritt auch die anscheinend universelle Begleiterscheinung wissenschaftlicher Revolutionen? Wiederum kommt man weiter, wenn man fragt, was das Ergebnis einer Revolution sonst sein könnte. Revolutionen enden mit einem vollkommenen Sieg eines der beiden gegnerischen Lager. Würde diese Gruppe jemals sagen, das Ergebnis ihres Sieges sei etwas Geringeres als Fortschritt? Das käme dem Zugeständnis gleich, dass sie Unrecht und ihr Gegner Recht hätte. Für sie zumindest muss der Ausgang der Revolution ein Fortschritt sein, und sie kann sehr gut dafür sorgen, dass zukünftige Mitglieder der Gemeinschaft die vergangene Geschichte in der gleichen Weise einschätzen. [*Die Struktur wissenschaftlicher Revolutionen*, S. 178]

Nach diesem Bild könnte eine Art wissenschaftlicher Widerstandkämpfer gegen das neue Paradigma im Prinzip noch immer daran festhalten, dass die Erde eine Scheibe sei, was aber falsch ist: Vom Weltall aus ist die Kugelgestalt der Erde ziemlich gut zu erkennen.

Doch Kuhn beschreibt noch etwas genauer, was in der Gruppe der Wissenschaftler eines Faches vorgeht. In den Ausbauphasen etwa sind die anderen Wissenschaftler derselben Forschungsrichtung die »Schiedsrichter in Fragen wissenschaftlicher Leistungen« (ebd., S. 180). Als fortschrittlich gelten in dieser Phase die Problemlösungen, die eine Mehrheit von Fachleuten akzeptiert. (Abstimmungen finden freilich auch auf Kongressen nach Diskussionen nicht statt.) Neue Paradigmen müssen in diesem Spiel einige Kriterien erfüllen, um überhaupt eine Chance auf Anerkennung im Kreis der Fachwissenschaftler zu haben. Laut Kuhn müssen sie bestehende Probleme, die bislang nicht gelöst werden konnten, lösen, ferner müssen sie eine große Menge bisheriger Probleme auch weiterhin lösen, sodass die neue Theorie für die klassischen Probleme des Fachs Lösungen bereithält.

Was Kuhn aber bestreitet, ist die These, dass wissenschaftlicher Fortschritt nichts anderes als eine Entwicklung der Naturwissenschaften hin zur Wahrheit sei:

> [W]ir müssen vielleicht die – ausdrückliche oder unausdrückliche – Vorstellung aufgeben, das der Wechsel der Paradigmata die Wissenschaftler und die von ihnen Lernenden näher und näher an die Wahrheit heranführt. [*Die Struktur wissenschaftlicher Revolutionen*, S. 182]

Diese Vorstellung sollte man allerdings nicht leichtfertig aufgeben. Wenn man es tut, dann muss man sich zumindest klar machen, was man über Bord wirft: Wir sind uns heutzutage verflixt sicher, dass die Erde keine Scheibe und dass der Aderlass keine heilsame Therapie ist. Sprich: Wir sind in unserem Alltagsverständnis von Wissenschaft, gegen Kuhn, der Meinung, dass im keplerschen Weltbild mehr wahre Aussagen über die Welt getroffen werden als mit dem alten Bild von der Erde als Scheibe und dass wir daher im Laufe der Wissenschaftsgeschichte näher an die Wahrheit herangekommen sind. Diese Vorstellung von wissenschaftlichem Fortschritt verwirft Kuhn. Er hat sicherlich Recht, wenn er sagt, dass Aristoteles ein ganz anderes Weltbild hatte, als wir es heute haben, und dass diese Weltbilder nicht ohne Weiteres verglichen werden können. Und es ist sogar, mit einigen geistigen Klimmzügen, möglich, ins Weltall zu fliegen und zugleich an dem alten Paradigma, dass die Erde eine Scheibe sei, festzuhalten. Dies deutet auf den entscheidenden Punkt hin, den Kuhn hier stark macht: Wir haben kein Kriterium für *objektive Wahrheit*, da selbst die Beobachtung der einfachsten Gegenstände davon abhängt, mit welchen Begriffen wir den Daten, die wir durch unsere Sinne aufnehmen, begegnen. Da die Begriffsbildung ganz zentral mit dem herrschenden Paradigma zusammenhängt, ist es unmöglich, wissenschaftlichen Fortschritt als einen Weg zur Wahrheit zu bestimmen. (Möglicherweise bewegen wir uns auf die Wahrheit zu – aber selbst wenn dem so wäre, könnten wir es nicht erkennen.) Was wir an die Stelle der nicht erreichbaren objektiven Wahrheit setzen können, ist lediglich die intersubjektive Übereinstimmung einer von vielen Menschen als »Experten« akzeptierten Gruppe von Wissenschaftlern. Diese Übereinstimmung bezieht sich dann aber nicht nur auf einzelne Sätze der Naturwissenschaften, sondern auf ganze Theoriebündel, Paradigmen oder Weltbilder.

Bezogen auf die Frage, inwiefern es von Homer bis Kepler einen wissenschaftlichen Fortschritt gab, kann man dann nur antworten: Gemäß dem zurzeit von Experten als korrekt anerkannten Weltbild ist die Erde keine Scheibe, sondern eine an den Polen abgeflachte Kugel, die sich um sich selbst und um die Sonne bewegt.

Mehr ist, zumindest mit Kuhn, nicht zu haben.

Für Touristen

Thomas Kuhn hat noch kein Museum oder eine Statue. Wer sich für Wissenschaftsgeschichte interessiert, sollte das Deutsche Museum in München besuchen.

Kapitel 19

Der Archäologe

Michel Foucault

Es gibt philosophische Fragen, die gleichen einer verglimmen-
den Glut. Solange man mit dem Alltagsverstand an sie herantritt, leuchten sie nur schwach und bereiten keine Probleme.
Sobald man aber darin herumstochert, flammt die Frage plötzlich auf und man kann, wenn man ein paar weitere Schwierigkeiten hineinwirft, ein schönes philosophisches Feuerchen ent-
zünden.

Michel Foucault (* 1926 in Poitiers; † 1984 in Paris) war ein
Meister darin, philosophische Feuerchen zu entfachen. Er hat
unter anderem über Fragen der Macht, des Wahnsinns, der Sexualität und des Subjekts nachgedacht und sich für seine Arbeiten – beinahe wörtlich – durch Berge von Literatur gelesen.
Seine Art zu philosophieren vergleicht er mit der Arbeit des
Archäologen, der Schichten vergangener Kulturen freilegt.
Auch Foucault legt Schichten frei – allerdings hat er es nicht
mit Tonscherben und Steinkrügen zu tun, sondern mit Aussagen, Meinungen, dem Wissen der Menschen bestimmter Epo-
chen in bestimmten Kontexten. Sein philosophisches Haupt-
geschäft nennt er »Diskursanalyse«.

Ich will im Folgenden beispielhaft Foucaults Art zu philoso-
phieren an der Frage vorstellen, was ein Autor sei. Die Frage
»Was ist ein Autor?« ist die Überschrift eines Aufsatzes, der für
Literaturwissenschaftler zu einem »Muss« geworden ist. Diese
Frage (und die Art der Behandlung, die Foucault ihr zukom-

men lässt) entspricht dem Bild, das ich eingangs zeichnete: Fragt man den Leser eines Buches, was ein Autor sei, so wird er vermutlich antworten: »Einer, der Bücher schreibt!«

Jetzt kann man mit Foucault jedoch anfangen, in dieser Frage herumzustochern:

Hat *jedes* Buch einen Autor? Wie ist es zum Beispiel bei Telefonbüchern? Wer ein Telefonbuch schreibt, ist der ein Autor? Natürlich nicht. Man stelle sich vor, dass jemand angibt, er sei von Beruf Autor, und auf die Frage, was er geschrieben habe, die Auskunft erteilt: »Das Örtliche.«

Ist jemand nur dann ein Autor, wenn er ein *Buch* geschrieben hat? Viele Gedichte landen in Schubladen und werden niemals gedruckt und gebunden. Dennoch sagen wir von den Verfassern dieser Texte, dass sie Autorinnen und Autoren sind. Das legt die Behauptung nahe, dass ein Autor derjenige sei, der schreibt.

Doch ist alles, was ein Autor schreibt, sein *Werk*? Einkaufszettel, selbst wenn sie von Beckett, Bernhard oder einem der zahlreichen, literaturhistorisch relevanten Manns stammen sollten, gehören nicht zum literarischen Werk. »Butter, Käse, Wurst« hat keinen Autor.

Foucault fragt nun: »Aber warum nicht?« (»Was ist ein Autor?«, S. 13) Und diese Frage zielt darauf, uns vor Augen zu führen, dass wir eine ganze Menge »tun«, wenn wir etwas als ein literarisches Werk betrachten.

Das ist typisch Foucault: Wir haben nur ein bisschen gestochert, schon flammen die Fragen auf und sind mit dem, was ich als Alltagsverstand bezeichnet habe, nicht mehr in den Griff zu kriegen. Aber Foucault ist auch nicht die Feuerwehr: Er versteht sich als Archäologe, der nur beschreibt, was er (in Form von Schriftstücken der Vergangenheit) vorfindet. Oder wie Foucault sagen würde: Es gilt, die (zum Teil unausgesprochenen) Voraussetzungen eines Diskurses aufzuspüren, nicht um sie in Bausch und Bogen zurückzuweisen, sondern um sie »in der Schwebe zu halten« (*Archäologie des Wissens*, S. 40). Er fragt: Unter welchen Bedingungen sagen wir von Texten, dass sie einen Autor haben? Und was genau ist das, was wir »Autor« nennen? Foucault will die Konstruktion, die dem Etikett »Autor« zugrunde liegt, aufdecken.

Ein paar Voraussetzungen

Um einen Text von Foucault zu lesen, muss man ein paar seiner theoretischen Voraussetzungen kennen. Ich werde kurz drei zentrale Begriffe Foucaults einführen, um mich dann der Frage »Was ist ein Autor?« zu widmen. Diese drei Begriffe sind: »Diskurs«, »diskursiver Formation« und »Aussage«. Foucault erläutert sie in seinem Buch *Archäologie des Wissens*.

Was ist ein Diskurs?

Der wohl wichtigste Begriff in Foucaults Denken gehört auch gleich zu den schillerndsten. Denn Foucault arbeitet nicht mit sauberen Definitionen oder Explikationen seiner Termini. Der Leser ist auf sich gestellt und muss selbst herausfinden, was genau Foucault unter diesen Begriffen versteht. Oder wie Ralf Konersmann sagt:

> Foucault wäre nicht Foucault, würde er die Frage nach dem Diskurs-Begriff schlicht und erschöpfend mit einer bündigen Definition beantworten. [Konersmann, S. 77]

Der französische Ausdruck »discour« bedeutet im Deutschen »Rede«, es hat sich allerdings eingebürgert, das eindeutschende Wort »Diskurs« als *terminus technicus* der philosophischen Fachsprache zu benutzen. In einer ersten, groben Annäherung kann man sagen, dass Foucault unter einem Diskurs eine komplexe Sprachpraxis versteht, in der Sprecher (oder Schreiber) und

Hörer (oder Leser) kommunizieren, wobei Foucault das Hauptaugenmerk auf die Regeln und Strukturen dieser Praxis legt und die Absichten von Sprechern und Hörern nicht thematisiert. Foucault gebraucht den Terminus »Diskurs« gerne im Plural, was nahelegt, dass es verschiedene voneinander unterscheidbare Diskurse gibt, die verschiedenen Regeln folgen. (Ein Roman zum Beispiel folgt anderen Regeln als eine philosophische Abhandlung; der fiktionale Diskurs der Romane ist ein anderer als der philosophische Diskurs. In einem Roman ist es dem Autor zum Beispiel gestattet sich wilde Theorien auszudenken, die jeder Grundlage entbehren, was in einer philosophischen Abhandlung verboten ist; es kann daher sein, dass das Publikum eine Spekulation, wenn sie in einem Roman auftaucht, beklatscht, während es dieselbe Äußerung entrüstet zurückweist, wenn sie in einer philosophischen Abhandlung enthalten ist.) Ich will nun versuchen, diese Formulierung genauer zu fassen und somit nach und nach zu verbessern.

In der *Archäologie des Wissens* schlägt Foucault folgendes Verständnis von »Diskurs« vor:

> Diskurs wird man eine Menge von Aussagen nennen, insoweit sie zur selben diskursiven Formation gehören. [*Archäologie des Wissens*, S. 170]

Damit ist noch nicht viel gewonnen, solange nicht geklärt ist, was Foucault unter einer »Aussage« *(énoncé)* und was er unter einer »diskursiven Formation« versteht.

Diskursive Formation
Es ist Foucault wichtig, dass er nicht mit unausgesprochenen Voraussetzungen belastet an seinen Untersuchungsgegenstand herantritt. Gegenstand seiner Untersuchung sind Diskurse, komplexe Sprachpraxen. Er will im Prinzip von so etwas wie dem

medizinischen oder physikalischen Diskurs sprechen können, denn diese Bereiche sind es, die sein Interesse geweckt haben. Um nun unter keinen Umständen mit einem durch unausgesprochene Voraussetzungen verstellten Blick auf die Vergangenheit zu schauen, wirft er Begriffe wie »Werk« oder »Objektbereich« über Bord. Denn dass ein bestimmtes Buch als »Werk« aufgefasst wird, ist bereits voraussetzungsreich: Warum zum Beispiel ist *Winnetou I* ein Werk, das Telefonbuch von Köln aber nicht? Warum ist der *Tractatus logico-philosophicus* ein Werk, die Reklamebroschüre einer Telefongesellschaft aber nicht? – Foucault sagt nicht, dass es keine Werke gebe, aber er will diesen Begriff nicht unhinterfragt benutzen. Also stellt er ihn zurück und versucht, ohne ihn auszukommen. Als Ausgangspunkt nimmt er stattdessen an, dass wir in diversen Schriften aus verschiedenen Zeiten der Weltgeschichte Aussagen *(énoncés)* finden, die sich irgendwie sortieren lassen. (Wobei »irgendwie« nicht sagen soll, dass die Sortierung willkürlich vorgenommen wird. Sondern im Gegenteil: Foucault sucht gerade nach wissenschaftlichen* oder zumindest überprüfbaren Kriterien, nach denen man Aussagen zu Diskursen zusammenfassen kann.)

Er diskutiert ein paar Kriterien, ist aber mit keinem zufrieden, weil sie alle die Lücken, Brüche und Veränderungen in einer

---

* Foucault würde sich gegen das Wort »wissenschaftlich« hier vermutlich wehren, da er seine Archäologie nicht als Wissenschaft versteht. »Es stimmt, dass ich die Archäologie nie als eine Wissenschaft präsentiert habe, nicht einmal als die erste Grundlage einer künftigen Wissenschaft. […] Das Wort Archäologie […] bezeichnet lediglich eine der Angriffslinien für die Analyse verbaler *Performanzen.*« (*Archäologie des Wissens*, S. 294, Hervorhebung von mir) Der Grund, weshalb Foucault seine Forschungen nicht als »Wissenschaft« bezeichnen will, ist vermutlich, dass er sich unter einer Wissenschaft ein systematisches Gedankengebäude vorstellt. Ihm hingegen geht es um die Risse, Sprünge und Diskontinuitäten im wissenschaftlichen Diskurs. Gleichwohl erhebt er (wenn nicht explizit, so doch implizit) den Anspruch, dass seine Analysen wahr sind, und somit in meinen Augen einen wissenschaftlichen – auch wenn ihm das Wort vielleicht nicht schmeckt.

wissenschaftlichen Disziplin nicht adäquat einschließen, und schlägt schließlich folgende Redeweise vor:

> In dem Fall, wo man in einer bestimmten Zahl von Aussagen ein ähnliches System der Streuung beschreiben könnte, in dem Fall, in dem man bei den Objekten, den Typen der Äußerung, den Begriffen, den thematischen Entscheidungen eine Regelmäßigkeit (eine Ordnung, Korrelationen, Positionen und Abläufe, Transformationen) definieren könnte, wird man übereinstimmend sagen, dass man es mit einer *diskursiven Formation* zu tun hat, wodurch man Wörter vermeidet, die ihren Bedingungen und Konsequenzen nach zu schwer, übrigens zur Bezeichnung einer solchen Dispersion auch inadäquat sind: wie »Wissenschaft«, »Ideologie«, »Theorie« oder »Objektivitätsbereich«. [*Archäologie des Wissens*, S. 58]

Eine diskursive Formation ist also nicht genau dann gegeben, wenn eine Gruppe von Aussagen zum Beispiel vom selben Objekt handelt. Der Begriff »diskursive Formation« ist wesentlich weiter gefasst. Nehmen wir die Geschichte der Atomphysik als ein Beispiel. Schon Lukrez war in einem weiten Sinn Atomphysiker (er ging davon aus, dass Atome kleinste, mit keinen Mitteln zerlegbare Teilchen seien). Hält man aber das bohrsche Atommodell neben das lukrezsche, dann kann man eigentlich nicht mehr behaupten, dass beide vom selben Objekt sprechen. Bohrs Atome haben Teile. Lukrez würde darüber nur den Kopf schütteln, denn nach seinem Verständnis kann ein Atom keine Teile haben. Man kann daher nicht behaupten, dass »die Atomphysik« immer über dasselbe Objekt gesprochen hat.

Für Foucault sind nun gerade diese Brüche, diese Spannungen, diese Übergänge von früheren zu späteren Modellen (er spricht von Transformationen) typisch für die historische Entwicklung. In seinen Augen sind es die Risse in der Entwicklung eines Diskurses, die es aufzuspüren gilt. Gleichzeitig will er nicht Äpfel mit Birnen vergleichen, das heißt man kann nicht beliebige Aussagen zu Diskursen zusammenspannen, da wären der Willkür Tür und Tor geöffnet. Auf irgendeine Weise muss er Diskurse also doch individualisieren und von anderen abgrenzen. Der Pfiff bei der Rede von »diskursiven Formationen« liegt nun darin, dass sie die Risse und Spannungen, die Übergängen von einem Atommodell zum nächsten innerhalb einer Disziplin (innerhalb eines Diskurses) mit einschließen. Für Foucault stellt sich die Frage, wie sich solche Übergänge ereignen. Denn das bohrsche Atommodell fiel nicht vom Himmel, und seinen Einzug in die Lehrbücher der Physik hat es aufgrund bestimmter Spielregeln der Naturwissenschaften erhalten. Diese Spielregeln sind es, die Foucault in seiner »Archäologie« freilegen will. In diesem Sinne geht er davon aus, dass man als Diskursanalytiker den Diskurs »in sich selbst nach seinen Formationsregeln befragt« (*Archäologie des Wissens*, S. 115).

Aussage (énoncé)

Foucault ist leider kein Freund von Definitionen. Dass dies zu Problemen führt, erlebt derjenige, der herausfinden will, was genau Foucault unter einer Aussage *(énoncé)* versteht. Ich werde mich dem Begriff annähern und zugleich die Schwierigkeiten, die sich bei der Lektüre einstellen, hervorheben.

Das französische Wort *énoncé* (wörtl. »Wortlaut«) mit dem deutschen Wort »Aussage« zu übersetzen, ist insofern ein Missgriff, als das Wort »Aussage« in der sprachanalytischen Philosophie für eine bestimmte Art von Sätzen (nämlich Aussage-Sätzen, das heißt Sätzen, die wahr oder falsch sein können) oder deren beurteilbaren Gehalt (der meist als »Proposition« oder »propositionaler Gehalt einer Aussage« bezeichnet wird) reserviert ist, und Foucault verwendet das Wort *énoncé* weder in der einen noch in der anderen Bedeutung.*

Eine bessere Übersetzung scheint das Wort »Äußerung« zu sein, denn Foucault betont den Ereignischarakter eines *énoncé*:

> So banal eine Aussage *[énoncé]* auch sein mag, so wenig bedeutsam, wie man sie sich in ihren Folgen vorstellt, so schnell, wie man sie nach ihrem Erscheinen auch vergessen kann, so wenig verstanden oder schlecht entziffert, wie man sie annimmt, ist sie doch stets ein Ereignis, das weder die Sprache noch der Sinn völlig erschöpfen können. Ein seltsames Ereignis mit Sicherheit: zunächst, weil sie einerseits mit einem Schriftzug oder mit der Artikulation eines Wortes verbunden ist, aber weil andererseits sie sich selbst gegenüber eine im Feld einer Erinnerung oder in der Materialität der Manuskripte, der Bücher und irgendeiner Form der Aufzeichnung zurückbleibenden Existenz eröffnet; dann weil sie einzigartig ist wie jedes Ereignis, aber weil sie der Wiederholung, der Transformation und der Reaktivierung offen steht; schließlich weil sie nicht nur mit Situationen, die sie hervorrufen, und mit Folgen, die sie herbeiführt, sondern gleichzeitig und gemäß einer völlig anderen Modalität mit Aussagen verbunden ist, die ihr vorausgehen und die ihr folgen. [*Archäologie des Wissens*, S. 44]

Was immer sich Foucault genau unter einem *énoncé* vorstellt, einen Satz oder den beurteilbaren Gehalt eines Satzes meint er nicht, denn Sätze und Satzinhalte sind keine Ereignisse. Die *Äußerung* eines Satzes hingegen (schriftlich oder mündlich) ist ein Ereignis. Was er zu meinen scheint, ist eher der *Sprechakt*,

* Vgl. *Archäologie des Wissens*, S. 117f., wo Foucault selbst die Unterschiede zwischen Propositionen und seinen *énoncés* feststellt; sowie ebd., S. 118–120, wo er die Unterschiede zwischen Sätzen und *énoncés* herausarbeitet.

das heißt die komplexe Sprachhandlung, die mit der Äußerung eines Satzes vollzogen wird.

Was ein Sprechakt ist, lässt sich an folgendem Beispiel einfach zeigen: Der Vorsitzende der Gesellschaft zur Rettung des gestreiften Regenwurms äußert den Satz: »Ich eröffne hiermit die Sitzung.« Diesen Satz kann jeder äußern, der des Deutschen mächtig ist, aber nur der Vorsitzende einer Gesellschaft, der berechtigt ist, eine Sitzung zu eröffnen, kann mit der Äußerung dieses Satzes in einer geeigneten Situation eine Sitzung eröffnen. Indem der Vorsitzende den Satz äußert, vollzieht er eine Handlung (er eröffnet die Sitzung). Diesen Handlungscharakter haben John L. Austin und John Searle in der Sprechakttheorie herausgearbeitet.* Nun gilt freilich nicht nur von Sitzungseröffnungssätzen, dass sie in Sprechakte eingebunden sind. Auch wer die Geschichte Englands beschreibt, tut etwas. (Einen Witz machen, eine Frage stellen, etwas beschreiben usw. sind Tätigkeiten, Handlungen, die wir mit Sprache, der (schriftlichen oder mündlichen) Äußerung von Sätzen vollziehen.)

Leider sagt Foucault, dass er keine Sprechakte meine, wenn er »énoncé« schreibt. Die Gründe dafür, zwischen *énoncé* und Sprechakt zu unterscheiden, sind allerdings nebulös:

> Es bedarf oft mehr als einer Aussage, um einen »Sprechakt« zu bewirken: Schwur, Bitte, Vertrag, Versprechen, Demonstration verlangen die meiste Zeit eine bestimmte Zahl von unterschiedlichen Formulierungen oder getrennten Sätzen: es wäre schwierig, jedem von ihnen den Status der Aussage unter dem Vorwand vorzuenthalten, dass sie alle von ein und demselben illokutionären Akt [dem Sprechakt] durchquert sind. [*Archäologie des Wissens*, S. 121]

---

* John L. Austin: *How to do things with words*, John Searle: *Speech acts*.

Nebulös ist dieser Einwand, weil Foucault noch eine Seite zuvor gesagt hatte, dass Aussagen nicht mit Sätzen identifiziert werden dürfen. Hier nun wendet er ein, dass etwas, was mehr als einen Satz in Anspruch nimmt, auch mehr als eine Aussage sei. Das Verhältnis Satz–Aussage scheint also so zu sein, dass Aussagen *(énoncés)* zwar nicht dasselbe sind wie Sätze, aber sich, wenn sie sich in Sätzen ausdrücken lassen, nicht in mehr als einem Satz ausdrücken lassen.

Man könnte nun meinen, dass Foucault nicht den Satz, nicht den propositionalen Gehalt eines Satzes und nicht den Sprechakt, sondern das mit einem Satz oder mit einem Satz-Ähnlichen-Vehikel (z.B. einer Graphik oder Tabelle) Gesagte meint. Und zwar nicht nur insofern dieses »Gesagte« wahr oder falsch sein kann (dann wäre es der propositionale Gehalt des Satzes), sondern das Gesagte mit all seinen Konnotationen, die erst im Kontext, in dem der entsprechende Satz geäußert wurde, entstehen. Hier aber fehlt der beschriebene Ereignis-Charakter.

Einige Seiten später sagt Foucault, dass der Ereignischarakter nicht so wichtig sei:

> Man sieht, dass die Aussage nicht wie ein Ereignis behandelt werden darf, das sich in einer bestimmten Zeit und an einem bestimmten Ort abgespielt hat und an das sich zu erinnern in einem Gedächtnisakt gerade möglich wäre. [*Archäologie des Wissens*, S. 152]

Das ist ein direkter Widerspruch zum Zitat von S. 44. Hier spricht er der Aussage das Ereignishafte ab, oben war sie noch ein Ereignis. Oben hatte er ferner gesagt, dass man sie rasch vergessen könne (»so schnell, wie man sie nach ihrem Erscheinen auch vergessen kann«), hier nun spricht er davon, dass es unmöglich sei, sich an das Erscheinen einer Aussage als Ereignis zu erinnern. An späterer Stelle (S. 294) spricht er davon, dass seine Archäologie eine »Angriffslinie für die Analyse verbaler Performanzen« bezeichne. Nun ist aber das mit einem Satz Gesagte keine Performanz, kein Vollzug – das wäre eher der Sprechakt.

Je länger man über diesen Punkt nachdenkt, desto mehr Nebel steigt auf. Foucault erklärt den Nebel zum Programm, wenn er sagt:

> Man darf in der Aussage keine lange oder kurze, stark oder schwach strukturierte Einheit suchen, sondern eine, die wie die anderen in einer logischen, grammatischen oder lokutorischen Verflechtung erfasst ist. Es handelt sich weniger um ein Element unter anderen, weniger um eine auf einer bestimmten Ebene der Analyse feststellbaren Ausschnitt, es handelt sich vielmehr um eine Funktion, die in Beziehung zu diesen verschiedenen Einheiten sich vertikal auswirkt und die von einer Serie von Zeichen zu sagen gestattet, ob sie darin vorhanden sind oder nicht. [*Archäologie des Wissens*, S. 126]

Ich kann mir nicht helfen: Dieser Satz ist wirr und das Bild von der Funktion hilft keinen Schritt weiter. Wenn eine Aussage eine Funktion ist, dann muss es auch Funktionswerte und Funktionsargumente geben. Welches sind die Argumente und welches die Werte, die diese seltsame Funktion ausspuckt?

Es hilft auch nicht weiter, dass Foucault nach dem Nebel behauptet, er habe »definiert«, was er mit »Aussage« meine – eine formal saubere Definition findet sich im Text nicht. Man kann hier nur im Kaffeesatz lesen, und es sind bekanntlich nicht gerade gesicherte Erkenntnisse, die man aus diesem gewinnt. Was der Kaffeesatz hergibt, ist die Erkenntnis, dass Foucaults Verwendung von »Aussage« zwischen zwei Lesarten wechselt. An manchen Stellen sollte man einfach an Sprechakte denken.* An anderen ist das gemeint, was mit einem Satz, einem Diagramm, einer Geste »gesagt« oder zu verstehen gegeben wird (und zwar innerhalb des sprachlichen und außersprachlichen situativen Kontextes, in dem die entsprechende Äußerung erfolgte).

Was ist denn nun ein Diskurs?
Ein Diskurs ist also eine Menge von Aussagen, Sprechakten, die nach bestimmten Regeln zusammenhängen. Der medizinische Diskurs ist einer, in dem es zum Beispiel um menschliche Körper und Psychen, um Krankheiten und Heilung derselben geht; zum medizinischen Diskurs gehören aber auch bestimmte Spielregeln, die festlegen, wer welche Äußerungen machen darf, ohne dass Peinlichkeit entsteht. Der Arzt darf zum Beispiel im medizinischen Diskurs (heutzutage in Westeuropa) sagen: »Bitte machen Sie sich frei!«, mit dem Ziel, den Patienten dazu zu bringen, seine Kleider abzulegen. Foucault ist es nun sehr wichtig, diese als »Subjektstelle« bezeichnete Rolle genau zu untersuchen. Denn hier liegt ja ein Ungleichgewicht im Diskurs vor, oder wie Foucault (über ein analoges, historisches Beispiel) sagt: »Zwischen dem Sprechen und dem Hören waren die Rollen nicht austauschbar.« (*Die Ordnung des Diskurses,* S. 27) Wenn der Patient dieselben Worte zum Arzt sagt, dann wird dieser verwundert, belustigt oder peinlich berührt reagieren (oder er wird sich Notizen über den geistigen Zustand des Patienten machen). Es hat also im medizinischen Diskurs nicht jeder dieselben Rechte und Pflichten. (Solche Ungleichgewichte findet man, wenn man sich darauf besinnt, in vielen Diskursen. Es ist leicht sich für juristische, polizeiliche, universitäre, religiöse oder kulturelle Diskurse der Gegenwart oder

* Hans Sluga hält es (ebenso wie Hubert Dreyfus und Paul Rabinow) für einen Fehler von Foucault, dass er statt »Aussage« nicht gleich »Sprechakt« sagt. Vgl. Sluga, S. 268; Dreyfus/Rabinow, S. 46.

der Vergangenheit weitere Beispiele für solche Ungleichheiten auszudenken.)

Foucault betont nun, dass es nicht an der Person des Arztes liegt, dass dieser berechtigt ist, sein Gegenüber dazu zu bewegen, seine Kleider abzulegen, sondern dass dies allein dem medizinischen Diskurs geschuldet sei. Nehmen wir an, dass Petra Ärztin ist und sie Klaus in ihrer Praxis untersucht. Klaus soll sich zu diesem Zweck ausziehen und Petra äußert, um ihm dies klar zu machen, den Satz: »Bitte machen Sie sich frei!« Klaus legt seine Kleider ab und die Untersuchung geht ihren Gang. Nehmen wir nun aber an, dass Petra nach Dienstschluss in eine Kneipe stolpert, um den Ärger des Tages im Schnaps zu ersäufen und dass sie an der Theke zufällig Klaus wiedertrifft. Nehmen wir nun an, dass die beiden sich unterhalten, wie das Bekannte eben tun. Wenn Petra nun im Zuge dieser Unterhaltung in der Kneipe den Satz äußert: »Bitte machen Sie sich frei!«, wird Klaus seine Kleider nicht ablegen. Er wird vielleicht glauben, dass Petra ihn anmachen will, dass seine Ärztin ein Alkoholproblem hat, dass sie einen Witz machen will oder noch anderes. Petras Worte sind in der Kneipe jedenfalls nicht »normal«. Daran sieht man, dass die Berechtigung, Leute zum Ablegen ihrer Kleidung zu bewegen, nicht an Petra als Person hängt, sondern an Petra in ihrer Rolle als Ärztin. In der Kneipe aber ist sie in einem (mehr oder weniger) privaten Diskurs. Foucault wurde nicht müde diesen Punkt zu betonen. Die Rolle, die der Diskurs für jemanden wie Petra als Ärztin bereithält, nennt er die Subjektstelle. Diese Subjektstelle kann auch von jedem anderen Arzt im medizinischen Diskurs eingenommen werden. In Foucaults Augen ist die Subjektstelle im Diskurs »ein determinierter und leerer Platz, der wirklich von verschiedenen Individuen ausgefüllt werden kann« (*Archäologie des Wissens*, S. 139).

Was ist ein Autor?

Verschiedene Diskurse zeichnen sich unter anderem dadurch aus, dass sie mit der Subjektstelle verschieden umgehen. Eine dieser Stellen, die Foucault gründlich untersucht hat, ist die des Autors.

Nicht jeder Diskurs hält die Autorstelle frei, sagt Foucault. (Verträge, Bedienungsanleitungen oder Einkaufszettel haben keine Autoren – freilich haben sie Verfasser in dem Sinn, dass sie irgendwer geschrieben hat, aber wir sprechen nicht (zumindest nicht im Ernst) vom »Autor dieses Mietvertrages«.)

Foucault arbeitet vier Merkmale heraus, die ein Diskurs mit Autorfunktion von anderen Diskursen unterscheidet.

1. Merkmal der Autorstelle: Die Texte, die eine Autorin verfasst, sind heute geistiges Eigentum. Die Autorin hat Rechte und Pflichten; sie kann zum Beispiel für Ehrverletzungen bestraft und sie kann von einem Dritten (einem Verlag, der Filmindustrie etc.) für die Verwendung ihres Textes oder von Teilen ihres Textes entlohnt werden. Ferner kann die Autorin gegen die unerlaubte Verwendung ihres Textes juristisch vorgehen. (Wer Einkaufszettel schreibt, hat diese Rechte und Pflichten nicht.)

2. Merkmal der Autorstelle: Die Autorstelle kann in Diskursen auftauchen, die sie bisher nicht hatten, und sie kann aus Diskursen verschwinden, die sie hatten. Foucaults Beispiel dafür sind einerseits literarische und andererseits wissenschaftliche Texte im Mittelalter und in der Neuzeit. Im Mittelalter gibt es eine ganze Reihe anonymer fiktionaler Texte (das *Nibelungenlied* ist das berühmteste Beispiel). »Im Gegensatz dazu wurden die Texte, die wir heute wissenschaftlich nennen, über die Kosmologie und den Himmel, die Medizin und die Krankheiten, die Naturwissenschaften oder die Geographie, im Mittelalter nur akzeptiert und hatten nur dann Wahrheitswert, wenn sie durch den Namen des Autors gekennzeichnet waren.« (»Was ist ein Autor?«, S. 19) Beides hat sich, laut Foucault im 17. oder

18. Jahrhundert gewandelt: Literarische Texte werden nun stets mit Autoren gehandelt, während »man begann, wissenschaftliche Texte um ihrer selbst willen zu akzeptieren« (»Was ist ein Autor?«, S. 19). Aber Letzteres stimmt nicht ganz. Denn Namen wie Einstein, Bohr oder Gauß stehen nicht, wie Foucault behauptet, nur noch als Namen für bestimmte Theoreme oder Ideen im Raum. Diese Wissenschaftler gelten als Genies, deren Äußerungen nicht mir nichts dir nichts als Unfug abgetan werden können. Ebenso braucht man heute als Forscher in den Natur- und Geisteswissenschaften noch immer einen gewissen »Stallgeruch«, um mit seinen Forschungen tatsächlich die nötige öffentliche Aufmerksamkeit zu erzielen. – Ehrliche Professoren geben zu, dass sie bei einem neuen Artikel auch darauf achten, wer dies oder jenes behauptet. Ist das ein »Niemand« oder ein »großer Name«? Allerdings hat Foucault insofern Recht, als es das wissenschaftliche Ideal ist, dass die Natur- und Geisteswissenschaften allein auf die Wahrheit der in ihnen enthaltenen Behauptungen starren und daher den Autor völlig vernachlässigen können – und das war im Mittelalter offensichtlich anders. Ferner räumt auch Foucault ein, dass in Biologie und Medizin der Autorname, der Name des Forschers, dazu dient, ein »Glaubwürdigkeits-Indiz zu erbringen bezogen auf die Technik und Untersuchungsgegenstände, die man zu einem bestimmten Zeitpunkt und in einem bestimmten Laboratorium benutzte« (»Was ist ein Autor?«, S. 20). Man könnte hier nun eine genauere Studie treiben und untersuchen, wie Philosophen, Mathematiker, Physiker, Chemiker, Biologen, Soziologen, Literaturwissenschaftler, Lyriker, Romanciers etc. in den entsprechenden Diskursen früher und heute auftauchen. Aber Foucault geht es in seinem Aufsatz zunächst nur darum, aufzuzeigen, wie Diskurs und Autor zusammenhängen.

3. Merkmal der Autorstelle: »Sie [die Funktion Autor] ist das Ergebnis einer komplizierten Operation, die ein gewisses Vernunftwesen konstruiert, das man Autor nennt.« (»Was ist ein Autor?«, S. 20) Foucault fasst diesen Punkt noch etwas radikaler, wenn er sagt, dass das, »was man an einem Individuum als Autor bezeichnet (oder das, was aus einem Individuum einen Autor macht) nur die mehr bis minder psychologisierende Projektion der Behandlung [ist], die man Texten angedeihen lässt, der Annäherungen, die man vornimmt, der Merkmale, die man für erheblich hält, der Kontinuitäten, die man zulässt, oder der Ausschlüsse, die man macht« (»Was ist ein Autor?«, S. 20). Dieses Merkmal führt Foucault beispielhaft genauer aus: Wir behandeln die Texte eines Autors so, dass wir im Grunde erwarten, dass sie alle vom selben Niveau sind, dass sie widerspruchsfrei sind, dass sie im selben Stil geschrieben sind und dass keine Ereignisse in den Texten auftauchen, die erst nach dem Tod des Autors stattfanden. (»Was ist ein Autor?«, S. 21) Ich will das Merkmal der Widerspruchsfreiheit kurz am Beispiel Wittgenstein betrachten. Wir versuchen, die Texte, die uns unter dem Namen »Wittgenstein« überliefert sind, zu einer widerspruchsfreien Einheit zusammenzufügen. Das gelingt nicht, da Wittgenstein seine Meinungen vom Tractatus logico-philosophicus bis zu den Philosophischen Untersuchungen gründlich revidiert hat. Wie geht die Forschung mit dieser Tatsache um? Es ist üblich geworden, den »frühen Wittgenstein« vom »späten Wittgenstein« zu unterscheiden. Sprich: Aus der einen Person Ludwig Wittgenstein, macht die Forschung letztlich zwei Autoren. Ich werte dies als Beispiel für Foucaults Beobachtung – auf diese Art scheinen wir tatsächlich einen Teil dessen, was wir einen »Autor« nennen, aus den Texten zu konstruieren.

4. Merkmal der Autorstelle: Die Diskurse, die eine Autorstelle aufweisen, haben eine Ego-Pluralität. Es ist eine Banalität aus dem Deutschunterricht, dass man das »Ich« in »Ich weiß nicht, was soll es bedeuten« nicht mit Heinrich Heines privatem Ich gleichsetzen darf, sondern von einem »lyrischen Ich« sprechen muss. Nun sagt Foucault, dass diese Besonderheit nicht nur für fiktionale Texte gelte, in denen aus einer Ich-Perspektive erzählt wird, sondern für alle Diskurse, die einen Autor haben. Er illustriert dies am Beispiel eines Mathebuches:

> »Das Ego, das im Vorwort eines mathematischen Traktats spricht – und auf die Umstände der Abfassung hinweist – ist weder in seiner Position noch in seiner Funktion identisch mit demjenigen, der im Unterricht von einem Beweis spricht und sich in der Form eines ›ich schließe daraus‹ oder ›ich nehme an‹ ausdrückt: in dem einen Fall verweist das ›Ich‹ auf ein Individuum ohne Äquivalent, das an einem stimmten Ort und zu einer bestimmten Zeit eine bestimmte Arbeit getan hat; im zweiten Fall bezeichnet das ›Ich‹ einen Plan und einen Moment des Beweises, den jedes Individuum nachvollziehen kann, vorausgesetzt, es hat das gleiche Zeichensystem anerkannt, das gleiche Axiomenspiel, die gleiche Menge von vorherigen Beweisen.« (»Was ist ein Autor?«, S. 22f.)

Foucault unterscheidet drei Egos: Das lyrische Ich, das es im Grunde nur innerhalb des Textes gibt; das Ich des schreibenden Individuums (das private Ich Heinrich Heines, das sich in eine Schuhverkäuferin verliebt hat etc.); und das Autoren-Ich, das irgendwo zwischen dem lyrischen Ich und dem privaten Ich des schreibenden Individuums steht und das von den Lesern aus den Texten heraus konstruiert und auf das schreibenden Individuum projiziert wird.

Aus diesen Überlegungen sollte man nicht (wie Foucault dies eine Zeit lang tat) folgern, dass das Individuum dabei herausfalle und irgendwie überflüssig würde. Denn man kann manche Texte von Heine (z.B. »Denk ich an Deutschland …«) nur verstehen, wenn man um die persönlichen Lebensumstände des schreibenden Individuums weiß (das Exil, die Trennung von der Mutter usw.). Wer Texte von Celan liest, muss wissen, dass er Jude war und seine Eltern von den Nazis ermordet wurden. Kurz: Das schreibende Individuum bleibt, Diskursanalyse hin oder her, ein nicht überflüssiges Element bei der Produktion und Rezeption von Texten. Mag sein, dass wir Spielregeln folgen, wenn wir schreiben und wenn wir lesen. Aber es sind eben gerade die schreibenden und die lesenden Individuen, die mit ihrem Verhalten diese Regeln befolgen oder gegen sie verstoßen und die die Befolgung dieser Regeln durch andere überwachen und Verstöße sanktionieren. Denn ohne einen Polizisten oder Schiedsrichter (bzw. jemanden, der in diese Rolle schlüpft) sind Regeln in einer Gruppe niemals in Kraft. Mit anderen Worten: Ganz ohne die Typen, die schreiben, kommt auch ein Foucault nicht aus.

Diese Erkenntnis hat (zumindest für Autoren) etwas Beruhigendes.

Für Touristen

Foucault hat der Kult um seine Person nicht behagt – kein Wunder, da er ja der Meinung war, dass die Autor-Stelle im Grunde von jedem beliebigen Individuum eingenommen werden kann. Ich verzichte daher hier auf touristische Hinweise, die uns nach Uppsala, Warschau, Hamburg, Clermont-Ferrand, Tunis, und immer wieder nach Paris führen könnten, wo er am 25.6.1984 starb.

Kapitel 20

Wie mein Gehirn mir das Rauchen abgewöhnt hat

Hirnforscher und Philosophen über Willensfreiheit

Ludwig Wittgenstein war der Meinung, dass es eine Haupt-
kunst des Philosophen sei, sich nicht mit Fragen zu beschäftigen, die ihn nichts angingen. Betrachtet man die aktuelle Debatte, die zwischen Hirnforschern und Philosophen um die
Frage entbrannt ist, ob wir Menschen einen freien Willen haben, dann gewinnt man den Eindruck, dass die Hirnforschung
versucht, den Philosophen eine Frage abspenstig zu machen.
Dass eine empirische Wissenschaft der Philosophie eine Frage
abspenstig macht, ist nichts Neues: Lukrez hat noch über die
Frage, ob es Atome geben kann oder muss, philosophiert – die
Atomphysik hat der Philosophie diese Frage inzwischen zu
Recht aus der Hand genommen. Es ist aber nicht ausgemacht,
dass es sich beim aktuellen Streit zwischen Philosophie und
Hirnforschung um einen analogen Fall handelt. Ob eine Frage
die Philosophie betrifft, ist denkbar leicht herauszufinden: Ist
es eine empirische Frage (d.h. eine Frage, auf die wir durch Beobachtung und Erfahrung Antworten finden können), so gehört sie nicht auf den philosophischen Schreibtisch; kann man
sie hingegen vom Lehnstuhl aus durch Nachdenken, Begriffsklärung usw. beantworten, so gehört sie den Philosophen.
Es ist aber nicht das Abspenstigmachen, sondern die These, die

den emotionalen Schwung in die Debatte bringt. Im Zentrum steht die (von Philosophen schon seit Jahrtausenden kontrovers diskutierte) Frage, ob wir Menschen einen freien Willen haben. Von einigen Hirnforschern wird neuerdings die alte These vertreten, dass wir keinen freien Willen hätten und nicht fähig seien, uns frei für eine Handlung zu entscheiden. Den Beweis wollen sie mittels empirischer Forschung erbracht haben. Die etwas genauer gefasste These lautet: Wer, wie wir Menschen, mit einem menschlichen Gehirn denkt, fühlt, entscheidet, der kann keinen freien Willen haben. Unter einer Person mit einem freien Willen wird dabei eine Person verstanden, die dazu in der Lage ist, freie Entscheidungen zu treffen. Statt von Willensfreiheit könnte man daher ebenso gut von »Entscheidungsfreiheit« sprechen.

Die These, dass wir in unseren Entscheidungen nicht frei sind, hätte, wenn sie sich als wahr erweisen würde, sowohl philosophische als auch juristische Konsequenzen. Die juristischen Konsequenzen sind dabei die handfesteren: Wer in seinen Entscheidungen nicht frei ist, handelt nicht selbst-, sondern fremdbestimmt. Das aber heißt, dass von Schuld und Verantwortung für sein Tun keine Rede mehr sein kann, und das wiederum bedeutet in letzter Konsequenz, dass wir die Gefängnistore aufsperren und alle Mörder, Räuber und Vergewaltiger freilassen oder einem Arzt oder Therapeuten überstellen (oder in Sicherungsverwahrung nehmen) sollten. Denn sie trifft keine Schuld. Sie haben ja nur getan, was die Naturgesetze mit ihrem Gehirn angestellt haben. Das wiederum ist abhängig von genetischer Abstammung, frühkindlicher, zum Teil auch vorgeburtlicher Prägung, Erziehung und sozialem Umfeld – bisher hat noch niemand gefordert, die Eltern eines (volljährigen) Mörders oder sein soziales Umfeld für die Taten des Mörders zu belangen. Würde man das alte Strafrechtsprinzip *nulla poena sine culpa* (keine Strafe ohne Schuld) aufrecht erhalten und den

Hirnforschern Recht geben, sollte man darüber aber im Grunde ebenso nachdenken wie über die vielen Therapieplätze, an die einige Hirnforscher zu denken scheinen.

Aber das alles steht im Konjunktiv. Und zwar, wie ich hoffe in diesem Kapitel zeigen zu können, mit gutem Grund. Ich will im Folgenden zunächst die Art von Experiment beschreiben, die angeblich zeigt, dass wir keinen freien Willen haben, anschließend betrachte ich einige Interpretationen dieser Experimente und wende mich dann der Frage zu, was an der ganzen Sache dran ist.

Die Experimente von Benjamin Libet

Der amerikanische Neurobiologe Benjamin Libet führte Anfang der achtziger Jahre des letzten Jahrhunderts eine Reihe von Experimenten durch, mit der er untersuchen wollte, ob wir einen freien Willen haben oder nicht. Die Versuchsanordnung und die Schlüsse, die aus dem Experiment zu ziehen sind, werden sowohl von Hirnforschern als auch von Philosophen zurzeit kontrovers diskutiert. Es ist mit anderen Worten auch innerhalb der Hirnforschung nicht unumstritten, was genau das Libet-Experiment gezeigt hat und ob es überhaupt brauchbar ist, um die Frage, ob wir einen freien Willen haben, zu beantworten.

Libet hat Versuchspersonen »eine einfache Schnippbewegung oder eine Beugung des Handgelenks zu einer beliebigen Zeit, wenn sie den Drang oder den Wunsch verspürten, es zu tun« (Libet, S. 272) ausführen lassen. Er hat die Versuchspersonen ferner sagen lassen (sie haben dazu auf eine Art Uhr geguckt), wann genau sie den Entschluss zur Bewegung gefasst haben. Während des Versuchs hat er mittels EEG einen elektrischen Strom im Gehirn gemessen, der nicht nur der tatsächlichen Bewegung, sondern auch dem Zeitpunkt, von dem die Versuchsperson sagte, dass sie sich zur Handlung entschlossen habe, eine Sekunde vorausging. Diese Hirnaktivität nannte er Bereitschaftspotenzial. In seinem Versuch meint Libet nun gezeigt zu haben, dass das Bereitschaftspotenzial der bewussten Entscheidung zeitlich vorausgeht. Dies wiederum veranlasste ihn zu dem Schluss: Das Gehirn ist aktiv, *bevor* die Versuchsperson bewusst entscheidet.

Wie gesagt: Das Experiment ist umstritten. Hans–Ludwig Kröber (Professor für forensische Psychiatrie) meldet zum Beispiel massive Zweifel daran an, ob die Versuchsanordnung überhaupt geeignet ist, etwas über den freien Willen (d.h. über freie Entscheidungen) zu sagen:

> Das Experiment leidet darunter, dass es gar keine rationalen oder emotionalen Entscheidungsgründe für das Heben des einen oder anderen Arms gab. Menschen fungieren hier als Zufallsgenerator, und es ist gut vorstellbar, dass wir uns für die Seite entscheiden, die zuerst zuckt. Es gibt nicht die geringste Ähnlichkeit dieses Experiments und dieser Art von Entscheidung mit emotional und rational hoch aufgeladenen Entscheidungen, wie sie vielfach Gegenstand der forensischen Psychiatrie sind. [Kröber, S. 108]

Hirnforscher wie Wolf Singer hingegen folgern aus Experimenten à la Libet, dass von freien Entscheidungen beim Menschen nicht mehr die Rede sein könne:

> Die in der lebensweltlichen Praxis gängige Unterscheidung von gänzlich unfreien, etwas freieren und ganz freien Entscheidungen erscheint in Kenntnis der zugrunde liegenden neuronalen Prozesse problematisch. [Singer, S. 62]

Denn alle Entscheidungen beruhen auf »deterministischen neuronalen Prozessen« (Singer, S. 59f.), wie sie nicht zuletzt Libet beschreibt.

Sein Kollege Gerhard Roth scheint sich nicht ganz sicher zu sein, wie die Libet-Experimente zu bewerten sind. So schrieb er im Jahre 2004:

Nehmen wir an, es sei tatsächlich nachgewiesen, dass im Zusammenhang mit Willkürhandlungen der bewusste Entschluss »Jetzt will ich nach der Kaffeetasse greifen!« erst auftritt, *nachdem* sich im prämotorischen und motorischen Cortex das sogenannte lateralisierte Bereitschaftspotenzial aufgebaut hat [...], dann ergibt sich zwingend die Frage, welche Rolle der bewusste Entschluss bei dem gesamten Vorgang überhaupt spielt. Der Schluss aus solchen Untersuchungen (sofern sie korrekt durchgeführt und interpretiert wurden) lautet, dass die klassisch-philosophische wie auch alltagspsychologische Aussage »Mein Arm und meine Hand haben nach der Kaffeetasse gegriffen, weil *ich* dies so gewollt habe!« nicht richtig ist. [...] Entsprechend müsse in der Tat die korrekte Formulierung lauten: »Nicht mein bewusster Willensakt, sondern mein Gehirn hat entschieden!« [Roth, S. 73]

Vier Jahre später hingegen ist Gerhard Roth überzeugt:

Eine Widerlegung der Fähigkeit zur Selbstbestimmung [...] wird man [...] aus »Libet-artigen« Experimenten sicherlich nicht ableiten können. [Pauen/Roth, S. 80]

Möglicherweise stammt der rothsche Sinneswandel aus philosophischen Einsichten, denn zwischen 2004 und 2008 hat er sich gemeinsam mit dem Philosophieprofessor Michael Pauen die Mühe gemacht, möglichst genau zu sagen, was er unter einer freien Entscheidung versteht. Wer sich diese Arbeit nicht macht, handelt sich schnell unausgesprochene Voraussetzungen ein. Und von diesen gibt es in der Debatte um den freien Willen eine ganze Menge.

Wolf Singers Konsequenz: Hört mir auf mit Freiheit!

Singer folgert mit Libet aus den unbewussten Aktivitäten des Gehirns, die (wenn Libet Recht haben sollte) erfolgen, bevor wir eine Entscheidung treffen, dass wir nicht dazu in der Lage seien, eine wahrhaft freie Entscheidung zu treffen, da diese Vorbereitungen unbewusst sind.

> Die meisten der Strebungen und Motive, die uns letztlich dazu gebracht haben, etwas Bestimmtes und nicht anderes zu tun, bleiben uns verborgen. [Singer, S. 49]

Allerdings bringt Singer weder für die statistische Behauptung »die meisten«, noch dafür, was es heißt »letztlich« eine Entscheidung herbeigeführt zu haben, Belege, sondern fährt einfach fort:

> Wir nehmen oft nur das Ergebnis solcher hirninterner Abwägungsprozesse wahr, schreiben uns dies dann im Moment der Bewusstwerdung als Ergebnis unserer »freien« Entscheidung zu, können es dann noch mit anderen, ebenfalls bewussten Argumenten abwägen und gegebenenfalls modifizieren und erfahren uns so als Herr über unsre Entscheidungen. [Singer, S. 49f.]

Was stellt sich Singer unter einem »Abwägungsprozess« vor? Nehmen wir ein Beispiel: Ich bin mir nicht sicher, ob ich nach Weimar ziehen soll oder nicht. Was tue ich beim Abwägen? Ich überlege mir Argumente, die für, und Argumente, die gegen einen Umzug sprechen. Ein solches Abwägen folgt (mehr oder weniger) den Gesetzen der Logik. Das aber kann nicht das sein, was Singer als »Abwägungsprozess« beschreibt. Denn der singersche Abwägungsprozess ist nicht den Gesetzen der Logik, sondern Naturgesetzen unterworfen:

> [D]er Abwägungsprozess selbst beruht natürlich [...] auf
> neuronalen Prozessen und folgt somit [...] deterministi-
> schen Naturgesetzen. [Singer, S. 52]

Der Abwägungsprozess à la Singer ist kein Abwägen von Argumenten. Wenn ich Argumente abwäge, folge ich (unter anderem) den Regeln des logischen Schließens – ich suche nach
Argumenten, die mich zum einen oder zum anderen Ziel führen. Wenn ich denke, dann finden in meinem Gehirn zweifelsohne neuronale Prozesse statt; schließlich bin ich ein
Mensch und uns Menschen ist es nun mal nur dank des Gehirns möglich zu denken. Neuronale Prozesse unterliegen den
»Naturgesetzen«, genauer: den beobachtbaren Gesetzmäßigkeiten der Biochemie. Aber die Logik ist weder Teil der Biochemie noch ein Naturgesetz!

Denselben Punkt machen Pauen/Roth deutlich, wenn sie
sagen:

> Natürlich findet ein Neurobiologe im Gehirn keine ratio-
> nalen Überlegungen. Genauso wird ein Computerspezialist
> mit dem Mikroskop auf der Festplatte eines Computers nur
> magnetisierte Eisenpartikel finden, nicht aber die Texte, Bil-
> der oder Musikstücke, die dort gespeichert sind. [Pau-
> en/Roth, S. 125]

Was Wolf Singer unter einem »Abwägungsprozess« versteht,
bleibt mir schleierhaft.

Singer über Freiheit

Singer sagt nicht explizit, was er unter einer freien Entscheidung oder dem freien Willen versteht. Daher muss man gegen
den Strich lesen. Dabei zeigt sich ein Bild von Willensfreiheit,
das ziemlich voraussetzungsreich ist.

Hier ein paar Beispiele:

> Wie aber kommen wir nun zu der unerschütterlichen Über-
> zeugung, dass unser Ich freie Entscheidungen treffen und
> über Prozesse in unserem Gehirn verfügen kann? [Singer,
> S. 49]

Singer will hier offenbar sagen, dass Peter nur dann »frei« entschieden habe, wenn er über entsprechende Prozesse im Gehirn »verfüge«. Das aber ist falsch.

So bin ich zwar der Überzeugung, dass ich freie Entscheidungen treffen kann (zum Beispiel war es meine freie Entscheidung, dieses Buch zu schreiben), aber das heißt nicht, dass ich
über Prozesse in meinem Gehirn *verfüge* – wenn man unter
»verfügen« so etwas versteht wie: Person P verfügt über X nur
dann, wenn P auf X einen bewussten Zugriff hat. In diesem
Sinne verfüge ich über mein Geld. Ich überweise es von der einen Bank auf eine andere, nehme es aus meinem Portemon-
naie und gebe es der Dame an der Kasse. Aber ich habe keinen
vergleichbaren Zugriff auf die neuronalen Zustände und Prozesse in meinem Gehirn. Denn Prozesse im Gehirn sind doch
hochkomplexe neuronale Verschaltungen – von denen habe
ich nur eine grobe Ahnung; wie sollte ich über sie verfügen?
Ich denke mir nicht: »Ich will ein Buch über Philosophiegeschichte schreiben, also feuere ich die und die Neuronen in
meinem Gehirn ab!« Singer aber scheint der Meinung zu sein,
dass genau das einem wahrhaft freien Menschen möglich sein
müsste.

Es gibt allerdings auch eine schwächere Lesart von »verfügen
über etwas«, nämlich »eine Fähigkeit haben«. Ein Pianist »verfügt« in diesem Sinne über einen beachtlichen musikalischen
Ausdruck; eine Schwimmerin verfügt über eine immense
Kondition. Diese Art des »Verfügens über etwas« hat aber ge-

rade nichts mit Bewusstsein zu tun. Wer eine Fähigkeit hat, zum Beispiel die Fähigkeit, Deutsch zu sprechen, der muss nicht wissen, was er tun muss, um diese Sprache zu sprechen. Ich zum Beispiel habe keine Ahnung davon, welche Muskeln ich bewege, wenn ich Deutsch spreche. Aber ich habe trotzdem die Fähigkeit, diese Muskeln zu bewegen. Ebenso habe ich die Fähigkeit, bestimmte Gehirnaktivitäten auszuführen, ohne dass ich auch wissen müsste, welche das sind (geschweige denn, dass sie mir bewusst sind). Falls Singer diese zweite Lesart von »verfügen über etwas« meint, dann hat er zweifellos Recht – in diesem Sinne verfügen wir über Prozesse in unserem Gehirn. Nur ist dieses »Verfügen über« denkbar harmlos. Denn im Sinne von »die Fähigkeit haben, bestimmte Gehirnaktivitäten auszuführen« verfügen auch Tiere über Prozesse in ihren Gehirnen – schließlich tut sich ja etwas in der grauen Masse, wenn ein Löwe ein Zebra jagt. In dieser schwächeren Lesart hat das Verfügen über Gehirnprozesse also nur insofern etwas mit freiem Willen zu tun, als willentliche Entscheidungen (bei Menschen) Hirnaktivitäten implizieren. Doch aus dieser Trivialität wird Singer kaum ein Argument gegen die Möglichkeit freier Entscheidungen gewinnen.

Andere Voraussetzungen werden im folgenden Zitat deutlich:

> Auch die als frei empfundenen bewussten Entscheidungen werden immer durch eine Vielzahl im Unbewussten verhandelter Prozesse vorbereitet und beeinflusst. [Singer, S. 52]

Frei ist eine Entscheidung in Singers Augen offenbar genau dann, wenn sie unvorbereitet und frei von jedem Einfluss ist. Ich bekenne mich hiermit zu der Gruppe von naiven Menschen, die noch immer glauben, dass sie in der Lage sind, manche Entscheidungen frei und selbstbestimmt zu treffen. Allerdings glaube ich nicht, dass ich in der Lage bin, eine Entscheidung zu treffen, die frei von allen Voraussetzungen und Einflüssen wäre. Ich bin zum Beispiel der Meinung, dass es meine freie Entscheidung war, dieses Buch zu schreiben. Ich hatte wochenlang hin und her überlegt, ob ich so ein großes Projekt angehen soll, in welchem Zeitraum ich das schaffen könnte, wie ich es finanziere und so weiter. Ich traf die Entscheidung dann einfach, weil ich Lust hatte, über Texten zu brüten, von denen ich wusste, dass ich sie auf den ersten Blick nicht verstehen würde. Ich bin überzeugt, dass ich die Entscheidung selbstbestimmt traf, denn es hat mir nichts und niemand befohlen: Schreib das Buch! Ich fühle mich auch für die Konsequenzen (es dauert viel länger als geplant usw.) selbst verantwortlich.

Aber habe ich diese Entscheidungen frei von Voraussetzungen getroffen? Natürlich nicht!

Ich mache mir nichts vor: Hätte Kim Landgraf mich nicht gefragt, ich hätte dieses Buch nicht geschrieben. Es war Kims Idee, dass ich es schreiben könnte. Doch war meine Entscheidung, diesen Auftrag anzunehmen, deshalb fremdbestimmt? Das ist offensichtlich unsinnig. Freie Entscheidungen können also Voraussetzungen haben – sie müssen es sogar. Wer tot ist, entscheidet nichts. Also ist eine erste Voraussetzung dafür, dass man etwas entscheiden kann, dass man lebt. Solange die Voraussetzungen mir nicht diktieren, wie ich mich zu entscheiden habe, tun sie dem Gedanken der freien, selbstbestimmten Entscheidung keinen Abbruch.

Gleiches gilt für die unbewussten und bewussten »Einflüsse«, die auf Entscheidungen wirken. Ich hätte mich mit der Entscheidung für oder gegen dieses Buch sicherlich nicht so schwer getan, wenn ich nicht von Lustgefühlen auf der einen und Angst vor Überlastung und Stress auf der anderen Seite beeinflusst gewesen wäre. (Mir scheint, dass die Gehirnforschung zu der Frage, wie *Lust* und *Unlust* entstehen und auf welche Weise sie auf Entscheidungen Einfluss nehmen, eine Menge zu sagen (und zu forschen) hat. Lust und Unlust sind aber nichts, was uns die Entscheidungsfreiheit raubt, auch wenn sie wichtige Einflüsse sind.) Meine Entscheidung, mit dem Rauchen aufzuhören, war weder frei von Einflüssen (Freunde haben mich dazu gedrängt, der Arzt hat mir dazu geraten), noch frei von Voraussetzungen (ich weiß, dass Rauchen ungesund ist usw.), und dennoch war es meine freie Entscheidung. Ich hätte auch weiterrauchen können. Ich habe selbst bestimmt, was ich tat, ich hatte die Wahl.

Eine freie Entscheidung ist mithin weder eine voraussetzungslose noch eine einflussfreie Entscheidung.

Ich fasse zusammen: Wenn man Singer darin folgt, dass ein Mensch nur dann in seinen Entscheidungen frei zu nennen ist, wenn er in der Lage ist, die Prozesse, die in seinem Gehirn ablaufen, zu steuern und seine Entscheidungen frei von *jedweden* Voraussetzungen und Einflüssen zu treffen, dann ist man gut beraten, daran zu zweifeln, dass Menschen so verstandene »freie Entscheidungen« treffen können. Die Polemik macht es deutlich: Diesen Freiheitsbegriff teile ich nicht.

Was ist Freiheit?

Die Diskussion der Singer-Zitate hat gezeigt, wie leicht man sich unausgesprochene (und ggf. problematische) Voraussetzungen einhandelt, wenn man keine Begriffsklärung vornimmt. Es ist daher ratsam, zunächst zu klären, was genau wir unter »Freiheit« verstehen.

Freiheit ist eine Eigenschaft, die von Vielem ausgesagt wird. Wir sprechen von freien Menschen, freien Entscheidungen, freiem Willen, aber auch von einer freien Presse, freien Märkten oder freien Ländern. Zunächst sollten wir hier festhalten, dass es sich in allen Fällen um Eigenschaftszuschreibungen handelt. Es ist nicht gesagt, dass wir einem Markt dieselbe Eigenschaft zuschreiben, die wir einer Entscheidung zuschreiben, wenn wir beiden das Attribut »frei« zugutekommen lassen. Denn Wörter können in verschiedenen Kontexten mehrdeutig sein und sind es, wie ein Blick ins Wörterbuch zeigt, sehr häufig.

In unserem Kontext sollte man zwischen der Handlungsfreiheit und der Entscheidungsfreiheit unterscheiden. Geert Keil bestimmt Handlungsfreiheit treffend als die Freiheit »das zu tun oder zu lassen, was man will« (Keil, S. 1f.). Diese Handlungsfreiheit ist eingeschränkt, wenn man jemanden ins Gefängnis steckt. Unter Entscheidungsfreiheit ist dagegen etwas zu verstehen, was man nicht verliert, selbst wenn man im Kerker sitzt: Wenn ich mich entscheide, nach Weimar zu ziehen, dann heißt das noch nicht, dass ich auch tatsächlich dort ankomme – ich hatte die Freiheit, eine Entscheidung zu treffen. Aber dass ich entschieden habe, heißt nicht, dass ich die entsprechende Handlung auch erfolgreich vollziehe.

Ferner sollte man den folgenden Punkt beachten: In der ganzen Debatte um die Willensfreiheit ist immer wieder (so z.B. Pauen/Roth, S. 127) davon die Rede, ob Freiheit für uns Menschen »existiere«. Diese Frage kann man sich natürlich stellen, doch ist ihr systematisch die Frage nach dem ontologischen (d.h. seins-mäßigen) Status von Eigenschaften vorgeschaltet. Ob und inwiefern Eigenschaften existieren ist aber, dessen sollte man sich bewusst sein, bereits eine heiß diskutierte Frage (wie oben im Kapitel zum Universalienstreit gezeigt).

In der Debatte um den freien Willen ist die Entscheidungsfreiheit einschlägig. Was also ist damit gemeint? Michael Pauen und Gerhard Roth orientieren sich in ihrem Buch *Freiheit, Schuld und Verantwortung. Grundzüge einer naturalistischen Theorie der Willensfreiheit* an Immanuel Kants Begriff der Freiheit als Autonomie, indem sie vorschlagen, dass man unter einer freien Entscheidung eine selbstbestimmte Entscheidung verstehen solle.* Kant versteht unter einem freien Willen einen autonomen Willen. Autonomie ist dabei ganz wörtlich zu verstehen, als sich selbst (griech. *auto*) das Gesetz (griech. *nomos*) gebend:

> Autonomie des Willens ist die Beschaffenheit des Willens, dadurch derselbe ihm selbst (unabhängig von aller Beschaffenheit der Gegenstände des Wollens) ein Gesetz ist. [*Grundlegung zur Metaphysik der Sitten*, BA, S. 87, Akad. Ausg. S. 440]

Pauen/Roth sprechen meist von »selbstbestimmten« im Gegensatz zu fremdbestimmten (heteronomen) Entscheidungen. Eine selbstbestimmte Entscheidung grenzen Pauen/Roth außerdem klar von einer unbestimmten Entscheidung ab. Ein unbestimmtes, das heißt weder von mir selbst noch fremdbestimmtes Ereignis ist ein Zufallsereignis. Pauen und Roth ist dieser Punkt wichtig, denn ein Weniger an Bestimmung ergibt nicht automatisch ein Mehr an Freiheit.

Nun stellt sich die Frage, was man bei einer selbstbestimmten Entscheidung unter dem »Selbst« versteht. Gehören alle Gefühle, Neigungen, unbewussten Beeinflussungen zum Selbst? Dann hat Libets Experiment seinen Biss verloren. Denn auch wenn eine Entscheidung nicht bewusst, sondern unbewusst getroffen wird und wir selbst uns diese Entscheidung erst in einem zweiten Schritt als bewusste verkaufen, würde gelten: Die unbewussten neuronalen Vorgänge gehören zum »Selbst«

---

* Pauen/Roth sprechen an den entsprechenden Stellen meist von freien *Handlungen* (eine Redeweise, die sie offenbar vom amerikanischen Philosophen Donald Davidson (1917–2003) übernommen haben), aber dies trifft in meinen Augen nicht ganz den richtigen Punkt; denn die entsprechenden Handlungen sind nur insofern »frei«, als sie aufgrund einer freien *Entscheidung* erfolgten, und es geht in der Debatte ja gerade um die Frage, ob wir in der Lage sind, freie Entscheidungen zu treffen.

oder »Ich« einer Person, mithin wäre auch diese unbewusst getroffene Entscheidung selbstbestimmt. Pauen/Roth scheinen diese Strategie zu verfolgen:

> Wenn ein Mensch aufgrund der ihm zuschreibbaren Wünsche, Überzeugungen und sonstigen Motive handelt, dann handelt er selbstbestimmt und damit frei. Dies gilt auch dann, wenn die zugrunde liegende Entscheidung determiniert ist oder wenn die der Entscheidung zugrunde liegenden physischen Prozesse vollständig in neurobiologischen Kategorien erfasst werden können. Die Fähigkeit, sich an Gründen zu orientieren, wird dadurch keineswegs ausgeschlossen, schließlich benötigen auch rationale Überlegungen eine neuronale Basis. [Pauen/Roth, S. 176]

So wie es dasteht, stimmt diese Bestimmung der freien Entscheidung allerdings nicht mit unserer geltenden Rechtssprechung überein. Denn jemand, der schwere Wahnvorstellungen hat und im Wahn seine Mutter erschlägt, der handelt aufgrund seiner Wünsche (»Mama soll tot sein!«), Überzeugungen (»Mama will mich fressen!«) und sonstigen Motive (»Ich hasse sie.«). In der Rechtsprechung wird er dennoch nicht als voll schuldfähig eingestuft, eben weil man an der Freiheit seiner Entscheidung zweifelt. Pauen/Roth wollen daher pathologische von nicht-pathologischen Tätern unterschieden wissen:

> Handelt eine Person [...] nicht selbstbestimmt, z.B. aufgrund einer hirnorganischen oder psychischen Störung oder im Affekt, dann wird die Person auch nicht schuldig. [Pauen/Roth, S. 175]

Das heißt, vor Gericht muss zunächst geklärt werden, ob der Täter unter hirnorganischen oder psychischen Störungen leidet (oder im Affekt gehandelt hat). Erst wenn dies ausgeschlossen ist, kann der Richter davon ausgehen, dass der Täter in der Lage war, sich auch anders zu verhalten, als er sich verhalten hat – nämlich so, dass er die Gesetze des Strafgesetzbuches nicht bricht. Pauen/Roth müssten die Bestimmung einer freien Entscheidung also streng genommen um diesen Ausschluss erweitern, sodass die korrektere Formulierung durch Satz (1) ausgedrückt würde:

(1) Wenn ein Mensch, der keine hirnorganischen oder psychischen Störungen hat und nicht im Affekt handelt, aufgrund der ihm zuschreibbaren Wünsche, Überzeugungen und sonstigen Motive handelt, dann handelt er selbstbestimmt und mithin frei.

Nun gibt es viele psychische Störungen. Daher kann auch die Formulierung (1) noch nicht richtig sein. Wenn jemand unter Depressionen leidet, schränkt das seine Handlungsfreiheit in Bezug auf einige Handlungen sicherlich ein – dennoch sorgt die Depression nicht für völlige Unzurechnungsfähigkeit und mithin Schuldunfähigkeit. (Auch für Depressive gilt, dass sie ihren Einkauf bezahlen müssen.) Diese Ungenauigkeit könnte man mit Satz (2) versuchen auszubügeln:

(2) Wenn ein Mensch, der nicht im Affekt handelt und keine hirnorganischen oder psychischen Störungen hat, die ihm die Entscheidung abnehmen, aufgrund der ihm zuschreibbaren Wünsche, Überzeugungen und sonstigen Motive handelt, dann handelt er selbstbestimmt und mithin frei.

Von einer formal einwandfreien Definition eines Begriffs der freien Entscheidung ist allerdings auch diese Formulierung noch Meilen entfernt – aber immerhin kann sie helfen, etwas klarer zu machen, was Freiheit einschließt (nämlich Wünsche, Motive, Überzeugungen als Gründe für eine Handlung) und was der Freiheit entgegensteht (nämlich Zwänge von Innen oder Außen).

Der Prüfstein für jeden Freiheitsbegriff bleibt, ob wir bei den Handlungen, die als Kandidaten für freie Handlungen fungieren, eine Wahl haben oder nicht; ob wir also prinzipiell die Möglichkeit gehabt hätten, uns anders zu entscheiden.

Pauen/Roth scheinen zu meinen, dass wir diese Wahl haben:

> *Schuldig* wird eine Person dann, wenn sie mit einer selbstbestimmten Handlung eine Norm verletzt. Das aber bedeutet, dass die Person imstande gewesen sein muss, die Norm auch einzuhalten, also anders zu handeln. [Pauen/Roth, S. 175]

Wolf Singer hingegen ist der Meinung, dass wir diese Wahl nicht haben. Solange er (oder andere Hirnforscher) dafür keine stichhaltigen Beweise liefern (und diese können, das sollte deutlich geworden sein, nur nach einer gründlichen Klärung von Begriffen wie »Selbst«, »Wille«, »Handlung«, »Freiheit« usw., sowie nach einer Klärung des Verhältnisses von Prozessen im Gehirn und psychischen Episoden und Zuständen erbracht werden), halte ich hingegen mit Detlev Buck an der Überzeugung fest:

»Wir können auch anders!«

Literaturverzeichnis

Platon

Aristoteles: *Metaphysik*, übers. v.
Franz F. Schwarz, Stuttgart 1970.
Aristoteles: *Nikomachische Ethik*,
übers. v. Franz Dirlmeier, Stutt-
gart 1969.
Platon: *Phaidon*, übers. v. Friedrich
Schleiermacher, Darmstadt 1974.
Platon: *Phaidros*, übers. v. Friedrich
Schleiermacher und Dietrich
Kurz, Darmstadt 1981.
Platon: *Politeia*, übers. v. Friedrich
Schleiermacher, Darmstadt 1971.
Platon: *Symposion*, übers. v. Fried-
rich Schleiermacher, Darmstadt
1974.

Aristoteles

Ackrill, J.L.: »Aristotle on Eudaimo-
nia«, wieder in: Rorty (Hg.):
Essays on Aristotle's Ethics, Berkley
(L.A.) / London 1980, S. 15–33.
Aristoteles: *Nikomachische Ethik*,
übers. v. Franz Dirlmeier, Stuttgart 1969.

Universalienstreit

Abaelard, Petrus: »Logica Ingredien-
tibus. Glossen zu Porphyrios«, in:
Hans-Ulrich Wöhler: *Texte zum
Universalienstreit*, Bd. 1, Berlin
1992, S. 131–157.
Aristoteles: *Kategorien u. Peri herme-
neias (Organon I/II)*, übers. v.
Eugen Rolfes, Leipzig 1925.

Aristoteles: *Metaphysik*, übers. v.
Franz F. Schwarz, Stuttgart 1970.
Aristoteles: *Zweite Analytik* (Lehre
vom Beweis; Organon Teil IV),
übers. v. Eugen Rolfes, Leipzig
1922.
Künne, Wolfgang: »Eigenschaften
und Begriffe. Semantik und
Ontologie«, in: Ders.: *Abstrakte
Gegenstände. Semantik und Ontologie*, Frankfurt a. M. ²2007,
S. 310–352.
Künne, Wolfgang: *Abstrakte Gegenstände. Semantik und Ontologie*.
Frankfurt a. M. ²2007.
Porphyrius: »Einleitung in die Kategorien«, in: Aristoteles: *Kategorien
u. Peri hermeneias (Organon I/II)*,
übers. v. Eugen Rolfes, Leipzig
1925, S. 1–26.

Descartes

Descartes, René: *Meditationes de
prima philosophia*, übers. v. Artur
Buchenau u.a., Hamburg 1992.

Hobbes

Hobbes, Thomas: *Leviathan*, übers.
v. Jutta Schlösser, Hamburg 1996.
Luhmann, Niklas: *Soziale Systeme.
Grundriss einer allgemeinen Theorie*,
Frankfurt a. M. 1984.

Leibniz

Hegel, Georg Wilhelm Friedrich:

Vorlesungen über die Philosophie der Geschichte, I–III (Werke Bd. 18–20), Frankfurt a. M. 1970–1971.

Leibniz, Gottfried Wilhelm: »Neues System der Natur und des Verkehrs der Substanzen sowie der Verbindung, die es zwischen Seele und Körper gibt«, übers. v. Hans Heinz Holz, in: Leibniz: *Philosophische Schriften*, Bd. 1: *Kleine Schriften zur Metaphysik*, Darmstadt 1965, S. 200–227.

Leibniz, Gottfried Wilhelm: *Monadologie*, übers. v. Artur Buchenau, Hamburg 1956.

Leibniz, Gottfried Wilhelm: *Vernunftprinzipien der Natur und der Gnade*, übers. v. Artur Buchenau, Hamburg 1956.

Hume

Carnap, Rudolf: »Scheinprobleme in der Philosophie«, wieder in: Ders.: *Scheinprobleme in der Philosophie und andere metaphysikkritische Schriften*, Hamburg 2004, S. 3–48.

Carnap, Rudolf: »Von Gott und Seele. Scheinfragen in Metaphysik und Theologie«, wieder in: Ders.: *Scheinprobleme in der Philosophie und andere metaphysikkritische Schriften*, Hamburg 2004, S. 49–62.

Hume, David: *Traktat über die menschliche Natur*, übers. v. Theodor Lipps, Hamburg 1989.

Hume, David: *Untersuchung über den menschlichen Verstand*, übers. v. Raoul Richter u. Lambert Wiesing, Frankfurt a. M. 2007.

Quine, Willard Van Orman: »Zwei Dogmen des Empirismus«, in: Ders.: *Von einem logischen Standpunkt*, übers. v. Peter Bosch. Frankfurt a. M. u. a. 1979, S. 27–50.

Rousseau

Rousseau, Jean-Jacques: *Vom Gesellschaftsvertrag oder Grundsätze des Straatsrechts*, übers. v. Hans Brockard und Eva Pietzcker, Stuttgart 1977.

Kant

Hegel, Georg Wilhelm Friedrich: *Phänomenologie des Geistes* (1807), (*Werke*, Bd. 3), Frankfurt a. M. 1970.

Kant, Immanuel: *Kritik der reinen Vernunft*, Riga 1781 (erste Auflage A) und 1787 (zweite, verbesserte Auflage B).

Hegel

Adorno, Theodor W.: »Drei Studien zu Hegel«, in: Ders: *Gesammelte Schriften*, Bd. 5, Frankfurt a. M. 1970, S. 247–375.

Hegel, Georg Wilhelm Friedrich: *Phänomenologie des Geistes* (1807), (*Werke*, Bd. 3), Frankfurt a. M. 1970.

Hegel, Georg Wilhelm Friedrich: »Texte zur philosophischen Propädeutik«, in: Ders.: *Nürnberger und Heidelberger Schriften 1808–1817* (*Werke*, Bd. 4), Frankfurt a. M. 1970, S. 9–302.

Hegel, Georg Wilhelm Friedrich: *Enzyklopädie der philosophischen*

Wissenschaften im Grundrisse I. Die Wissenschaft der Logik. Mit den mündlichen Zusätzen (1830), (*Werke*, Bd. 8), Frankfurt a. M. 1970.

Hegel, Georg Wilhelm Friedrich: »Über den Vortrag der Philosophie auf Gymnasien. Privatgutachten für Immanuel Niethammer (1812)«, in: Ders.: *Nürnberger und Heidelberger Schriften 1808–1817* (*Werke*, Bd. 4), Frankfurt a. M. 1970, S. 403–417.

Künne, Wolfgang: *Conceptions of Truth*, Oxford 2003.

Quine, W.V.O.: *Wort und Gegenstand* (engl. *Word and Object*), übers. v. Joachim Schulte, Stuttgart 1980.

Russell, Bertrand: *Philosophie des Abendlandes*, übers. v. Elisabeth Fischer-Wernecke und Ruth Gillischweski, Zürich 2007.

Marx

Marx, Karl und Friedrich Engels: *Die Deutsche Ideologie*, wieder in: Dies.: *Werke* [MEW], Bd. 3., hrsg. v. Institut für Marxismus-Leninismus beim ZK der SED, Berlin 1959, S.17–520.

Marx, Karl und Friedrich Engels: *Das Kapital*, Bd. 1, in: Dies: *Werke* [MEW], Bd. 23, hrsg. v. Institut für Marxismus-Leninismus beim ZK der SED, Berlin 1969.

Kierkegaard

Aristoteles: *Nikomachische Ethik*, übers. v. Franz Dirlmeier, Stuttgart 1969.

Kierkegaard, Sören: *Die Krankheit zum Tode*, übers. v. Walter Rest, München 2005.

Nietzsche

Nietzsche, Friedrich: *Also sprach Zarathustra*, in: Ders.: *Kritische Studienausgabe*, Bd. 4, hrsg. v. Giorgio Colli und Mazzino Montinari, Berlin u. New York 1967 ff.

Nietzsche, Friedrich: *Die fröhliche Wissenschaft*, in: Ders.: *Kritische Studienausgabe*, Bd. 3, hrsg. v. Giorgio Colli und Mazzino Montinari, Berlin u. New York 1967 ff.

Nietzsche, Friedrich: *Jenseits von Gut und Böse*, in: Ders.: *Kritische Studienausgabe*, Bd. 5, hrsg. v. Giorgio Colli und Mazzino Montinari, Berlin u. New York 1967 ff.

Nietzsche, Friedrich: *Die Geburt der Tragödie aus dem Geiste der Musik*, in: Ders.: *Kritische Studienausgabe*, Bd. 1, hrsg. v. Giorgio Colli und Mazzino Montinari, Berlin u. New York 1967ff.

Nietzsche, Friedrich: *Unzeitgemäße Betrachtungen*, in: Ders.: *Kritische Studienausgabe*, Bd. 1, hrsg. v. Giorgio Colli und Mazzino Montinari, Berlin u. New York 1967 ff.

Wittgenstein

Dummett, Michael: *The Logical Basis of Metaphysics*, Cambridge/Massachusetts 1991.

Wittgenstein, Ludwig: *Tractatus logico-philosophicus*, in: *Werkausgabe*, Bd. 1, Frankfurt a. M. 1984.

Wittgenstein, Ludwig: *Philosophische Untersuchungen*, in: *Werkausgabe*, Bd. 1, Frankfurt a. M. 1984.

Adorno

Adorno, Theodor W.: *Philosophie der neuen Musik*, wieder in: Ders.: *Gesammelte Schriften*, Bd. 12, Darmstadt 1997.

Adorno, Theodor W. und Max Horkheimer: *Dialektik der Aufklärung*, wieder in: Adorno: *Gesammelte Schriften*, Bd. 3, Darmstadt 1997.

Horkheimer, Max: »Traditionelle und kritische Theorie«, wieder in: Ders: *Gesammelte Schriften*, Bd. 4, Frankfurt a. M. 1988, S. 162–225.

Marx, Karl: »Thesen über Feuerbach«, in: Karl Marx und Friedrich Engels: *Werke* [MEW], Bd. 3, hrsg. v. Institut für Marxismus-Leninismus beim ZK der SED, Berlin 1959, S. 5–7.

Prechtl, Peter u. Franz-Peter Burkard: *Metzler Philosophie Lexikon*. Stuttgart 1996.

Sartre

Camus, Albert: *Tagebuch 1951–1959*, übers. v. Guido G. Meister, Reinbek 1991.

Sartre, Jean-Paul: »Der Existentialismus ist ein Humanismus«, in: Ders: *Der Existentialismus ist ein Humanismus und andere philosophische Essays*, übers. v. Vincent v. Wroblewsky, Reinbek 2000, S. 145–176.

Sartre, Jean-Paul: »Diskussion« (zu »Der Existentialismus ist ein Humanismus«), in: Ders: *Der Existentialismus ist ein Humanismus und andere philosophische Essays*, Reinbek 2000, S. 177–192.

Sartre, Jean-Paul: *Das Sein und das Nichts*, übers. v. Hans Schöneberg u. Traugott König, Reinbek 1952.

Sartre, Jean-Paul: *Geschlossene Gesellschaft*, Reinbek 1986.

Thurnherr, Urs u. Anton Hügli (Hgg): *Lexikon Existenzialismus und Existenzphilosophie*, Darmstadt 2007.

Quine

Quine, W.V.O.: »Ontological Relativity«, in: Ders.: *Ontological Relativity and Other Essays*, New York 1969, S. 26–68.

Quine, W.V.O.: »Two dogmas of empiricism«, in: Ders.: *From a Logical Point of View*, Cambridge/Massachusetts 1953, S. 20–46. Deutsche Ausgabe: »Zwei Dogmen des Empirismus«, in: Ders.: *Von einem logischen Standpunkt*, übers. v. Peter Bosch, Frankfurt a. M., Berlin, Wien, 1979, S. 27–50

Quine, W.V.O.: *Wort und Gegenstand* (engl. *Word and Object*), übers. v. Joachim Schulte und Dieter Birnbacher, Stuttgart 1980.

Kuhn

Bacon, Francis: *Neues Organon* (*Novum Organum*, 1620), übers. v. Rudolf Hoffmann, Hamburg 1990.

Feyerabend, Paul: *Wider den Methodenzwang*, übers. v. Hermann Vetter, bearbeitet v. Paul Feyerabend, Frankfurt a. M. 1983.

Kuhn, Thomas S.: *Die Struktur*

wissenschaftlicher Revolutionen, übers. v. Kurt Simon und Hermann Vetter, Frankfurt a. M. 1976.

Foucault

Austin, John L.: *Zur Theorie der Sprechakte (How to Do Things with Words)*, Stuttgart 1972.

Dreyfus, Hubert L. und Paul Rabinow: *Michel Foucault. Beyond Structuralism and Hermeneutics*, Chicago 1983.

Foucault, Michel: *Archäologie des Wissens*, übers. v. Ulrich Köppen, Frankfurt a. M. 1995.

Foucault, Michel: *Die Ordnung des Diskurses*, übers. v. Walter Seitter, Frankfurt a. M. 1991.

Foucault, Michel: »Was ist ein Autor?«, in: Ders.: *Schriften zur Literatur*, übers. v. Karin Hofer, Frankfurt a. M. 1988.

Konersmann, Ralf: »Der Philosoph mit der Maske. Michel Foucault«, in: M. Foucault: *Die Ordnung des Diskurses*, Frankfurt a. M. 1991, S. 51–94.

Searle, John: *Sprechakte*, übers. v. R. und R. Wiggershaus, Frankfurt a. M. 1971.

Sluga, Hans: »Foucault in Berkley. Der Autor und der Diskurs«, in: W. Schmid: *Denken und Existenz bei Michel Foucault*, Frankfurt a. M. 1991, S. 260–277.

Die Hirnforschung und der freie Wille

Geyer, Christian (Hg.): *Hirnforschung und Willensfreiheit. Zur Deutung der neuesten Experimente*, Frankfurt a. M. 2004.

Kant, Immanuel: *Grundlegung zur Metaphysik der Sitten*, Riga 1785 (A), Riga 1786 (B), Berlin 1903 (Akademie-Ausgabe).

Keil, Geert: *Willensfreiheit*, Berlin 2007.

Kröber, Hans-Ludwig: »Die Hirnforschung bleibt hinter dem Begriff strafrechtlicher Verantwortlichkeit zurück«, in: Geyer, S. 103–110.

Pauen, Michael und Gerhard Roth: *Freiheit, Schuld und Verantwortung. Grundzüge einer naturalistischen Theorie der Willensfreiheit*, Frankfurt a. M. 2008.

Roth, Gerhard: »Worüber dürfen Hirnforscher reden – und in welcher Weise?«, in: Geyer, S. 66–85.

Singer, Wolf: »Verschaltungen legen uns fest: Wir sollten aufhören, von Freiheit zu sprechen«, in: Geyer, S. 30–65.